TRILHA
DE
PENSAMENTOS

POR

DAVID L. LOMAX

MAPA do ALASCA

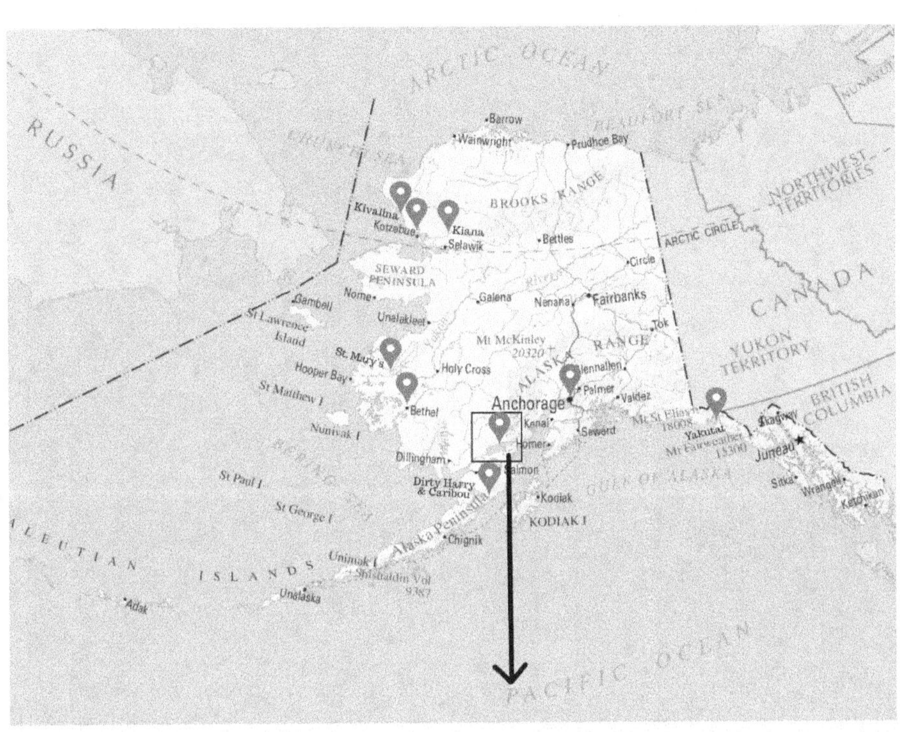

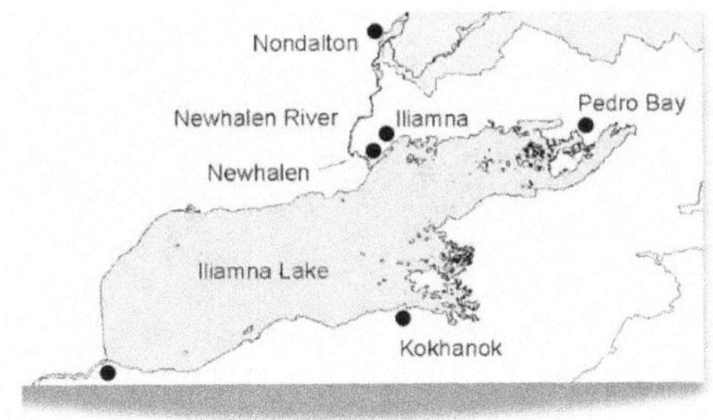

DEDICATÓRIA E AGRADECIMENTOS

Este livro é dedicado ao meu amado filho, Robert. Foi sua insistência gentil e sua esperança sincera de que eu compartilhasse minha trilha de pensamentos que me deram coragem para contar esta história. Sua crença em mim, mesmo quando eu duvidava de mim mesmo, tem sido meu maior presente e motivação.

Também gostaria de agradecer à minha querida esposa, Marcela, cujo amor inabalável, apoio e ajuda na produção deste livro tornaram tudo isso possível.

ÍNDICE

CAPÍTULO 1
Rumo ao Sul

Quantas milhas mais eu dirigiria antes de tirar o caminhão da tração nas quatro rodas? Tinha que ser em breve.

Eu acabara de sair do frio extremo. Tinha deixado o Alasca e, à medida que avançava rumo a um clima mais quente no Canadá, comecei a notar trechos de chão sem neve, milha após milha, conforme seguia mais para o sul. A rodovia parecia estranha; onde era visível, a estrada tinha a cor de argila e era muito irregular. O piso desnivelado provocava vibrações fortes que se espalhavam pela cabine do veículo e por todo o meu corpo. Baixei o vidro do Dodge branco de 1995 e senti o ar frio na ponta dos dedos, o que me fez sentir renovado e vivo. Senti uma sensação de liberdade.

Meu coração estava cheio de alegria agora, porque eu vestia um suéter em vez de um casaco de inverno pesado. As noites de inverno tinham sido tão frias que eu temia desligar o caminhão e acabar congelando o radiador, *causando danos internos ao motor, já que ele não tinha aquecedor de bloco. Dar partida em motores em temperaturas abaixo de zero pode causar danos enormes. Quando cruzei a fronteira com o Canadá, estava tão frio que dormi dentro do caminhão e mantive o motor ligado. Durante a noite inteira, eu conferia os indicadores. Durante o dia, não arriscava nada; dirigia com cuidado para evitar sobrecarregar o funcionamento mecânico do caminhão.*

Enquanto viajava, percebi que as árvores eram mais cheias e maiores do que aquelas mais ao norte. Sempre amei pinheiros grandes. Eles são magníficos, erguendo-se imponentes e olhando o mundo de cima. Os galhos longos e largos se projetavam sobre o chão, e as agulhas verdes e espessas se eriçavam neles, acrescentando profundidade e suavidade a esses gigantes.

Fiquei maravilhado com o quão antigas algumas dessas belas gigantes da floresta eram. Elas carregam tanta história. Uma parte de mim desejava que pudessem falar. Imagine as lições que poderíamos aprender com essas guardiãs da floresta. Parecia um sonho, e eu me sentia em paz. Era 6 de janeiro de 1998, o sol estava nascendo em um céu sem nuvens, e eu havia acabado de completar trinta e três anos. Era um bom dia para estar vivo.

Algo, no entanto, vinha faltando havia bastante tempo. Eu precisava de uma pausa do trabalho e dos negócios, e do inverno escuro, gelado e nevado pelo qual o Alasca é tão conhecido. Os invernos no Alasca são longos, e eu começara a sentir claustrofobia. Eu precisava de uma receita para me curar, e o sol era o que o médico tinha receitado. Então, quando meu padrasto me pediu um favor e solicitou que eu levasse o caminhão dele até o México, onde ele passava o inverno, aceitei de bom grado. Eu tinha acabado de conseguir um novo emprego no Departamento de Habitação e Desenvolvimento Urbano do Alasca (HUD). O trabalho me permitia ficar na cidade a maior parte do tempo, dando-me flexibilidade e a oportunidade de continuar desenvolvendo propriedades. Fiquei extremamente grato por meu novo chefe ter me concedido folga para fazer essa viagem.

O plano era evitar arranhar o caminhão, economizar o máximo de dinheiro possível reduzindo os gastos da viagem e reembolsar meu padrasto por alguns recursos que ele havia me dado. Seria desafiador, porque eu tinha investido tudo o que possuía no meu negócio ainda incipiente, o que significava, em alguns momentos, dormir no caminhão, no frio.

Dirigindo pela rodovia no Canadá, eu me perguntava por que a estrada era tão irregular, especialmente porque, assim como os alasquianos, os canadenses têm ótimos equipamentos para remover gelo e neve das vias. Reduzi a velocidade para quarenta e cinco milhas por hora. Eu já dirigia havia tempo suficiente e era hora de fazer uma parada. Encostar me daria a chance de verificar a estrada. Ao pisar no freio, o caminhão começou a deslizar. Estranho, não vejo gelo.

Por fim, o caminhão parou completamente. Certificando-me de que estava estacionado com segurança no acostamento largo, olhei com cuidado ao redor para ver se vinha alguém. Não, parecia livre. Ainda era cedo, então havia pouquíssimos veículos na estrada. Ao abrir a porta e olhar para o chão, vi que a superfície estava coberta por uma fina camada de gelo negro. Ele recebe esse nome porque é difícil de enxergar enquanto se dirige. Isso cria condições de direção extremamente perigosas, especialmente à noite.

Desci do caminhão e escorreguei imediatamente na estrada. Comecei a deslizar, quase perdendo o controle, e tive de me segurar na maçaneta da porta para me manter em pé. Droga, isso está escorregadio. Contornar até o lado oposto do caminhão, que estava estacionado em uma leve inclinação, mostrou-se desafiador. Depois de um tempo, consegui dar a volta e finalmente alcancei a borda do acostamento.

No dia seguinte, decidi que não poderia mais dormir no caminhão e pretendia encontrar um hotel ou algo com garagem para poder deitar em uma cama quente. Felizmente, encontrei uma pousada no fim da noite. Os proprietários idosos me receberam com aquela calorosa hospitalidade canadense pela qual são conhecidos. Além de ter um quarto aquecido para dormir, o marido se ofereceu para estacionar o caminhão dentro da garagem deles. Ele me disse que estava fazendo -31 graus Celsius, o mesmo da noite anterior, e que estava frio demais para o caminhão ficar do lado de fora. Fiquei profundamente grato a eles.

NASCIDO NA REGIÃO DA BAÍA em novembro de 1964, eu era um garoto da Califórnia e gostava disso. Naquela época, era o paraíso na Terra. Quero dizer, não eram os bons e velhos tempos; eram os "grandes" velhos tempos. Tínhamos excelentes escolas e bons amigos, beisebol da Little League, skate, motociclismo, uma piscina no quintal construída pelo meu avô, passeios de barco, esqui aquático, pesca, corridas de carros, jogos ao vivo do 49ers no Candlestick Park e, de tempos em tempos, voávamos para Baja, no México, para pescar atum-rabilho e muito mais.

Uma das minhas atividades favoritas era voar entrando ou saindo do Aeroporto de San Francisco em um Piper Twin Comanche particular e avistar a Ponte Golden Gate, seja na ida ou na volta da nossa cabana. Eu adorava a bela neblina baixa cobrindo as montanhas e a baía, envolvendo suavemente a ponte. Aquilo sempre me deixava relaxado e em paz, como se eu estivesse em outro mundo. Eu nunca me cansava daquela vista.

A família se associou a outra família e rapidamente se transformou em uma grande e próspera incorporadora residencial, construindo condomínios de padrão mais elevado. Os sócios eram bons amigos, e nós, crianças, frequentávamos as mesmas escolas. Um dia, os pais de cada família decidiram expandir os negócios mudando-se para Anchorage, no Alasca, e rapidamente deixaram sua marca, acrescentando novos edifícios ao horizonte da cidade.

Sem saber o que esperar, aterrissamos em Anchorage no verão de 1975. Minha mente ainda estava na Califórnia. Elton John havia acabado de lançar *Captain Fantastic* e o KISS estava se preparando para seus grandes shows. Eu esperava que eles fossem ao Alasca no ano seguinte, para a celebração do bicentenário. Enquanto o avião descia, pensei no meu melhor amigo, Jimmy. Tínhamos acabado de assistir aos filmes *Tommy* e *Tubarão*. Depois de ver *Tubarão*, ficamos com medo demais para ir pescar tubarões com o pai dele na baía. Eu sentia falta dele; éramos como irmãos. Que Deus o tenha.

O Alasca é conhecido como a "Última Fronteira" por um bom motivo. Com uma área de aproximadamente 663.300 milhas quadradas e mais de três milhões de lagos, há espaço de sobra para as pessoas explorarem. Sendo o maior estado da união, ele tem um quinto do tamanho dos quarenta e oito estados continentais e é duas vezes maior que o Texas. É fácil reconhecer o quão significativo esse grande estado é e quanta liberdade ele oferece, a liberdade de explorar terras de fronteira aparentemente ilimitadas. Quando chegamos, o estado tinha uma população pequena, de pouco mais de 400.000 pessoas. Era possível voar por dias a fio sem ver outra alma. Naquela época, ainda havia lugares onde seres humanos nunca haviam pisado. Talvez ainda existam algumas áreas assim hoje. A vastidão da terra e a independência que ela exige são o que tornam o Alasca tão misterioso e sedutor.

A terra do sol da meia-noite é muito diferente da Califórnia. Os verões são curtos e apresentam uma mistura de clima ameno a quente, que pode mudar em questão de momentos.

A natureza de florestas verdes cercadas por grandes cadeias de montanhas cobertas de neve, lagos, rios, cachoeiras e vida selvagem abundante é de uma beleza de tirar o fôlego. Refiro-me especificamente a Anchorage, a maior cidade do estado, com uma população de aproximadamente 174.000 habitantes, e a terceira maior cidade dos Estados Unidos em área territorial, cobrindo pouco mais de 1.900 milhas quadradas.

As águas do Cook Inlet, nomeadas em homenagem ao Capitão James Cook, que explorou a região em 1778, cercam a maior parte de Anchorage e formam um estuário semi-fechado com uma das maiores amplitudes de maré do mundo. A altura média da maré é de cerca de trinta pés. Ver o quanto as marés avançam a partir da costa é algo impressionante.

Vindo do clima temperado da Califórnia, tive de me adaptar rapidamente e aprender a trabalhar e a me divertir nos curtos verões e nos longos, escuros e congelantes invernos do Alasca.

Os invernos são um pouco diferentes dos verões. Eles são severos, longos, escuros, extremamente frios, nevados e tempestuosos. Ocasionalmente, especialmente em Anchorage, ocorre um evento climático, um fenômeno conhecido como "tempestades Chinook". Ventos fortes trazem ar quente que derrete rapidamente a neve e o gelo, deixando o solo molhado e lamacento e criando um caos nas estradas. Depois, quando as tempestades se dissipam, toda aquela lama e água congelam novamente.

Como acontece com muitas pessoas, os invernos às vezes me desanimavam, mas a maioria das minhas queixas vinha do fato de trabalhar ao ar livre em condições de escuridão total, durante temperaturas abaixo de zero. Somando o fator de sensação térmica, tudo parecia ainda mais frio. Por mais que eu reclamasse, eu gostava de muitas atividades esportivas de inverno.

Eu praticava esqui alpino e esqui cross-country, andava de snowmobile e jogava hóquei quando era mais jovem. Se era um esporte de inverno, muito provavelmente eu participava. Eu até fiz parte da equipe de corrida de esqui cross-country do ensino fundamental que foi para o campeonato estadual e ficou em décimo oitavo lugar. Nunca vou esquecer aquela corrida porque, a cerca de cinquenta jardas da linha de chegada, minha luva escorregou da mão, levando junto o bastão, e tive de terminar a prova com apenas um bastão de esqui na mão. O locutor disse: "Lá vem mais um sem bastão." Eu comecei a rir enquanto cruzava a linha de chegada, porque achei que tinha sido o único a perder uma luva e um bastão naquele dia.

O esporte de inverno de que eu mais gostava era o snow machining. Outros chamam isso de snowmobiling, mas eu gosto do termo snow machining. Sempre que eu conseguia uma carona com um amigo, tentava não recusar. Claro que minhas atividades favoritas eram nos meses de verão.

Eu adorava pilotar barcos em rios e lagos, mas minha atividade favorita absoluta era voar em hidroaviões. É difícil descrever a beleza de voar sobre a paisagem exuberante e ter a liberdade de pousar e decolar em qualquer um dos milhões de lagos e rios à nossa escolha. Mesmo voando pela região da Baía, ainda assim não há nada no mundo com que eu possa comparar essa experiência, devido à imensidão e à beleza cênica do Alasca. Se você ama atividades ao ar livre, o Alasca é o ponto zero para isso.

CAPÍTULO 2

Visão Geral

Eu queria aproveitar minha viagem de 4.000 milhas. Cara, preciso mijar. Estou segurando faz um tempão desde a última parada. *Depois de encostar no acostamento e sair para me aliviar, levantei os olhos para o céu e fiquei observando as grandes e exuberantes árvores e as montanhas. Senti paz. O Canadá é um país tão grande e bonito. Os cidadãos canadenses geralmente eram educados, gentis e acolhedores comigo. O país e seu povo me aqueciam, quase como se eu estivesse em casa. É melhor eu voltar a dirigir se quiser chegar ao estado de Washington ainda hoje à noite, pensei.*

Comecei a refletir sobre a minha vida, que havia sido ao mesmo tempo abençoada e amaldiçoada. Eu tinha visto e feito muita coisa e trabalhado duro para me aprimorar desde os meus dias no mato, administrando dois negócios, mantendo um emprego em tempo integral e cursando a faculdade à noite. Eu tentava constantemente entender por que minha vida havia sido colocada em risco mais vezes do que eu gostaria de lembrar.

Chacoalhando pela rodovia congelada, essa pergunta me perseguia. Alguém ou alguma coisa havia me salvado repetidas vezes, mas para quê? Qual poderia ser o motivo? Sou um sujeito complicado, com muitos defeitos e falhas. Deus sabe que cometi muitos erros e fiz muitas coisas estúpidas na minha vida. Queimei algumas pontes, algumas das quais me arrependo. Da maioria, não. Luto pelo que é certo. Nem sempre estou certo, mas quando me convenço de algo, tento me posicionar, mesmo a um custo elevado.

Meus pensamentos voltaram para a estrada quando pisei no acelerador e percebi o caminhão derrapando mesmo com a tração nas quatro rodas. Eu teria de continuar dirigindo extremamente devagar até sair do gelo. Que saco, mas esse não era o meu caminhão.

Estava chegando a hora do jantar. Encontrei um lugar para comer e me perguntei se eles serviam saladas e tinham um telefone. Seria bom dar notícias a algum familiar no Alasca para avisar que eu estava bem. Ao entrar na entrada e ver a plaquinha do pequeno restaurante, meu estômago roncou ainda mais alto. Abri a porta do caminhão e desci, mas escorreguei e fui parar de joelhos, lutando para conseguir me levantar de novo. O chão estava coberto de gelo, e tive sorte de não me machucar. Do lado de fora do pequeno restaurante, havia um telefone público que eu poderia usar. Fiquei aliviado por o clima não estar tão frio, então liguei para dar notícias.

"Está tudo bem?" perguntaram.

"Por enquanto, não há problemas", respondi. "Dormi no caminhão no frio congelante, mas a temperatura está subindo rápido. O único problema de verdade que estou tendo é desviar dos caminhões articulados. Eles passam por mim com seus reboques duplos em curvas fechadas e geladas. Tenho lidado com isso desde que comecei a viagem no Alasca. O agente da alfândega canadense com quem falei na fronteira disse que isso não é problema deles."

"Você vai ter que evitá-los. Quando acha que vai cruzar para os Estados Unidos?" me perguntaram.

"Ainda preciso dirigir devagar por causa das condições de gelo. Acho que falta só uma hora ou duas até a fronteira do estado de Washington. Depois de cruzar a fronteira, vou pegar um quarto de hotel."

"Você está cansado?"

"Não, nem um pouco", eu disse. "Quero tomar um banho."

"Dirija devagar. Se cuide e me ligue quando cruzar a fronteira." Desliguei o telefone. Meu Deus! Mal podia esperar para comer uma salada.

Decidi comer o mais rápido possível e seguir viagem o quanto antes. Depois de uma boa noite de descanso em Washington, eu planejava acordar cedo e tentar chegar ao Oregon. Voltando para o caminhão depois do jantar, escorreguei no gelo ao descer os degraus. Ao caminhar até o caminhão e olhar para a estrada, me perguntei se os canadenses ainda se referiam àquela rodovia como "a Rodovia do Alasca". Notei que o gelo continuava com aquele tom acinzentado, parecido com argila. Isso era comum; podia estar relativamente quente do lado de fora, mas o gelo ainda permanecia na pista. A temperatura parecia estar em torno de 30 ou 32 graus Fahrenheit.

Devagar, tenho que dirigir bem devagar, repeti para mim mesmo.

A rodovia continuava irregular, e parecia haver muito tráfego, incluindo ainda mais caminhões monstruosos. Olhando para o velocímetro, ele marcava trinta e cinco milhas por hora.

Isso é ridículo, dirigir tão devagar em uma rodovia principal, pensei. Vai demorar muito até eu chegar à fronteira.

Parecia estranho que eu não conseguisse criar coragem para dirigir mais rápido, já que sempre fui um pouco hiperativo, talvez mais do que um pouco, mas eu me sentia seguro naquela velocidade.

Quando levantei os olhos para a estrada, sem aviso algum, o mundo ficou escuro.

EU NÃO PODERIA estar mais feliz por ter conseguido um tempo de folga do trabalho naquele clima congelante. Enquanto seguia para o sul pela Rodovia do Alasca, no extremo sul do Canadá, eu pensava nos dois pequenos negócios iniciantes que havia criado e que começavam a dar retorno, tanto financeiro quanto emocional.

Meu negócio principal era reformar e vender casas antigas que exigiam muito trabalho. A autodeterminação e o empreendedorismo me davam uma grande sensação de segurança de que eu poderia traçar meu próprio caminho neste mundo. Eu tinha muita paixão, mas às vezes só se tem certeza de verdade quando se é colocado à prova. Eu me sentia orgulhoso do que havia conquistado, especialmente nas circunstâncias com as quais estava lidando.

Encontrei meu segundo negócio por acaso enquanto reformava uma das minhas propriedades. Quando descobri que ela tinha zoneamento residencial e comercial, aproveitei rapidamente a boa sorte e transformei aquela casa, e as outras, em aluguéis diários. As casas ficavam perto do aeroporto internacional e da maior base de hidroaviões do mundo, onde caçadores, pescadores e turistas fretam hidroaviões. O conceito era simples: eu alugaria a casa inteira, em vez de apenas um quarto, e incluiria transporte gratuito do aeroporto.

Eu oferecia aos meus clientes um excelente lugar para se hospedar. Era um verdadeiro lar longe de casa, com todas as comodidades, incluindo utensílios de cozinha, aparelhos de fax, videocassetes, banheiras de hidromassagem ao ar livre, garagens, churrasqueiras, máquinas de lavar, secadoras, serviço de limpeza e praticamente tudo de que uma pessoa poderia precisar. Também incluía uma pia externa para limpar peixes e grandes freezers para conservar a pesca do dia. Cheguei até a instalar putting greens nos quintais.

As propriedades eram privativas, e os clientes adoravam essa privacidade. Eu também queria que os clientes internacionais se sentissem confortáveis, então hasteava a bandeira do país de origem deles. Assim, eles se sentiam mais bem-vindos e em casa. Se não quisessem cozinhar, podiam descer a rua e chegar, em poucos minutos, a um restaurante lendário do Alasca. Eu não poderia ter pedido uma localização melhor.

Brochura dos Chalés Graceland
Modelo, Meu Cachorro, Robert & Eu

Base de Hidroaviões para Casas de Temporada

Como as casas tinham zoneamento comercial, eu precisava pagar um imposto por pernoite, mas esse mesmo zoneamento também legitimou e ajudou a expandir meu negócio. Para uma disciplina da faculdade, escrevi um plano de negócios e fiquei surpreso ao descobrir que meus instintos estavam certos: a localização e os serviços extras me davam uma vantagem competitiva em relação aos hotéis próximos.

As pessoas diziam que eu era louco por alugar minhas casas para turistas.

"Isso é coisa de maluco!", diziam eles, rindo.

Depois que provei que estavam errados, alguns quiseram entrar no negócio.

Durante anos, notei um padrão estranho: quanto mais eu conquistava, fosse cursando a faculdade à noite, reformando casas ou hospedando turistas, mais ressentimento eu parecia atrair. As mesmas pessoas que antes não se importavam comigo ficavam ainda mais irritadas à medida que eu encontrava sucesso. Nunca entendi o porquê. Nunca senti inveja de ninguém por se dar bem; pelo contrário, o sucesso dos outros sempre me motivou. Fazia com que eu trabalhasse mais duro, não com amargura.

Para mim, o dinheiro sempre foi apenas uma ferramenta, não muito diferente de um martelo ou de uma serra, útil apenas para construir algo significativo. Os negócios, assim como o surfe, são uma questão de tempo e posicionamento. Até os melhores surfistas perdem ondas, mas não desistem; eles se ajustam e tentam de novo. Alguns chamam isso de sorte, eu vejo como oportunidade.

Sempre respeitei aqueles que falham e continuam em frente. Pessoas que não desistem muitas vezes acabam se tornando as maiores vencedoras. Cometi muitos erros, alguns deles bem idiotas, mas, curiosamente, esses fracassos se tornaram a base dos meus maiores sucessos.

Mas não estou escrevendo para falar de negócios. Isso não é sobre dinheiro ou estratégia. É sobre algo mais profundo que acontece por dentro quando o esforço é recebido com julgamento, quando você é mal compreendido, e enquanto trava batalhas físicas e psicológicas duríssimas em silêncio, que ninguém mais vê. Às vezes, até os surfistas mais experientes deixam passar uma onda, seja lá por qual motivo.

Certo dia, meu instrutor de voo, que me ensinou a pilotar e corajosamente me deixou voar sozinho no avião dele quando eu tinha quinze anos, apontou para um mapa de aviação e me disse: "Olhe o quadro geral. Não se fixe nos pequenos acontecimentos. Vamos chegar aos detalhes depois. Não se preocupe com os laguinhos ou com as colinas baixas. Olhe para as grandes montanhas e os grandes lagos, eles são mais fáceis de ver do alto." Como ele era um mentor e amigo, ouvi com atenção e não dei nada do que ele me disse como garantido.

O homem que me criou tentou me ensinar a mesma coisa. "Não esquente com as pequenas coisas", ele dizia, mas aquilo entrava por um ouvido e saía pelo outro, e só fui entender o que ele queria dizer quando meu instrutor de voo explicou. Embora ele não articulasse muitas lições, fui afortunado e grato por tê-lo observado de perto. Em alguns momentos, ele dizia que não era um professor. Isso não era verdade. Aprendi uma quantidade imensa de coisas com ele. Acho que ele não fazia ideia de que eu prestava tanta atenção e absorvia sua ética de trabalho e suas lições como uma esponja.

O conceito de simplificar raciocínios complexos me ofereceu mais uma ferramenta para abordar certas situações de forma mais positiva.

Aplicar lições como essas foi, aos poucos, removendo barreiras na minha cabeça, mas internalizá-las levou tempo. Meu maior problema era a forma como eu me via.

Ser uma criança tímida e cheia de dúvidas tornou as coisas um pouco desafiadoras para mim. Eu era meu crítico mais severo. Quando falhava em algo, sentia uma profunda sensação de perda.

Ser perfeccionista pode criar dificuldades em muitos aspectos da vida e pode pregar peças cruéis. Sempre quis fazer algo grandioso, criar algo fantástico para mim e para os outros. Na juventude, muitas vezes acreditei, de forma equivocada, que nunca alcançaria muito sucesso, especialmente quando precisava ler ou escrever trabalhos escolares. Quando meus professores do ensino fundamental me pediam para ler em voz alta ou entregar uma redação, eu tremia e suava frio diante dos colegas. No entanto, eu compreendia bem as tarefas orais e as executava com sucesso. Eu não entendia por que tinha tanta dificuldade com o inglês. Eu não sabia que existiam alternativas de aprendizagem que pudessem me ajudar.

Só no meu último ano do ensino médio descobri que tinha dislexia. Um parente me contou que sabia disso havia anos, que eu tinha esse problema, mas não tenho lembrança de ninguém ter conversado comigo sobre isso. Nunca contei a eles o quanto senti frustração intensa, vergonha e humilhação por causa desse problema. O grande fator de equilíbrio para mim foi ter uma combinação de fortes habilidades mecânicas e capacidades atléticas, que me davam certa confiança entre amigos, colegas de classe e, às vezes, até com minha família.

Olhando para trás, acho que lidar com esse tipo de dificuldade de aprendizagem foi uma das razões pelas quais me tornei perfeccionista. Eu queria compensar minhas inadequações. Queria desesperadamente agradar minha família, então, em qualquer trabalho manual que eu fazia, eu me esforçava excessivamente para aperfeiçoá-lo, o que se mostrou inútil. Trabalhei duro e tive muito orgulho das minhas conquistas, mas também carreguei muitas dúvidas. Tentar ser perfeccionista me parece algo tolo agora. Para quem e para quê?

CAPÍTULO 3

Kiana

D or. Eu me lembro da dor.

Deus, me ajude! gritei dentro da minha cabeça.

Meus olhos se abriram. O que estava acontecendo? Eu estava tendo dificuldade para respirar.

O que é isso?

Senti uma sensação estranha na minha mão esquerda. Ao mover os olhos, vi um homem parado do lado de fora do Dodge branco de 1995. Parece frio. Por que está frio?

Um homem estranho fazia carinho na minha mão esquerda ensanguentada, e eu o ouvi dizer: "Você vai sobreviver."

"Não, não se você não tirar esse volante de cima de mim", respondi com uma voz fraca e debilitada, convencido de que meus trinta e três anos de vida estavam chegando rapidamente ao fim.

"A polícia e a ambulância estão a caminho. Deve levar cerca de vinte minutos para chegarem", ele disse.

Eu achei que o socorro já tivesse chegado. Está difícil respirar. Vinte minutos? Não tem como eu aguentar tanto tempo! Estou preso. Minha mente voltou a lembranças de passar os verões ao norte do Círculo Ártico durante minha adolescência. Embora aqueles meses fossem definidos principalmente por ter que realizar o trabalho de um homem adulto muito antes da minha idade e viver em condições que, no melhor dos casos, poderiam ser chamadas de espartanas, consegui me divertir um pouco, especialmente quando meus primos vinham nos visitar. Aqueles caras eram legais. Eu adorava estar perto deles. Nós nos divertíamos muito. Às vezes, durante a noite, íamos todos ao lixão e atirávamos em garrafas. Eu adorava ouvir o estalo do rifle. À distância, dava para ver uma garrafa perfeitamente inteira ali parada e, em seguida, vê-la se despedaçar em mil pedaços. Legal!

Quando o dever chamava, voávamos para locais remotos e caçávamos caribus e alces para alimentar as equipes de trabalho do meu padrasto. O pai do meu primo era um açougueiro profissional e nos ensinava a desossar os animais ali mesmo, onde caíam, para que a carne ficasse mais leve e pudéssemos carregá-la até o avião.

Na maior parte, lembro-me de aventuras ligadas às aldeias nativas ao norte do Círculo Ártico, conectadas pelo rio Kobuk, com seus 380 milhas de extensão, e de aventuras perto e ao redor do Lago Iliamna, o maior lago do Alasca.

A PARCERIA SE DESFEZ, rapidamente, e meu padrasto assumiu a empresa de forma independente. Homem de ação, ele corajosamente jogou os dados, assumindo um grande risco para ajudar a melhorar as condições habitacionais dos Nativos do Alasca. Não demorou para que alcançasse patamares ainda mais altos, tornando-se o maior empreiteiro de habitação nativa do estado.

Havia muitos obstáculos a superar. O primeiro que me vem à mente é a segurança dos trabalhadores. A maioria das vilas, naquela época, não tinha instalações médicas adequadas. As comunicações frequentemente falhavam, e o clima era imprevisível, criando mais um risco com o qual se lidar. Pilotos, aeronaves e outros meios de transporte podiam não estar disponíveis, mesmo quando o tempo estava bom. Então, o que se faz quando alguém se machuca gravemente? Sangra até morrer ou desenvolve gangrena enquanto espera por ajuda. Outro grande obstáculo era a logística.

Todos os materiais de construção, incluindo alimentos, roupas e itens de higiene, precisavam ser transportados por avião, barcaça e barco. Muitas vilas não tinham acesso a estradas, telefones, água encanada, esgoto ou calçadas; helicópteros entregavam os materiais diretamente nos lotes dessas subdivisões sem estradas. Superar as complexidades logísticas exigia uma enorme organização e suporte de transporte para que as casas fossem construídas. Essa era a realidade de trabalhar nas vilas.

Quando eu tinha quatorze anos, depois que as aulas terminaram, passei meu primeiro verão em Kiana, cerca de cinquenta e sete milhas aéreas a leste de Kotzebue e aproximadamente trinta milhas ao norte do Círculo Ártico. O nome Kiana significa "Lugar Onde Três Rios se Encontram". Ela fica sobre um barranco com vista para dois rios, o Kobuk e o Squirrel. Atualmente, há cerca de 360 moradores, a maioria deles Iñupiat Eskimós.

Durante o verão, do fim de maio até o início de outubro, as temperaturas médias variam entre 40 e 60 graus Fahrenheit, e a precipitação anual gira em torno de 16 polegadas. Claro que, por estar ao norte do Círculo Ártico, as temperaturas podem ser extremas, variando de 90 a -54 graus Fahrenheit. Quando o rio congela pelo resto do ano, os moradores se deslocam de vila em vila em snow machines. Eu até conhecia pessoas que dirigiam caminhões sobre o rio congelado. A -54 graus Fahrenheit, sem contar o fator de sensação térmica, eu preferia estar dentro da cabine aquecida de um caminhão do que do lado de fora em uma snow machine.

Conheci Larry e sua esposa logo que cheguei a Kiana. Eles tinham dois filhos, Paula e Pat, que tinham mais ou menos a minha idade. Larry era um guia profissional de caça e pesca. Um homem baixo, atarracado, meio Iñupiat Eskimó, que havia crescido em Kiana, ele era alguém de muitos talentos. Conhecia profundamente os antigos costumes nativos e tinha muito orgulho de seu povo e de sua herança. Por se importar tanto com sua comunidade, tornou-se altruisticamente um policial estadual para ajudá-los.

O pai dele havia crescido em uma fazenda nos "quarenta e oito estados" da Costa Oeste e se mudou para o Alasca para fugir das vacas. Quando jovem, conseguiu trabalho como garimpeiro de ouro, o que o levou a viver em Kiana. Ele compartilhava muitas aventuras perigosas e emocionantes de sua vida e nos dizia que sabia onde estava grande parte do ouro da região, mas acho que nunca contou a ninguém exatamente onde. Eles eram uma família proeminente e até eram donos do único mercado da região. A mãe de Larry era uma Iñupiat Eskimó, e seu irmão, Vic, era o prefeito. Vic, que sempre foi muito gentil comigo, parecia razoavelmente feliz sempre que eu falava com ele. Ele nos contou que tinha dificuldade para dormir e lutava para acordar. Nós o chamávamos carinhosamente de o prefeito dorminhoco. Eu gostava de toda a família.

Por causa das enormes dificuldades de construir no Ártico, dos projetos inovadores do meu padrasto e do fato de ele priorizar a contratação de mão de obra local, a National Geographic tomou conhecimento e escreveu um artigo sobre a empresa e o cofundador Vic[1]. Durante o verão de 1981, vinte e seis unidades foram construídas em Kiana e nas vilas vizinhas de Noorvik, Selawik, Ambler, Shungnak e Kobuk, totalizando 170 unidades.

Meu padrasto contratou um cineasta e produziu pequenos filmes sobre a construção das casas para o HUD, que ele enviava para Washington, D.C.

"Mostra o isolamento, mostra como ele é grosso nos tetos e nos pisos", Larry gritava enquanto eu ajudava o diretor a carregar o equipamento pelos locais. Depois da minha estreia como ator, aprendi rapidamente o quão dura Hollywood podia ser. Aos quatorze anos, eu já era um "ex-astro".

Alguns dias antes das filmagens, Larry me perguntou se eu queria esquiar na água. "Você vai ser o primeiro garoto branco a esquiar no rio Kobuk." Eu não ligava para isso; minha maior preocupação era o quão fria a água estava. Larry continuou insistindo, e eu aceitei com relutância, apenas porque sentia o calor do sol escaldante queimando minha pele. A temperatura estava na casa dos oitenta graus. O sol era intenso porque o eixo da Terra inclina o hemisfério norte em direção a ele. A gente não imagina que alguém possa se queimar de sol ao norte do Círculo Ártico, mas muitos se queimam. Eu não me importava com isso. Eu adorava o fato de não estar mais frio.

Eu só queria ir em frente e me divertir. Antes daquele dia, eu tinha tentado molhar os pés no rio uma ou duas vezes, mas isso era tudo. Sei o que as pessoas dizem sobre mim quando o assunto é água fria: "Ele é um bebê." O que posso dizer? É assim que meu corpo foi feito. Desnecessário dizer que o rio não fica super quente, mesmo quando o inverno já passou. Ainda assim, eu estava determinado a fazer aquilo.

Enquanto estava sentado no jet boat azul, lembrei-me dos bons momentos da minha juventude, crescendo na Califórnia. Passávamos muitos fins de semana em nossa pequena cabana. Foi lá que aprendi a esquiar na água entre os seis e oito anos de idade. Naquela época, tínhamos um potente barco a jato para esqui aquático, equipado com um enorme motor Big Block Ford 460 com carburadores duplos de quatro corpos. Era barulhento, rápido, e nós nos divertíamos muito com ele. Eu ajudava a cuidar bem do barco, lavando e encerando constantemente, além de auxiliar na manutenção mecânica.

Eu adorava aqueles dias no lago, especialmente porque o clima na Califórnia era fantástico na maior parte do ano e a água também era quente.

Lembro-me de pescar nos píeres robalos, bluegills e bagres, mas principalmente bluegills. Eu pescava bagres com meu tio, geralmente no fim da noite. Às vezes, até saíamos para caçar rãs com lanterna. Pernas de rã têm gosto de frango. São bem gostosas, mas eu não gostaria de comê-las o tempo todo.

O jet boat azul que me puxaria no rio Kobuk era um pouco diferente dos barcos a jato que eu tinha visto antes. Esse barco era mais como um cavalo de batalha utilitário, equipado para pesca e caça, capaz de enfrentar vias fluviais traiçoeiras e, surpreendentemente, muito rápido.

Larry conhecia o Kobuk muito bem. Eu sabia que podia confiar nele para me manter seguro no rio, que está entre os mais longos do noroeste. Ele atinge larguras enormes, de até 1.500 pés, e deságua no Mar de Chukchi. O rio é cheio de sheefish, whitefish, salmão e o grande lúcio-do-norte. Ao navegar pelo rio, é preciso ter cuidado para não encalhar acidentalmente em um dos muitos bancos de areia submersos. Bancos de areia expostos estavam espalhados por todo o rio, dando-lhe uma aparência majestosa, especialmente quando ele passa por penhascos verticais.

Minha principal preocupação era como pular na água gelada sem parecer um bebê na frente de todo mundo. Meu Deus, isso vai estar gelado pra caramba. Larry estava rindo. "Entra na água. Não está fria", ele disse.

"Não se preocupe com os peixes. Os lúcios só mordem se você ficar parado."

Que diabos ele está falando? Claro que não está frio para ele. Ele está acostumado a temperaturas tão baixas quanto -50 graus Fahrenheit. Frio ou não, agora eu também tinha que me preocupar em ser mordido por um lúcio. Mas que droga é essa? Não acho que ele estivesse brincando, por causa do que tinha acontecido com a filha dele, Paula, alguns dias antes. Eu estava pescando whitefish ao alcance da vista e da audição de Paula e das amigas dela, que riam e nadavam no Kobuk. De repente, ouvi Paula gritar: "Um peixe me mordeu, LÚCIO, LÚCIO!" Vi as crianças gritarem enquanto nadavam de volta para a margem, enquanto ela ainda estava no rio, gritando "LÚCIO!" Ela caminhou de volta até a margem e, quando saiu da água, vi sangue escorrendo pela parte de baixo da perna dela. Eu achava que os lúcios só atacavam perto da margem, não no meio do rio.

O corpo do grande lúcio-do-norte tem um formato estranho. Claro, ele tem nadadeiras e guelras como outros peixes, mas suas feições lembram mais um bico de pato. De acordo com o Departamento de Pesca e Caça do Alasca, as mandíbulas superiores, o céu da boca e a língua são armados com centenas de dentes curtos e afiados, inclinados para trás, e a mandíbula inferior tem dentes mais longos para impedir que a presa escape. Seus corpos evoluíram com uma nadadeira dorsal única, posicionada bem atrás, permitindo explosões rápidas de velocidade para emboscar a presa. Vinte libras é aproximadamente o tamanho médio, mas eles podem chegar a trinta e oito libras e medir mais de quatro pés de comprimento[2]. São máquinas de matar de água doce, semelhantes a tubarões.

Eu já conhecia os lúcios encontrados em rios e lagos porque, quando era um pouco mais novo, peguei alguns pequenos em lagos perto de Anchorage e precisava ter cuidado com seus dentes afiados. No entanto, esses eram lúcios pequenos, de doze a dezesseis polegadas, nada que realmente machucasse alguém, embora pudessem fazer seus dedos sangrarem ao remover os anzóis da boca deles. Desde cedo, aprendi a usar um alicate para retirar os anzóis e a pegá-los pela cauda antes de devolvê-los à água. Eu já tinha ouvido histórias sobre grandes lúcios-do-norte, mas nunca tinha visto nada parecido antes. Larry me contou que eles já foram conhecidos por atacar patos na água. Imagino que devam ser furtivos para se aproximar de um pato. Que peixe cruel.

Ah, ótimo! pensei. Hmm, o primeiro garoto branco a esquiar no Kobuk, quem se importa? Eu tinha coisas maiores com que me preocupar, como entrar na água.

De alguma forma, criei coragem e mergulhei na água. Para minha sorte, caí em uma poça de água mais quente. Eu não queria sentir as poças geladas que sabia que estavam por ali. Só queria subir nos esquis e deixar o sol me aquecer.

"Está pronto?", gritou o observador, George.

Os observadores auxiliam os esquiadores, informam os motoristas sobre as necessidades dos esquiadores e avisam se devem acelerar ou reduzir a velocidade, além de ficarem atentos a outras embarcações. George era um jovem Iñupiat Eskimó e um cara muito gente boa. Larry foi conduzindo o barco lentamente enquanto George me jogava a corda.

"Vamos, David, você consegue!", gritou Larry. "Pronto?"

Eu podia ouvir o motor ronronando. Meu corpo estava completamente submerso na água, e eu apontava em direção ao barco, a cerca de trinta pés à minha frente. As pontas dos esquis estavam fora da água e se moviam bem devagar. Eu não me levantava em um par de esquis desde que saímos da Califórnia. Espero conseguir fazer isso. Comecei a tremer por causa da água fria. Eu só queria me levantar.

"Sim!", gritei, fazendo o sinal de positivo com o polegar.

O motor rugiu. Eu senti a corda puxar e a água correndo ao meu redor. Eu precisava manter as pontas alinhadas e não deixar que os esquis saíssem do controle. Se eu não resistisse à pressão da água, meus pés se torceriam para fora, abrindo as pernas como um espacate, o que me faria cair — e eu não queria que isso acontecesse. Eu sentia a pressão nas pernas e nas mãos enquanto o barco me puxava pela água. De repente, eu estava indo muito rápido. Estou em pé, consegui! Estou realmente de pé, esquiando na água! Graças a Deus, eu não caí de volta na água.

Que sensação de euforia! O ar quente soprando pelo meu cabelo e me envolvendo me cobriu como um cobertor quente. Eu mal conseguia acreditar. Ali estava eu, esquiando na água no grandioso rio Kobuk, ao norte do Círculo Ártico, em um dia ensolarado e quente. Olhando para trás, eu podia ver a vila de Kiana no alto da colina. Que vista! Parecia irreal, como se eu estivesse em outro mundo.

O rugido do motor de popa me causou um arrepio na espinha. Era como se eu estivesse vivendo uma experiência espiritual. Eu me movia de um lado para o outro, tentando pular a esteira do barco enquanto procurava constantemente por troncos e outros detritos. Bater em alguma coisa seria péssimo.

Larry me levou perto de penhascos com vista para o rio e grandes bancos de areia, o que me dava a sensação de estar a cem milhas por hora, embora provavelmente estivéssemos apenas a vinte ou trinta. Depois de um tempo, vi George acenando com a mão, indicando que era hora de soltar a corda. Poxa, agora não. Eu tinha acabado de me aquecer e estava curtindo demais. Não queria soltar e afundar de volta no rio gelado. De repente, uma lembrança de alguns anos antes surgiu na minha cabeça. Enquanto esquiava na água quente de Clearlake, na Califórnia, onde ficava nossa cabana, um homem que me puxava atrás de um barco de alta velocidade V-drive me levou perto demais de um píer e — pá! — bati nele em cheio. Fui nocauteado e me lembro de boiar na água, ouvindo e vendo pessoas gritarem e pularem para me socorrer. Eles me puxaram para o píer e me levaram de carro ao hospital, que ficava bem longe. Sofri uma fratura no braço. Com o tempo, o braço se recuperou, e nunca tive muitos problemas com o braço esquerdo, nem mesmo depois que meu tio teve a brilhante ideia de remover meu gesso com um arco de serra e um alicate. Eu assistia atentamente enquanto ele serrava, e nós dois ríamos muito. Naquela noite, fomos pescar bagres até cinco da manhã.

Pelo menos não havia píeres por aqui para eu bater, apenas bancos de areia e barcos estacionados na margem. Não havia a menor chance de eu bater em algo dessa vez. Mesmo que eu atingisse um banco de areia, não acreditava que me machucaria, mas não queria parecer idiota. Depois, eu teria que nadar de volta para a margem naquele rio gelado, lutando contra a correnteza, e não havia a menor chance de eu fazer isso. Isso não seria nada inteligente. Eu só precisava ter um pouco de cuidado, porque havia grupos de pequenos barcos de pesca estacionados ao longo do rio, e eu também não queria atingir nenhum deles.

Lição aprendida com meu acidente anterior: soltar a corda não seria um problema. Era apenas uma questão de onde e quando. Soltei a corda longe o suficiente da margem e afastado dos pequenos barcos de pesca. Lá fui eu para dentro do rio gelado. Larry fez o barco dar a volta. Eu podia vê-lo rindo.

"Você conseguiu! Você conseguiu!"

Sim, consegui, o primeiro garoto branco. Eu só queria sair do rio o mais rápido possível. Os primeiros dois pés de profundidade da água estavam relativamente quentes. Da cintura para baixo, até os pés, a água estava congelante. Como os caras dizem, houve retração. A água fria me lembrou de dias passados nadando nas águas geladas do Lago Tahoe. Posso dizer que não nadei muito naquele lago, porque eu era um medroso.

Rapidamente fui para a margem, agradecido por estar quente do lado de fora. Enquanto me secava, eu podia ouvir crianças nadando e se divertindo à distância. Por que não? Os verões ao norte do Círculo Ártico são curtos. As pessoas deveriam se divertir antes que as temperaturas fiquem abaixo de zero. Eu fiquei feliz por não morar lá no inverno; Anchorage já era frio o suficiente.

Depois de limpar a água e a areia, era hora de um lanche no fim da tarde. Subir a estrada íngreme do rio Kobuk até a área de preparo da comida não foi nada fácil. Gastei muita energia para subir aquela colina. Quando cheguei ao topo, vi a primeira de muitas casas sendo construídas. Ao passar pela primeira casa, minha mente rapidamente se voltou para o meu estômago.

Será que a Rhoda fez cookies com gotas de chocolate? pensei. Meu padrasto a havia contratado para cozinhar para a equipe. Uma Iñupiat Eskimó baixa, forte, calorosa e simpática, que parecia sorrir e rir toda vez que eu a via, ela era uma cozinheira excelente. Ela ria e me dizia que um dia faria ensopado de cabeça de peixe para o jantar. Falava de como as bochechas e os olhos eram as partes favoritas. Finalmente, uma noite antes do jantar, dei uma espiada escondida dentro de uma grande panela fumegante no fogão e vi cabeças de peixe subindo e descendo na água fervente. Bom, digamos que naquela noite eu não jantei. Em vez disso, me empanturrei com os cookies deliciosos dela e uma barra de Snickers que me lembrava de casa. Rhoda sempre guardava alguns cookies para mim, escondidos do resto da equipe. Eu era o único que sabia onde ficavam. O segredo dela estava seguro comigo.

Mais tarde naquela noite, aprendi que os Nativos tinham um respeito enorme pelos animais que comiam e não desperdiçavam nenhuma parte do corpo. Havia um respeito profundo pela vida selvagem que os sustentava, enraizado em sua cultura. Muitos de nós, nas culturas não nativas, aprendemos maus hábitos e somos conhecidos como uma "sociedade do descarte". Achei a cultura deles e suas crenças sobre viver em harmonia com a natureza algo bonito e fascinante. O que poderia ser mais amoroso do que isso?

Enquanto estava deitado na cama naquela noite, fiquei me perguntando o que o dia seguinte me reservava. Mal sabia eu o que estava por vir.

CAPÍTULO 4
Técnicas de Construção

Para continuar a história, vá para o Capítulo 5, a menos que você se interesse por uma descrição das técnicas de construção no Ártico.

CONSTRUÇÃO EM CIDADES MAIORES é complicada, mesmo nas melhores circunstâncias. No entanto, trabalhar nas vilas é mais do que difícil. Os custos podem aumentar exponencialmente se suprimentos, materiais e reposições de ferramentas forem mal contabilizados; quanto mais longe das cidades maiores, maiores os custos e maior o risco.

Os projetos do meu padrasto se mostraram eficazes a um custo relativamente baixo, especialmente na parte mais ao norte do Círculo Ártico. Ele havia concebido uma fundação ajustável, elevando as casas cerca de três a quatro pés acima do solo. A base das fundações era feita com sapatas de madeira de quatro por quatro pés, colocadas sobre a tundra ártica.

A tundra é um bioma caracterizado por baixas temperaturas e estações de crescimento curtas, o que impede o crescimento de árvores. Ela funciona como um cobertor de isolamento, cobrindo o subsolo e mantendo-o permanentemente congelado mesmo durante os verões escaldantes. O solo congelado também é conhecido como permafrost. Por isso, era preciso tomar muito cuidado para não perturbar a tundra frágil ao instalar as sapatas da fundação, embora a camada superficial da tundra precisasse ser raspada para que a sapata pudesse ser assentada e nivelada.

As casas de dois, três e quatro quartos foram projetadas para funcionar bem no Ártico. Cada casa normalmente tinha de seis a oito sapatas, dependendo do tamanho. Um tubo vertical de duas polegadas, montado no centro da sapata, sustentava a fundação. Em seguida, uma luva metálica mais curta deslizava sobre o tubo roscado, permitindo ajustar o nível do piso. Os tubos variavam de dezesseis a vinte e quatro polegadas, dependendo do terreno.

Os cantos da fundação eram equipados com contraventamentos laterais ajustáveis de aço, fixados à base e presos à parte inferior das vigas da fundação. O projeto genial desse sistema era que, se o permafrost derretesse sob as sapatas e a casa se deslocasse para cima ou para baixo, o proprietário poderia nivelar a casa com uma chave de grifo.

As casas eram propositalmente construídas altas o suficiente acima do solo para que o permafrost sob as sapatas da fundação não derretesse nos dias quentes de verão. Só o sistema de piso já tinha isolamento R-36.

As casas também eram em balanço sobre as sapatas da fundação para garantir que as sapatas ficassem na sombra e que o peso da casa comprimisse o permafrost, ajudando a manter o solo congelado.

Embora existam fundações melhores e mais eficazes, essa fundação ajustável era a solução ideal para manter os custos baixos.

Acabamento de alta qualidade e ideias inovadoras incorporadas às casas se tornaram a marca registrada do meu padrasto. Isolamento e barreiras de vapor por toda a casa eram essenciais. Janelas de vidro triplo foram instaladas e eram muito adequadas às condições extremas do norte. Ele usou isolamento R-49 nos tetos, com cerca de quinze polegadas e meia de espessura. Peso e qualidade da madeira eram críticos, então ele usava montantes de duas por seis e duas por quatro, secos em estufa, espaçados a cada vinte e quatro polegadas, ao centro, em todas as paredes externas e internas. O custo da madeira seca em estufa era significativamente maior. Ainda assim, devido ao menor teor de umidade, ele conseguiu economizar centenas de milhares de dólares em custos de combustível de transporte associados a aviões e helicópteros.

Ele colocou os montantes a cada vinte e quatro polegadas ao centro por dois motivos principais. Novamente, reduzir custos de transporte e reduzir a infiltração de ar frio externo através de cada peça de madeira. A técnica de canto californiano foi utilizada para melhorar as propriedades de isolamento dos cantos. O isolamento R-19 era cuidadosamente instalado em cada cavidade aberta.

O instalador de isolamento precisava garantir que não ficasse nenhuma fresta aberta. Isso, por sua vez, acrescentava propriedades significativas de isolamento à casa, economizando milhares de dólares na conta de aquecimento do proprietário.

Barreiras de vapor foram aplicadas em todas as paredes externas, vigas do teto e pisos da casa. Elas eram cruciais para evitar a infiltração de ar. Uma barreira de vapor é um material plástico que vem em rolos longos e é grampeado nas paredes externas de montantes e nas vigas do teto. A barreira de vapor precisava ser vedada; sobreposições e furos eram selados com fita para garantir que as paredes externas e o teto ficassem herméticos.

Agora, a única área da casa vulnerável à infiltração de ar era o piso, que precisava ser selado. De alguma forma, ele descobriu que o vinil era a solução. Conhecido como "piso resiliente", é assim que a indústria o chama;

ele é resistente e veda o piso, assim como a barreira de vapor veda paredes externas e tetos. Ele garantia que o vinil fosse instalado antes de qualquer parede interna ser construída, para minimizar o número de cortes no vinil e evitar que ele enrolasse nas bordas.

O vinil vinha em rolos longos e era tão pesado que, quando um dos trabalhadores ajudava a carregar um rolo, ele deslocou o ombro. Depois que o vinil era colado, as paredes internas eram cuidadosamente erguidas e instaladas para evitar arranhar o piso resiliente. Dá para dizer que eram casas "verdes", mas o termo "construção verde" ainda não era usado naquela época. Essas casas eram tão herméticas que precisavam de troca de ar vinda do lado de fora; caso contrário, as pessoas corriam o risco de sufocamento e/ou proliferação bacteriana. Esse sistema se mostrou altamente eficiente em termos de produtividade na construção das casas.

Havia várias razões para instalar isolamento R-49 nos tetos. A primeira: o isolamento mais espesso ajudaria a reduzir os gastos com aquecimento.

A segunda: o isolamento impedia a formação de pingentes de gelo nas bordas do telhado ao manter o calor dentro da casa, evitando que ele subisse pelo teto e derretesse a neve no telhado, o que, de outra forma, geraria congelamento. Com o tempo, esse ciclo constante de aquecimento e congelamento pode causar desgaste significativo no telhado.

O sol pode derreter a neve e formar pingentes de gelo. Para neutralizar a energia do sol, foi instalada ventilação adequada por todo o sistema do telhado. O sistema de ventilação precisava ser instalado corretamente porque o sótão e o telhado tinham que permanecer congelados durante todo o inverno.

As vigas do teto eram problemáticas devido às temperaturas extremas tanto do lado de fora quanto dentro da casa, então foi necessária outra solução inovadora. O problema era a enorme expansão e contração das vigas do teto. Quando a temperatura externa chegava a assustadores -54 graus Fahrenheit e o interior da casa estava a confortáveis 70 graus Fahrenheit, as vigas do teto se expandiam. O teto podia expandir até uma polegada e meia, ou mais, às vezes. A solução foi instalar um forro de painéis antes de o piso de vinil ser assentado. Depois que a instalação era concluída, eles pintavam o forro de painéis sem se preocupar com respingos nas paredes internas, já que o revestimento interno das paredes ainda não havia sido instalado naquele momento.

Pouco depois de o teto ser pintado, as equipes colocavam painéis nas paredes externas. Ele usava painéis por dois motivos: primeiro, eram fortes e duráveis e aguentavam muito abuso; segundo, não precisavam ser pintados, o que eliminava o custo da pintura.

Fixar a parede ao piso era simplesmente uma questão de pregar pregos de 16 penny através da base e no contrapiso. No entanto, fixar a parte superior no teto era um pouco diferente. Devido à expansão e contração extremas do teto, clipes especiais de deflexão precisavam ser aplicados às paredes e presos ao teto, permitindo que o teto flutuasse independentemente das paredes. Em seguida, os painéis eram aplicados às paredes de montantes, e então a parte superior do acabamento era pregada no teto, não nas paredes, permitindo que flutuasse. Caso contrário, se fosse pregado na parede, o acabamento se quebraria ao tentar se mover em sincronia com o teto.

Outra inovação fascinante que ele criou foi a tubulação interna. Naquela época, muitas vilas não tinham encanamento interno, um luxo que a maioria de nós considera garantido hoje. O plano era simples, mas altamente eficaz e eficiente. Ele projetou um sistema especial de parede interna que sustentava uma árvore de drenagem sanitária feita de tubulação de cobre, que ficava sobre o piso e corria paralela à cozinha, aos banheiros e ao sistema de caldeira a óleo. Como toda a tubulação ficava dentro da casa, reparos podiam ser feitos facilmente sem sair para o lado de fora. O encanador podia montar a árvore em qualquer lugar e deslizá-la entre o sistema de paredes para a montagem final.

O óleo era a principal commodity usada pelos moradores para aquecer suas casas. Ainda assim, ele queria que os proprietários tivessem uma fonte alternativa de aquecimento caso a caldeira quebrasse, o óleo não estivesse disponível para entrega ou houvesse escassez de recursos. Ele instalou um fogão a lenha na sala de estar para garantir que as pessoas não congelassem durante os invernos rigorosos. Ele era muito consciente com segurança, e imagino que tenha aprendido isso com a aviação.

A caldeira a óleo fornecia o sistema central de aquecimento e a fonte de água quente. Uma mistura de água e glicol, ou anticongelante, circulava pelos tubos, fornecendo à casa um calor constante e uniforme. Nunca perguntei por que ele não usou aquecimento por ar forçado; ele devia ter um bom motivo, porque o custo de tubos de cobre, materiais e transporte era caro. Talvez ele acreditasse que fosse o sistema de aquecimento mais eficaz, ou precisava cumprir regulamentações do HUD.

Em vez de usar compensado padrão, papel betumado e telhas asfálticas, telhas de aço foram incorporadas às casas. Como telhados de aço eram duráveis e resistentes, eles podiam evitar infiltrações de chuva, neve e gelo e, portanto, não exigiam compensado nem papel betumado. Em vez disso, ripas leves de duas por quatro foram usadas para reduzir os custos de transporte e oferecer um benefício de segurança aos carpinteiros. Depois que as ripas eram fixadas às tesouras do telhado, as equipes podiam andar por elas como se fossem uma escada, sem se preocupar em cair.

No entanto, neve e gelo ainda representavam um problema, porque andar sobre painéis de aço enquanto está nevando pode ser fatal. Um escorregão e acabou.

A boa notícia para os carpinteiros é que eles ainda podiam aplicar cada chapa individualmente enquanto ficavam em pé sobre as ripas e a parafusavam completamente, sem se preocupar demais com quedas. Mesmo quando o telhado já estava colocado e fixado, ainda havia outros itens a instalar, como a cumeeira, as capas de empena e outros acessórios, o que poderia ser problemático se houvesse neve e gelo. Por isso, os carpinteiros precisavam ter cuidado extra e descobrir como evitar quedas.

A boa notícia para os proprietários é que telhados de aço desprendem a neve com eficiência. Ele não queria que eles arriscassem a vida subindo nos telhados e enfrentando os elementos brutais para remover a neve. Ideias como essas podem parecer simples, mas, na época, eram ideias ousadas e novas que ajudaram a promover a revolução da construção verde ou, mais precisamente, da habitação energeticamente eficiente.

A construção das casas passou a ser semelhante a uma linha de montagem em uma fábrica. Ao final do projeto, ele estava produzindo duas casas por dia, um feito impressionante, dada a localização, ao norte do Círculo Ártico. As casas foram projetadas para suportar temperaturas extremas, lidar com cargas pesadas de neve e ventos fortes e exigir energia e manutenção mínimas, ajudando os proprietários a economizar significativamente nos custos operacionais. Engraçado, os proprietários não reclamavam da qualidade; em vez disso, diziam que as casas eram quentes demais. Eles precisavam abrir as janelas no meio do inverno só para esfriar. Essa sim é uma avaliação! Fico imaginando quantas estrelas ele ganharia no Yelp hoje. Eu sei que eu daria cinco.

Leitores interessados em saber mais podem consultar minha apresentação em PowerPoint, "SJCC Construction Tech VDC", que é mencionada nas notas no final deste livro.[3]

CAPÍTULO 5

Turbulência de Ar Claro

"*Você vai conseguir*", *disse um policial.*

"*Não, você precisa tirar esse volante de cima de mim. Eu não consigo respirar.*

Eu tenho um inalador em algum lugar. Eu preciso dele", *eu disse com a voz fraca.*

De vez em quando, eu tinha uma reação alérgica que desencadeava uma asma leve, por isso me referi ao inalador. Sem compreender totalmente a gravidade da minha situação, achei que estava tendo uma reação alérgica.

Eu só conseguia ver o céu noturno do lado direito com a visão periférica. Luzes piscavam na estrada, mas ninguém parecia tentar me tirar dali.

Frio, estou com muito frio. Pai! Pai! pensei, chamando pelo meu pai biológico, Gordon, que havia falecido quando eu ainda era jovem. Estou congelando.

Eu não conseguia virar a cabeça, só podia mover os olhos. Olhando ao redor, via a cabine do caminhão completamente esmagada ao meu redor. Perguntei-me se conseguia mover os pés. Espero não estar paralisado. Mexi os dedos dos pés algumas vezes. Ah, sim, graças a Deus, sim! Acho que não estou paralisado, pelo menos ainda não.

Enquanto mexia os pés, eu podia ouvir o policial atrás de mim se debatendo. O que ele estava tentando fazer? Ele não havia dito mais nada. Eu sentia as mãos dele nas minhas costas. Algo estava se movendo. Senti pressão nas costas e ouvi sons de rasgo junto com a respiração pesada dele enquanto ele continuava puxando e arrancando algo.

O que ele está fazendo? Ele não está me cortando para fora.

"Consegue respirar melhor agora?", ele perguntou.

Chiando e respirando superficialmente, permaneci em silêncio enquanto me concentrava em respirar. Logo percebi que ele estava cortando a espuma do encosto do banco para aliviar a pressão do volante esmagando meus pulmões. Eu sentia ele alcançar cada vez mais fundo, puxando a espuma do banco para me dar um pouco mais de espaço.

"Você consegue respirar?", o policial perguntou novamente.

Agradeci por ele ter aliviado um pouquinho da pressão sobre mim, mas percebi que não era suficiente. Não sei se ele me ouviu.

Minha mão esquerda estava pendurada para fora da janela dianteira, e eu conseguia ver o sangue pingando dela. Fiquei me perguntando se eu tinha morrido e acordado. Eu sabia que ainda estava vivo, mas quando apaguei, não vi nada: nenhuma luz branca, nenhuma escuridão, nada. Foi um vazio completo. Talvez eu tivesse morrido, conversado com alguém, e eles simplesmente me colocaram de volta aqui.

Eu sabia que estava gravemente ferido, mas não sabia o quão grave. Eu preciso sair desse caminhão, ficava pensando. Eu ainda arfava por ar. Eu só conseguia inspirar menos da metade da capacidade dos meus pulmões, se tanto. Parecia que eu estava sufocando. Tentei respirar mais fundo, mas a pressão intensa do volante não permitia. Cada respiração que eu dava era como tomar pequenos goles de água, o que exigia um foco intenso. Meus olhos e meus dedos dos pés eram as únicas partes do corpo que eu conseguia mover, então continuei mexendo os dedos dos pés enquanto girava os olhos para avaliar minha situação. Eu conseguia ver metal retorcido por todos os lados. Sem saída. Meu Deus, não me deixe morrer neste lugar, não aqui, especialmente no meio do nada. Eu não queria morrer de jeito nenhum. Eu ainda tinha objetivos a cumprir, como me casar e ter uma família. Por alguma razão, eu permanecia estranhamente calmo. De alguma forma, eu sabia que entrar em pânico teria sido desastroso para mim e para as pessoas que tentavam me ajudar. Eu estava mais preocupado com as pessoas que estavam tentando me socorrer. Não queria acrescentar mais estresse a elas ficando o tempo todo gritando de dor. Além disso, eu não sentia tanta dor assim, nem conseguia dizer exatamente onde ela estava localizada, além do peito. Nem mesmo minha mão esquerda ensanguentada, que ainda estava pendurada para fora da janela do lado do motorista, doía. Ainda assim, eu sabia que estava gravemente ferido — quero dizer, muito mal mesmo.

Eu provavelmente deveria estar com medo, mas não estava. Eu apenas me concentrava em controlar cada respiração, minha única esperança de sobrevivência. Eu não entrei em pânico, talvez por causa do choque ou talvez porque eu estava preso ali como uma sardinha e não conseguia me mexer. Ou talvez porque eu estava sem casaco e congelando com temperaturas na casa dos vinte e poucos graus Fahrenheit. Eu simplesmente não sei. Acho que estou sem saída. Meus dias estão contados. Pai, me ajuda! continuei pensando enquanto começava a apagar de novo.

VIDA TEM SIDO, at às vezes, extremamente desafiadora, e não acabou saindo do jeito que eu esperava. Para começar, eu não fazia ideia de que passaria a maior parte dos meus verões trabalhando no mato a partir de mais ou menos quatorze anos, mas foi assim que aconteceu. As experiências lá foram inesquecíveis. Ainda lido com as mais duras, aquelas que marcaram minha alma. Outras, porém, me encheram de admiração.

Eu já tinha visto as Luzes do Norte/Aurora Boreal muitas vezes em Anchorage e nos arredores, mas fiquei boquiaberto quando as vi em Kiana. As cores eram tão intensas e brilhantes: verde, azul, vermelho e amarelo. Eu as observava dançando baixinho no céu da meia-noite. Parecia que eu poderia estender a mão e tocá-las, embora fiquem a cerca de sessenta milhas de altura na atmosfera. Meu Deus, como são lindas.

Na manhã seguinte, contei para Rhoda, a cozinheira do acampamento, o que eu tinha visto e como o céu estava bonito durante o café da manhã. Ela me encarou com um olhar assustado nos olhos e então me disse que pessoas nativas desaparecem quando as luzes do norte brilham.

"Quando as pessoas as veem sozinhas, as luzes as levam embora, e muitos nativos já desapareceram", ela disse. "Não saia sozinho quando elas aparecerem." Eu percebi que ela estava genuinamente com medo por mim, então não mencionei que eu tinha ficado sozinho olhando para elas por vinte minutos na noite anterior.

Ao longo dos anos, meu estado adotivo me proporcionaria experiências igualmente marcantes. Meu avô dizia para nós o tempo todo: "O Alasca é um lugar grandioso e lindo. Uma terra tão vasta e pouco tocada por gente. Se você não gostar do tempo, espere cinco minutos. Uma terra de maravilhas. Uma terra sem misericórdia." Eu nunca esqueci essas palavras. O vovô era um homem grande e sábio, que serviu na Segunda Guerra Mundial. Ele adorava recitar longos versos de memória, especialmente o poema "The Cremation of Sam McGee", de Robert W. Service, escrito em 1907. Estranhamente, foi lá que eu estudei: a Robert Service High, que levava o nome dele. Meu avô era um leitor voraz, artesão e homem do mato. De fato, ele era um homem renascentista. Para mim, ele era o melhor. Eu o adorava. Fiquei feliz por tê-lo por perto quando eu era pequeno. Que descanse em paz.

Antes de eu completar quatro anos, meus pais biológicos mudavam com frequência por causa do trabalho, e eu muitas vezes ficava com parentes. Eu adorava, especialmente, ficar na casa dos meus bisavós. A casa deles era impecável, cheia de pequenos tesouros que eu não conseguia resistir a tocar, e eles sempre foram tão gentis comigo.

O último lugar em que vivi com meus pais biológicos e meu irmão mais novo, um menino cerca de dois anos mais novo do que eu, foi uma casinha pequena e caindo aos pedaços, com carpete gasto e persianas velhas de enrolar. Na frente havia uma árvore grande com um balanço de pneu. Eu brincava nele por horas, esperando ansiosamente meu pai chegar em casa. Eu mal podia esperar para vê-lo.

Mas não ficamos lá por muito tempo. Com o tempo, meu irmão e eu fomos enviados para ficar com um parente gentil, onde eu me sentia seguro. Então, um dia, me disseram que meu irmão ficaria com eles, enquanto outra família iria me adotar. Embora também fossem parentes, eu não sabia quem eles eram. Anos depois, me disseram que nós já tínhamos nos encontrado antes, mas eu não tenho lembrança disso. Na época, eu fiquei apavorado. Eu voltaria a ver meu irmão algum dia? A incerteza me abalou. Naquela noite, eu não consegui dormir. Fiquei acordado chorando, olhando meu irmão dormir ao meu lado.

"Irmão, eu espero que você tenha uma boa vida", eu sussurrei. "Vou tentar voltar para te buscar."

Aos quatro anos, fui adotado, recebi um novo nome e me disseram para chamar meus novos pais de Mãe e Pai. Eles cuidaram de mim e me deram uma vida de privilégios conquistados com muito esforço, pela qual sou profundamente grato. Ainda assim, eu sentia falta do meu irmãozinho e dos meus pais biológicos. Meu Deus, eu sentia tanta falta deles.

Sempre me sentindo um outsider na nova família, eu nunca conseguia entender qual era o meu lugar com um dos membros da família; a comunicação entre nós era difícil, no melhor dos casos. Desde o primeiro dia e ao longo de toda a minha vida, eu precisava andar em ovos perto daquela pessoa.

Nossa interação permaneceu como um fator contínuo de estresse até que, eventualmente, não restaram mais ovos para quebrar.

Ano após ano, foi ficando cada vez mais difícil para mim articular meus objetivos, meus sonhos e, principalmente, meus medos para meus pais adotivos. Muitas vezes, eu me vi gaguejando e tendo dificuldade para lembrar detalhes ao falar de assuntos estressantes.

Com frequência, eu era descartado ou mal interpretado como uma criança "sensível demais". "O que acontece na vida é só a vida", me diziam, o que me deixava cada vez mais inseguro e tímido ao longo dos anos. Não conseguir falar e ter que esconder acontecimentos da minha vida de família e amigos tornou extremamente difícil para mim processar e administrar minhas emoções no dia a dia. Por volta dos seis anos, eu acreditava que, se eu me esforçasse mais, isso abriria a porta para a comunicação com minha família. Naquela época, eu não sabia que colocar coração e alma nisso ainda assim deixaria esse objetivo dolorosamente fora de alcance na minha vida.

Meu padrasto era um workaholic; era comum ele trabalhar dez a doze horas por dia, sete dias por semana, e passar meses fora trabalhando no mato. Por volta dos dez anos, eu me comparava a ele e me considerava meio preguiçoso. Isso me preocupava porque eu não queria que ele ou os funcionários dele me vissem como um vagabundo. Então, na minha cabeça, eu precisava redobrar meus esforços e tentar trabalhar duas vezes mais do que qualquer um dos empregados dele para não envergonhá-lo. Afinal, ele era o meu herói.

Meus padrinhos eram pessoas muito boas, mas a falta de comunicação tende a apagar a esperança, por mais que a gente tente. Felizmente, eu fiz um amigo em Kiana para brincar: um grande pastor-alemão chamado King. A mãe do nosso amigo Larry era dona do cachorro e o mantinha amarrado atrás da casa, em uma espécie de corredorzinho estreito. Naquela época, ele era a melhor coisa do mundo para mim. Talvez mais do que os cookies; sim, muito mais. Eu podia me esconder e brincar com aquele cachorro por horas. A gente se divertia muito junto. Ele realmente era um bom companheiro. Muitas vezes eu tentava chegar de mansinho, mas, quando eu espiava a esquina, via o King em pé, em posição de alerta, esperando para brincar comigo. Como ele sabia que era eu vindo pela esquina?

"Oi, King! Como está meu parceiro hoje?", eu dizia num tom brincalhão.

Da boca dele saía uma língua longa e rosa enquanto ele pulava em mim e no meu peito. Eu tentava tirá-lo de cima, mas ele me prendia no chão e lambia meu rosto.

"Desce! Desce, garoto! Desce, King! Vamos lá, sai de cima", eu gritava, feliz.

Eu era um garoto magrelo que pesava por volta de oitenta e cinco libras naquela época, e tenho certeza de que o King pesava pelo menos setenta e cinco libras, ou mais. Por causa do tamanho e da força, era difícil para mim manter uma fera daquelas sob controle.

A alegria parecia brilhar ao redor dele — exceto quando as crianças nativas passavam perto. Aí ele abaixava a cabeça e empurrava as orelhas para a frente, encarando, e os lábios se levantavam, mostrando os dentes brancos e afiados. Ele avançava em direção às crianças até a guia de aço de quinze a vinte pés esticar. A guia era a única coisa que impedia ele de pular nelas. Ele continuava latindo e esticando a guia até ficar em pé sobre as patas traseiras, arranhando o ar, como se quisesse um pedaço delas. Nossa, quer dizer... esse cachorro ficava furioso, quase fora de controle.

"King! Desce, garoto! Desce!", eu gritava para ele.

As crianças passavam pálidas pelo território do King. A mãe do Larry me contou que algumas crianças eram maldosas com ele, jogavam pedras e batiam nele com gravetos. Não é de se admirar que o King ficasse tão irritado com elas. Eu fiquei feliz por ele ter gostado de mim desde o começo. Ele nunca rosnou para mim. Depois que as crianças iam embora, o King se acalmava rápido e voltava a brincar comigo.

"King, eu tenho que ir trabalhar agora. Te vejo mais tarde", eu disse naquela manhã em particular.

Enquanto eu seguia pelo corredor, virando à esquerda e subindo a estradinha de terra em direção a uma das novas casas que eu ajudaria a construir, eu podia ver o encanador ocupado trabalhando.

"E aí, James, como vai?", eu perguntei.

"Beleza, estou trabalhando nas árvores de encanamento", James respondeu.

"Posso ajudar?"

Eu era uma criança que respeitava adultos. Eu obedecia bem e estava disposto a trabalhar duro. Eu só conseguia fazer até certo ponto naquela idade, considerando meu tamanho e peso. Ainda assim, eu estava mais do que disposto a aprender e a trabalhar dentro das minhas limitações. Eu achava fascinante a ideia de conectar canos e depois enchê-los de água para detectar vazamentos. O encanador, um veterano do Vietnã, era um sujeito parrudo, com barba, de fala mansa. Quando ele falava, era preciso ouvir com atenção. Parecia gentil, mas cruzar com ele talvez fosse perigoso. Eu gostava dele, e ele era bom comigo, então, por respeito, quando James me pedia para fazer alguma coisa, eu fazia — mesmo quando eu detestava algumas das tarefas.

"Quer lixar os canos por um tempo?", ele perguntou.

"Claro. Quanto?", eu questionei.

"Temos todas essas vilas para fazer. Tem muito trabalho pela frente, e as pontas de todos os canos precisam ser limpas para eu poder soldar."
"Ok, claro, por onde eu começo?", eu respondi, empolgado.

Havia muitos tamanhos e espessuras de tubo de cobre, variando de três quartos de polegada a quatro polegadas, espalhados por todo lado. James também pré-cortava os canos do sistema da caldeira e os colocava em pilhas separadas.

Eu me sentei num banquinho, encaixei o cano grosso de cobre entre as pernas e comecei a lixar. O tipo de lixa que eu usava se chamava "plumber's cloth", um material resistente. Eu ficava curvado em cima de um balde, lixando canos o dia inteiro. Com o tempo, meus pulsos doíam e minhas mãos ficavam dormentes, mas eu não me importava. Eu estava fazendo um trabalho importante. Eu acreditava que estava fazendo diferença; afinal, o encanamento em que trabalhávamos seria usado por muitos anos. Era eu lixando as junções e garantindo que estivessem bem lixadas para que, quando James soldasse tudo, não vazasse.

Enquanto eu lixava, eu ouvia James cortando canos, fazendo muitas outras pilhas para eu lixar. No fim do dia, eu via que nem tinha feito cócegas no serviço. Meu Deus, isso vai dar muito trabalho. Eu sentia orgulho de lixar aquelas árvores de encanamento, hora após hora, dia após dia, faça chuva ou faça sol, lixando, sempre lixando, com os dedos e pulsos travados e doloridos o tempo todo.

Eu via James aplicando fluxo nas junções e soldando os canos de cobre. Eu ficava orgulhoso ao ver todas aquelas peças se encaixarem. Era como um grande quebra-cabeça.

A árvore de encanamento era um loop sanitário (linha de esgoto) que se encaixava na parede de encanamento. Montávamos as árvores de encanamento em um único lugar, para todas as casas.

De vez em quando, James me deixava cortar os canos. Aquilo me dava um frio na barriga de empolgação. Ele me mostrou como medir corretamente e usar o cortador manual com segurança. Para usar o cortador, eu tinha que segurar uma ponta do cano de cobre com a mão esquerda enquanto girava o cortador com a direita e apertava o mecanismo roscado de corte. Isso exigia muitas voltas e apertos até o cano ser cortado. Obviamente, era bem mais fácil cortar os de três quartos do que os de quatro polegadas. Cortar os de quatro polegadas era muito mais complicado, porque tanto o cano quanto o cortador eram grandes e pesados. Eu gastava muita força e energia para cortar as peças. Quando finalmente atravessei o primeiro, ouvi o excesso de cobre bater no chão.

"James, essas árvores estão ficando ótimas", eu disse, orgulhoso.

"É... se não vazarem", ele murmurou.

"Quando você vai instalar?", eu perguntei.

"Acho que a primeira casa vai estar pronta amanhã", ele disse, com um meio sorriso. Eu prometi a mim mesmo que iria com ele, então fui dormir cedo naquela noite.

Dormir durante os meses de verão no Alasca pode ser um desafio por causa da luz entrando nos quartos. No entanto, no Círculo Ártico, era ainda mais difícil. Você tem que fazer de tudo para bloquear a claridade, e as cortinas podem não bastar. Já vi gente colar papel alumínio e papel nas janelas. Felizmente, a luz nunca me incomodou porque eu sempre estava exausto do trabalho do dia.

Eu dormia no mesmo quarto que James, e ele frequentemente gritava com alguém enquanto dormia. Muitas noites, ele me acordava chamando: "Vem comigo, vem comigo, está tudo bem."

"James, você está bem?", eu perguntava.

"Volta a dormir, não se preocupe com isso", ele sempre me dizia.

Isso me preocupava. Acho que ele estava tendo pesadelos com a Guerra do Vietnã. Não sei, mas era o que parecia.

No dia seguinte, acordei cedo porque queria ajudar James a instalar a primeira árvore de encanamento, mas ele já tinha saído. Vesti a calça correndo e devorei o café da manhã sem nem escovar os dentes.

"Vai devagar, David. Por que essa pressa?", Rhoda perguntou.

Eu precisava ir à loja e ajudar outras equipes com ferramentas e materiais antes de poder ajudar o James. Levei um tempo para fazer aquelas malditas tarefas, então eu corri de um lado para o outro pela vila. Mais tarde naquela manhã, finalmente cheguei à primeira casa. Era fácil de achar porque ficava em um lote em forma de V, e eu passava por ela sempre que ia ao rio pescar ou ajudar com suprimentos. Eu tinha tanto orgulho do que meu padrasto estava realizando. Eu ficava pensando em como aqueles edifícios magníficos ajudariam a população local.

Do lado de fora, estava tudo quieto, e eu não vi James. Fiquei me perguntando onde ele estava. Os materiais de encanamento e de construção estavam espalhados sob a casa, protegidos da chuva da manhã.

Talvez ele esteja lá dentro instalando a árvore de encanamento, eu pensei, mas também não ouvi nenhum barulho de dentro da casa. Começou a cair uma chuva forte enquanto eu subia as escadas, então eu esperava trabalhar em ambiente fechado até a chuva parar. Tomara que o King fique seco.

Eu fui desviando dos materiais e ferramentas, tomando cuidado para não pisar em pregos salientes que atravessavam tábuas e outros objetos variados.

Na maior parte do tempo, as equipes mantinham uma boa organização, garantindo que os canteiros ficassem limpos. Quando cheguei ao topo da escada, encontrei James.

"Ei, James, parece que você instalou a primeira árvore de encanamento sem mim", eu disse, com a voz cheia de empolgação.

"É, dá uma olhada", ele disse. Ele já tinha trabalhado em outros sistemas de encanamento e agora estava instalando a tubulação do sistema de aquecimento.

Caramba, ele é rápido. Ainda nem são nove horas, eu pensei, enquanto examinava de perto a árvore de encanamento.

Graças ao projeto brilhante e bem pensado do meu padrasto, James podia deslizar a árvore de cobre entre os montantes da parede, dando acesso fácil. "Seu pai facilita muito o meu trabalho", James comentou.

Que coisa boa!

Continuei ajudando ele pelo resto do dia e fiquei feliz em fazer isso, já que eu não queria sair na chuva. Depois de um longo dia de trabalho, a chuva finalmente diminuiu, e o sol brilhou forte no céu da noite. Eu estava cansado, mas estava gostoso lá fora, e eu queria pescar um pouco enquanto ainda tinha energia. Pensei em ir depois do jantar e levar alguns cookies extras comigo. Minha vara normalmente já estava montada para whitefish e pronta para usar. Eu sempre comi rápido desde pequeno; é do meu jeito. Depois do jantar, peguei minha vara e a caixa de apetrechos e corri para o rio — mas não sem antes passar para dar um oi no King.

Ver o rio Kobuk do alto da vila era lindo, e eu mal podia esperar para pegar alguns peixes. A estrada de terra do alto do morro até o rio era bem íngreme. Quero dizer, triciclos motorizados e veículos conseguiam subir e descer por ela, mas ainda assim era uma ladeira forte, e subir a pé não era nada divertido, principalmente carregando coisas. Aquela ladeira me deixava sem ar, mesmo eu sendo jovem. Um banco de areia pedregoso que corria perpendicular ao rio era onde eu fazia a maior parte das minhas pescarias. Muitos barcos dos moradores ficavam estacionados naquele banco de areia, inclusive o hidroavião do meu padrasto.

O lugar ficava perto da casa onde nós ficávamos hospedados. Eu costumava ir lá várias vezes por dia ou por noite, o que me permitia encontrá-lo quando ele pousava por ali no dia. Ele usava Kiana como acampamento-base e voava para as outras vilas diariamente para verificar o andamento dos demais projetos de habitação.

Eu geralmente pegava whitefish naquele banco de areia, mas, de vez em quando, pegava Arctic grayling e Arctic char. Grayling e truta eram meus peixes favoritos de pegar, especialmente os graylings, porque são ótimos lutadores e muito saborosos. Pescar cada espécie tinha seus próprios desafios. Naquela noite, eu estava mais focado em whitefish. Eles eram divertidos, brigadores e relativamente fáceis de fisgar. Eu adorava ficar acordado até tarde numa noite clara, com a linha na água, olhando o rio, vendo os pássaros voarem e ouvindo os sons do rio. Olhando para o horizonte, eu ficava pensando que tinha voltado no tempo.

Eu não ficava com a maioria dos peixes que pegava. Meu padrasto sabia demais sobre o mundo ao ar livre e me ensinou conservação desde cedo. De vez em quando, ele me dizia: "A gente tem que proteger os animais, devolver para a natureza, para que na próxima vez que a gente vier e quiser pescar, eles ainda estejam aqui. Quem sabe você até pegue o mesmo peixe." Eu sigo essa regra até hoje. Naquela noite, os peixes estavam mordendo muito. Eu peguei e soltei um monte, sem machucar nenhum.

Dias depois, no fim da tarde, eu estava brincando no alojamento onde parte da equipe dormia. Havia um aparelho de som velho e algumas janelas grandes, e eu estava me divertindo, na minha, fazendo coisas de criança. Moscas pousavam na janela, e eu chegava perto de mansinho e, com o dedo do meio, dava um peteleco nelas no vidro. Eu não queria matar as moscas, só derrubá-las. Depois que caíam no chão, eu me abaixava e soprava nelas; de repente, elas acordavam e voavam embora, sem se machucar.

Eu já tinha feito isso algumas vezes quando ouvi, de leve, uma mulher pedindo ajuda.

O que está acontecendo? eu me perguntei.

Ao me aproximar da janela da frente, vi uma mulher caminhando em direção à frente da casa. Tinha algo nela que não estava certo.

"Socorro! Socorro! Por favor! Socorro!", ela gritava.

O quê? O que é isso?

Eu senti meu coração batendo mais e mais rápido. Minhas pernas começaram a tremer, e meu corpo inteiro ficou tenso.

O que está acontecendo?

A mulher continuou caminhando devagar em minha direção.

O que eu faço? Eu não sei o que fazer. Meu Deus, por favor, me ajuda. O que eu faço?

Eu corri para a porta da frente. O tempo parecia ter parado. Eu me movia em câmera lenta. Quando alcancei a maçaneta, eu via minha mão tremendo de forma visível.

Meu Deus! Eu preciso abrir essa porta.

"Socorro, por favor, socorro!", ela continuava a gritar.

Eu encarei o chão de propósito enquanto abria a porta da frente, com medo demais de olhar para cima. Ainda olhando para baixo, eu desci os degraus da varanda em direção a ela e, por fim, criei coragem e levantei o olhar bem devagar. Ela disse, com a voz fraca: "Socorro! Socorro!"

Eu fiquei horrorizado. Eu não conseguia acreditar no que via! Meu Deus! Por favor, não. Meu Deus! Por favor, não. Eu arfava por ar e mal conseguia falar. Os pelos da nuca pareciam ficar em pé. Não, por favor, não! "Socorro, por favor! Eu preciso de ajuda", ela exclamou.

Ela era uma mulher baixa e magra. O rosto dela estava pálido, e eu nunca vou esquecer os olhos dela. Ela me encarava com aqueles olhos mortos. Parecia que ela estava olhando através de mim. Era estranho e me apavorou. Como uma criança de quatorze anos, eu nunca tinha visto tanto sangue e tanta carnificina. Foi difícil não vomitar. Era horrível, simplesmente horrível, além de qualquer compreensão.

Ela estava coberta de sangue. Tinha sangue em tudo. O cabelo dela, coberto de sangue, estava grudado no crânio. Sangue escorria para os olhos, a boca e as orelhas, pelos braços, mãos e sapatos. As roupas dela estavam encharcadas de sangue.

Meu Deus, não! eu gritei dentro da minha cabeça. Não, não, não!

Sangue jorrava do lado da cabeça dela em jatos longos e finos. Jato após jato, o sangue espirrava a até dois ou três pés de distância do corpo ereto dela, atingindo a estrada de terra. O sangue batia na poeira fina e levantava pequenas plumas enquanto gotículas respingavam de volta no chão, nos pés e nas pernas dela.

"Socorro! Socorro!", ela gritava.

Eu não fazia ideia do que fazer.

"Vai ficar tudo bem", eu disse para ela. Eu mal conseguia falar, quanto mais conseguir ajuda.

"Socorro, por favor, socorro", ela continuava, com a voz quebrada.

"Tá, tá, segura aí", eu respondi.

Tentando evitar que o sangue continuasse espirrando do lado direito da cabeça dela, eu finalmente cheguei mais perto, apesar da náusea que eu sentia com aquela visão.

Meu Deus! Pai, me ajuda! Mesmo meu pai biológico tendo morrido, eu sempre pedia a ele orientação e proteção. Eu gritei enquanto corria em direção à primeira casa onde tínhamos instalado a árvore de encanamento. Eu via as equipes vindo em nossa direção pelo canto do olho.

"Socorro! Socorro! Tem uma mulher sangrando! Socorro!", eu gritei para os trabalhadores.

Minha cabeça rodava. Ver todo aquele sangue me dava vontade de vomitar. A próxima coisa de que me lembro é de estar na margem do rio, ao lado do Cessna 185 com flutuadores do meu padrasto, vendo aquela pobre mulher ser colocada a bordo. Alguém tinha enrolado a cabeça dela com ataduras, o que não ajudava muito. O sangue atravessou completamente as ataduras. Ela parecia uma múmia ensanguentada. Meu padrasto estava desesperado, ajudando a colocá-la no avião. Não sei se ele conseguiu fazer a checagem pré-voo, porque estava com muita pressa para levar aquela mulher ao hospital mais próximo, que ficava em Kotzebue. Eu só fiquei ali atrás do avião, tremendo.

Quando olhei para o morro, vi um garotinho de quatro ou cinco anos perto de mim, chorando e tremendo.

"Mamãe, mamãe", ele chorava.

Mais tarde naquele dia, me disseram que a criança tinha testemunhado a surra brutal e o esfaqueamento da mãe.

"Mamãe, mamãe", ele continuava chorando.

Eu mal conseguia respirar. O Cessna 185 branco e verde estava parado na água, amarrado à margem como um barco. Eu desamarrei o avião e o empurrei para dentro d'água. Ouvi a bomba de combustível zunindo, depois o motor de partida raspando enquanto a hélice girava, seguido pelo rugido do motor de 300 cavalos ganhando vida. O vento da hélice e o escapamento bateram no meu rosto, e o vento frio rodopiou ao meu redor.

Assim que foi seguro, meu padrasto virou a aeronave contra o vento e aplicou potência total para decolagem. O hidroavião balançou para frente e para trás no rio Kobuk. O som agudo daquele motor poderoso era quase ensurdecedor. O avião rapidamente entrou no planeio e, antes que eu percebesse, ele já estava no ar, levando aquela pobre mulher ao hospital.

Enquanto eu ficava ali, vendo o avião desaparecer no horizonte, eu me perguntava por que aquilo estava acontecendo. Eu me virei e vi o menino chorando pela mãe, lágrimas escorrendo pelo rosto. Eu torcia para que a mulher sobrevivesse, mas parecia bem improvável, por causa de todo o sangue que ela tinha perdido. Além disso, leva cerca de vinte e cinco minutos de voo até Kotzebue.

O rio Kobuk corria com graça, os pássaros voavam, e a vida selvagem, em todo o seu esplendor, parecia intocada, como se nada tivesse acontecido. Acho que a natureza tem um jeito de absorver a dor. Eu sabia que a terra em si não sente, mas os seres humanos sentem. Acho que é isso que torna a vida tão difícil para cada um de nós.

Enquanto eu caminhava em direção aos penhascos de Kiana, notei uma pedra de tamanho pequeno a médio. Sentei nela e fiquei encarando o lindo e pacífico rio Kobuk. Eu não sei por quanto tempo fiquei sentado ali. Eu só fiquei ali, olhando, me perguntando por quê.

Nessa situação estressante, eu pensei no meu pai, Gordon. Eu só tinha ouvido sussurros sobre o tipo de homem que ele era, mas ele era meu pai, e eu guardo com carinho os poucos vislumbres que tive dele. Eu lembro de me divertir toda vez que eu o via. Ele acelerava e dirigia mais rápido sob os viadutos no conversível vermelho dele, e nós ríamos juntos. Eu lembro da risada dele. Eu sentia tanta falta dele! Depois da adoção, eu não tive nenhum contato com ele.

Em algum momento durante o verão de 1972, quando eu tinha sete anos, meu pai morreu. Uma pessoa, cujo nome vou manter em sigilo, me disse que ele tinha tirado a própria vida porque não conseguia viver sem meu irmão e eu. Eu me culpei pela morte dele. Senti uma tristeza e uma culpa enormes, que me dominaram e me roubaram a confiança em um adulto em particular — alguém que deveria proteger as crianças.

Pai, eu queria que você ainda estivesse vivo. Sinto sua falta. Espero que você esteja no céu e que esteja tudo bem com você. Me ajuda, por favor. Eu preciso de alguém para conversar. Eu não quero ver mais violência.

Fiquei por ali um tempo, esperando meu padrasto voltar. Eu torcia para que a mulher ficasse bem. Lembro do meu corpo ficando dormente, e aquela dormência era quase insuportável. A próxima coisa de que me lembro é de estar acariciando o King no beco. Parecia que eu tinha perdido a noção do tempo. Tentei dormir naquela noite, mas toda vez que eu fechava os olhos, ela estava lá. A mulher de rosto pálido continuava se aproximando cada vez mais de mim, como se fosse um padrão que se repetia. Os olhos dela eram de um branco opaco, e as roupas que ela usava estavam encharcadas de sangue, escorrendo em direção ao chão. O sangue jorrava e escorria da cabeça dela, cobrindo completamente o rosto, as mãos e os pés. Um jato fino e constante de sangue saía do lado da cabeça dela e espirrava por toda a poeira fina e esbranquiçada. "Me ajuda, por favor, me ajuda", ela chorava, repetidas vezes, e eu conseguia ver o garotinho gritando pela mãe. As imagens intermináveis pareciam tão reais. Eu ficava enjoado de ver aquilo na minha cabeça. Eu queria que sumisse. Eu tentei dormir.

Eu não tinha ninguém com quem falar sobre aquele acontecimento. Me disseram: "Isso é a vida", mas foi difícil para mim compartimentalizar o que tinha acontecido. Acho que até as mentes mais fortes teriam dificuldade para aceitar algo tão horrível assim. Quer dizer, como diabos uma criança deveria lidar com testemunhar esse tipo de violência?

No dia seguinte, depois de uma noite inquieta, eu fiquei deitado e não tive vontade de me levantar. Eu queria ficar em um lugar que parecesse, de algum modo, seguro. Eu queria ficar ali o máximo possível antes de entrar de novo no mundo cruel real. Eu não lembro de ter comido naquele dia, mas eu fui trabalhar sem comentar com ninguém o que eu tinha visto no dia anterior.

Alguns dias depois, depois de um dia duro de trabalho, eu ouvi uma conversa em que diziam que o marido daquela mulher tinha atacado ela com brutalidade. Pelo que entendi, ela e o marido tinham bebido naquele dia, o que me confundiu, porque as vilas supostamente eram "secas", ou seja, não era permitido álcool. Naquela época, Kotzebue era a única cidade onde as pessoas conseguiam comprar bebida. Me contaram que o marido dela tinha espancado e golpeado a cabeça dela muitas vezes com um ulu, na frente do garotinho.

Um ulu é uma faca curva de uso geral, tradicionalmente utilizada por povos nativos. Um cabo pequeno fica montado no centro da lâmina. O cabo é feito de madeira, osso ou marfim. Pelo que eu sabia, o metal da lâmina era cortado e moldado a partir de serras manuais velhas, parecidas com as que você encontra em qualquer loja de ferramentas. Ulus são ferramentas versáteis e eficientes, muito afiadas, que podem ser usadas para esfolar e limpar animais, cortar cabelo e até aparar blocos de neve e gelo usados para construir iglus. Duvido que quem inventou o ulu tenha imaginado que ele seria usado para ferir seres humanos.

Para surpresa de todo mundo, a mulher realmente sobreviveu. Graças a Deus. Ninguém sabe ao certo como ela passou por aquela provação horrível, especialmente considerando toda a perda de sangue. Eu ouvi dizer que, por ela ter consumido tanto álcool, isso pode ter salvado a vida dela. É irônico como algo tão destrutivo pode preservar a vida. Ela devia estar muito bêbada para conseguir suportar toda a dor daqueles ferimentos profundos e penetrantes. Pelo que eu sei, ela nunca prestou queixa contra o marido. Eu teria prestado, mas quem sou eu para julgar?

Eu me senti péssimo pelo garotinho que testemunhou a própria mãe sendo atacada de forma tão brutal pelo pai. Eu me perguntava como ele conseguiria lidar com aquele horror na cabeça dele. Eu estou chocado com o que vi, mas, Jesus... como é que ele está lidando com isso? Eu simplesmente não sei.

Como acabou acontecendo, eu carregaria por muito tempo a luta para conseguir aceitar o que eu tinha visto.

CAPÍTULO 6

Perigos Remotos

"Os bombeiros e a ambulância chegaram", disse o policial.

Graças a Deus! Finalmente, vou sair daqui. Agora, se eles conseguirem tirar esse volante de cima de mim. Eu ainda consigo mexer os dedos dos pés.

Isso é bom. Eu ainda não estou paralisado.

Eu me perguntei o quão perto eu estava de não conseguir mais usar os pés ou as pernas. Minha mão esquerda ensanguentada ainda estava pendurada para fora da janela dianteira. Eu não conseguia mexer a mão, mas não estava tão preocupado com isso. Minha cabeça estava focada, principalmente, nas minhas pernas e pés e em simplesmente tentar respirar. Enquanto eu chiava e lutava para puxar ar para os pulmões, eu conseguia ouvir sirenes e pessoas falando ao fundo. Eu via as luzes vermelhas e azuis piscando dos veículos.

Ah, sim! Eles estão aqui, é verdade. Em breve, eu vou ser libertado dessa gaiola de aço. Estou preso como um animal encurralado. As coisas estavam um pouco embaçadas. O que aconteceu com o para-brisa?

Ele estilhaçou no impacto? Ou eles o cortaram e tiraram dali? Estranhamente, eu não me lembrava de ter visto nenhum vidro ao meu redor. Mesmo sendo vidro de segurança, eu tinha certeza de que deveria haver vidro por toda parte. Eu só não sabia onde.

Eu lutava para respirar. Às vezes, fazer o oxigênio entrar e sair dos meus pulmões parecia uma eternidade.

Droga, eu não vou sobreviver. De jeito nenhum, sem chance. Eu tinha certeza de que estava prestes a sufocar. Isso, se eu não congelasse até a morte antes.

"Vamos tirar você daí logo", disse o policial.

"Frio, eu estou com frio, muito frio."."

A MAIORIA DAS CRIANÇAS e adolescentes não precisa lidar com a violência que era comum no mato. Por outro lado, a maioria das crianças também não chega a copilotar aviões. Trabalhar no mato me deu experiência em primeira mão com máquinas pesadas, aviões, barcos, barcaças e até helicópteros. Uau, quem não ia gostar disso?

A empresa do meu padrasto transportava por via aérea cerca de quatorze milhões de libras de materiais do Aeroporto Internacional de Anchorage para o norte do Círculo Ártico. Me disseram que foi a maior ponte aérea já feita no Alasca até então. Eu não sei, mas muita gente afirmava que isso era verdade. Ele usava vários tipos de aeronaves, incluindo o Short SC.7 Skyvan, C-119s, o Aviation Traders ATL-98 Carvair, que parecia um 747 com hélices, e muitos outros tipos de transporte aéreo.

Essas aeronaves eram tão antigas que os pilotos e mecânicos brincavam chamando-as de "caixões voadores". Para você ter uma ideia, eles chegaram a colocar um motor a jato em cima dos C-119s — não por segurança, mas porque os motores radiais não tinham empuxo suficiente para decolar por causa do peso dos materiais. E mesmo isso, às vezes, não bastava: eles injetavam água nos cilindros para aumentar o empuxo em até 30% na decolagem. Pois é... arriscado? Pode apostar. Depois que os materiais eram descarregados no aeroporto da vila ou chegavam de barcaça, um helicóptero UH-34D Seahorse transportava tudo, levando a carga suspensa por baixo e voando até os lotes remotos.

Quando eu era criança, eu ajudava a carregar aviões com compensado, sapatas de fundação, chapas de telhado e vários materiais de construção em Anchorage. Enquanto trabalhava lá em cima, eu voei de helicóptero para outras vilas, como Selawik, e trabalhei com o piloto para organizar os mesmos materiais que eu tinha ajudado a enviar de Anchorage.

Assim que os materiais chegavam, o piloto conduzia a aeronave até a carga e pairava no ar, pendurando uma cinta a uma distância de braço do operador no chão. O operador prendia a carga com segurança na cinta e sinalizava ao piloto que estava tudo preso. Depois que o piloto confirmava que estava tudo bem, ele subia devagar e com cuidado na vertical para não atingir outros objetos e voava até o lote designado.

Quando chegava sobre o lote, o piloto baixava a carga com cuidado para não danificar os materiais e então soltava o gancho, deixando a cinta cair. Um trabalhador no chão caminhava pela tundra irregular até as cintas e as preparava para engatar de novo no helicóptero. Em seguida, o piloto voltava e pairava sobre a pessoa, novamente ao alcance do braço, e ela estendia a mão e prendia uma ponta da cinta no helicóptero. O piloto então subia devagar, puxando as cintas para fora de baixo da carga, e voltava para buscar o próximo carregamento. O processo se repetia o dia inteiro, até que as barcaças ou a área de estocagem ficassem vazias.

Alguém me designou para ser operador nos lotes. Era emocionante e divertido, mas ao mesmo tempo me deixava apreensivo, porque aqueles helicópteros enormes, movidos a pistão — usados no Vietnã — agora estavam pairando sobre a minha cabeça. Eles não eram equipados com um motor a jato confiável. Um motor a jato tem cerca de 117 vezes menos chance de falhar do que um motor a pistão. Então... é. E eu não era uma criança exageradamente sensível, preocupada à toa em ficar embaixo de um helicóptero pairando logo acima da minha cabeça, a uma distância de braço.

Mesmo naquela idade, eu já sabia bastante sobre a confiabilidade de motores a pistão. Antes de sair da Califórnia, meu tio tinha me ensinado como funcionam motores pequenos e grandes de veículos, além de como consertá-los e reconstruí-los. Eu sabia muito sobre como eles funcionavam. Eu ficava pensando: e se aquele motor a pistão velho apagar? Quer dizer, você precisa ouvir o som que ele faz quando liga. Para mim, não parecia haver nada de aeronavegável naquele helicóptero, do meu ponto de vista. Como você foge se ele começar a cair do céu enquanto está pairando sobre a sua cabeça? Acredite, não é tão fácil quanto parece. É uma máquina gigantesca, pairando logo acima de você — então para que lado você corre? A direção e a velocidade do vento eram fatores. Você é rápido o bastante para escapar do comprimento do helicóptero e ainda somar as pás longas do rotor? Aquilo era enorme; não tem para onde fugir. Ah, e não vamos esquecer de tentar correr em cima da tundra cheia de ondulações. Eu sabia que podia virar comida de cachorro se aquele helicóptero tivesse algum problema bem em cima de mim.

Quando chovia, as pontas do rotor produziam eletricidade estática, que descia até os ganchos de metal. Ao engatar ou desengatar as cintas, eu às vezes levava um choque. O choque era desagradável e doía na maioria das vezes. Pensando bem, eu não queria fazer aquela tarefa enquanto estivesse chovendo — e nunca mais fiz. Lição aprendida.

Além de ser operador, eu também fui encarregado de abastecer o helicóptero. Como ele só podia levantar uma certa quantidade de peso, eu recebia cinquenta e cinco galões de combustível, que pesavam aproximadamente 330 libras, toda vez que o piloto pousava. O peso bruto do helicóptero ficava no limite. O piloto tinha que pousar e reabastecer a cada poucas viagens, e eu corria de um lado para o outro entre os lotes e o helicóptero para abastecer. Por mais cansado que eu estivesse, eu era grato por a bomba de combustível ser movida a bateria, ao contrário das velhas bombas manuais.

Eu aprendi mais uma coisa sobre helicópteros. Em um inverno, o piloto do helicóptero demonstrou que era possível fazer uma bola de neve e jogá-la para cima através dos rotores girando, e ela não atingiria as pás por causa do efeito aerofólio. Ver aquele truque foi fascinante. Nós pegávamos as bolas de neve quando elas caíam entre os rotores.

Enquanto eu trabalhava em Selawik, eu fui pescar em um barco com motor de popa. Conheci um senhor idoso muito simpático que era aposentado. Eu não sei o que ele estava fazendo tão ao norte, mas ele tinha uma casa-barco, e eu o segui por todo o Lago Selawik para pegar peixe. Nosso objetivo era pegar um grande lúcio-do-norte. Para minha surpresa, o objetivo final dele era comer um, porque ele queria saber qual era o gosto. Nojento, pensei, que coisa horrível. Mais tarde naquele dia, ele fritou um lúcio que tinha pescado, e aquilo não parecia nem um pouco apetitoso para mim. A carne parecia mole e tinha um tom amarelado. Além disso, estava cheia de ossinhos. Obrigado, mas não. Eu não ia comer aquele peixe. De jeito nenhum. Talvez se eu estivesse morrendo de fome, eu teria comido, mas acredite: eu não estava com fome o bastante naquele dia.

O vento estava completamente parado, e o lago parecia uma mesa. Porém, estava caindo o maior toró, e os mosquitos eram brutais, até no meio do lago durante um aguaceiro. Não tinha para onde fugir. De algum jeito, eles conseguem voar durante a chuva mais pesada. Mosquitos são especialmente cruéis na chuva porque, toda vez que você passa repelente, a água lava tudo do seu corpo. Aí você fica sem proteção nenhuma, e eles atacam sem piedade. Não só conseguem voar na chuva torrencial, como também te perseguem por lagos pequenos e grandes. Com trinta e uma milhas de comprimento e cerca de seis a oito milhas de largura, o Lago Selawik é o terceiro maior lago do Alasca.

Eu já ouvi dizer que mosquitos matam pessoas, e eu acredito. Eles são os vampiros do norte. Ser atacado por esses insetos pode fazer alguém perder a cabeça, correr para dentro de lagos e se afogar. Não importa para onde você vá, eles te encontram. Enquanto eu pescava, eu arremessava a linha duas ou três vezes, e eles de algum modo me achavam e atacavam imediatamente. Eu corria, ligava o motor e ia o mais rápido possível para outro ponto do lago, arremessava duas ou três vezes, só para ser atacado de novo; então eu saía a toda velocidade para outro lugar para pescar. Eu fazia isso o dia inteiro. Fala sério... caçadores persistentes. Eu me perguntava como aqueles desgraçadinhos conseguiam viajar tão longe da margem. Eles não ficavam cansados demais para sugar seu sangue? A natureza é incrível, e aprender a sobreviver nas áreas remotas do Alasca foi uma lição valiosa.

E, cara, nós estávamos remotos mesmo! Grande parte do Alasca só é acessível por avião, porque o sistema rodoviário praticamente não existe. Eu muitas vezes ia até o rio e ficava ouvindo o som do motor do meu padrasto. Eu conhecia bem o Cessna 185 branco e verde dele, porque ele comprou o avião quando nos mudamos para o Alasca. Normalmente, os 185 soam mais ou menos iguais no ar, mas, por algum motivo, o avião dele tinha um som agudo, meio "chorado", único. Ninguém conseguia dizer por que o som do motor dele era tão distinto, mas meu tio e eu sempre conseguíamos identificar que era o avião dele, mesmo quando ele estava fora de vista.

Ele tinha o primeiro hidroavião ao norte do Círculo Ártico porque precisava dele para trabalhar. Os 185 podem ser equipados com rodas, esquis ou flutuadores e vêm com uma usina de 300 cavalos de potência. Durante a decolagem, as pontas da hélice rompem a barreira do som, criando um rugido agudo e penetrante impossível de confundir.

Quando nos mudamos para o Alasca, ele usou esse mesmo Cessna 185 para transportar materiais de construção para uma cabana que construímos no Lago Trapper, cerca de trinta minutos ao norte de Anchorage. Nós carregávamos muitos tipos diferentes de materiais e suprimentos no avião, desde montantes 2x6, pregos e isolamento até praticamente tudo o que você precisa para construir uma casa — exceto o compensado e o barco. Por causa do tamanho, ele teve que contratar uma aeronave maior, conhecida como Beaver, e prender esses itens do lado de fora dos flutuadores.

Nós decolávamos do Lago Spenard, em Anchorage, voávamos para o norte por cerca de trinta minutos e pousávamos no lago perto do local da cabana. Íamos e voltávamos o dia inteiro, carregando e descarregando os materiais na margem. Depois, eu levava os materiais por um semi-penhasco de quinze pés até o local da cabana. Foi uma época ótima, porque me permitiu passar tempo com meu padrasto e aprender sobre aviação.

Ele não foi a única pessoa com quem eu voei. Um homem simpático, corpulento, de rosto redondo, chamado Jimmy, trabalhava como piloto para o meu padrasto, que tinha comprado recentemente um Cessna 207 para levar suas equipes, suprimentos e materiais de construção até as vilas. Aviões eram uma ferramenta crucial para o negócio dele — um ativo caro e arriscado de administrar, especialmente no terreno implacável do interior do Alasca.

Jimmy tinha voado helicópteros no Vietnã e tinha habilitação por instrumentos neles, o que era uma certificação difícil de conseguir. Ele me contava histórias de ter voado ao redor das grandes pirâmides do Egito. Que coisa incrível! Porém, meu padrasto tinha reservas quanto a contratá-lo. Por mais talentoso que Jimmy fosse, e apesar de ter várias habilitações

muito disputadas, ele se preocupava que Jimmy pudesse correr riscos demais sem querer e acabar batendo ou forçando demais os aviões, o que poderia gerar mais custos de manutenção e reposição — sem contar o risco
para vidas. Acho que, depois de uma conversa longa, ele recebeu algumas
garantias de Jimmy de que não assumiria riscos e não ultrapassaria os limites de projeto da aeronave.

No meu segundo verão trabalhando no mato, eu fiquei baseado em
Kotzebue. Para minha sorte, Jimmy estava voando a partir de Kotzebue,
entregando materiais de construção para o novo projeto habitacional em
várias vilas, em voos curtos. Quando meu dia longo de trabalho terminava,
eu caminhava até o aeroporto comercial, encontrava com ele e ajudava a
carregar o avião. Se eu tivesse sorte, ele me deixava voar com ele. Na maior
parte das vezes, eu tinha sorte.

Nessa viagem, nossa tarefa era entregar materiais e suprimentos de fundação. Nós carregamos tábuas pesadas de fundação, tratadas sob pressão,
com três polegadas de espessura, oito polegadas de largura e quatro pés de
comprimento. Levamos pregos 50-penny e alguns parafusos de telhado. A
aeronave tinha um compartimento de carga adicional na frente do 207,
atrás da carenagem do motor. O avião foi projetado para sete assentos, mas
nós removemos os assentos, exceto o do piloto e o do copiloto, para abrir
espaço para os materiais dentro da aeronave — do mesmo jeito que fazía-
mos com o 185.

Depois que a parte principal da aeronave foi carregada, eu percebi que
a cauda estava apoiada no chão e o pneu dianteiro de direção estava sus-
penso no ar. Mal havia espaço para a gente entrar no avião. Devemos estar
fora de balanceamento, pensei, já que os 207 têm trem de pouso triciclo:
três rodas, duas principais e uma para direção. Acho que não vamos conseguir taxiar até a pista.

Eu perguntei ao piloto se o avião ia aguentar. Pilotos são responsáveis
por garantir que a carga e os passageiros estejam corretamente distribuídos.

A aeronave não pode exceder os requisitos de peso e balanceamento recomendados pelo fabricante. Ultrapassar esses limites pode fazer o avião se comportar de forma errática durante o voo, o que pode levar a um acidente.

"Não se preocupe", ele disse. "A gente ainda tem que carregar o compartimento da frente." OK, isso fez sentido para mim.

Nós colocamos bastante peso adicional na frente, mas a roda dianteira não desceu. Eu me perguntei se ainda estávamos fora de balanceamento e sobrecarregados. Talvez quando nós dois entrássemos no avião, o nariz descesse e a roda de direção tocasse o chão. Afinal, o piloto era um homem pesado. Será que o avião ficaria sobrecarregado depois que nós dois entrássemos? Eu me perguntava. Ele voava assim o tempo todo?

Mesmo depois de nós dois nos acomodarmos nos assentos, o nariz do avião baixou um pouco, mas a roda dianteira não encostou no chão. Eu ouvi ele dizer: "OK, Dave, pronto? Cintos? Checado?" Ele girou a chave para ligar o motor. O motor deu partida enquanto eu via as hélices de três pás girando no sentido horário. Quando o motor ficou em marcha lenta, a roda dianteira finalmente desceu e tocou o asfalto. Eu estava nervoso com razão, porque eu acreditava que o avião estava fora de balanceamento e acima do limite de peso bruto. Isso me trouxe uma lembrança de uma situação parecida, que tinha me abalado alguns anos antes.

Em uma das viagens em que levamos suprimentos para a nossa cabana usando o mesmo Cessna 185, o peso e o balanceamento tinham ultrapassado os requisitos do fabricante. Tínhamos peso demais na parte traseira do avião, o que causou problemas durante o pouso. Nós quicamos forte várias vezes, para cima e para baixo na água, e meu padrasto lutou para manter a aeronave sob controle. Por sorte, ele conseguiu pousar sem incidentes. Se alguém com menos habilidade estivesse pilotando, o resultado poderia ter sido fatal.

Espero que esteja tudo bem, pensei.

Jimmy começou a checagem pré-voo. Os instrumentos do motor já estavam no verde desde o voo anterior. Ele me deixou taxiar até a pista pavimentada; o sol ainda estava acima do horizonte. Ah, que visão linda! Devia ser um voo tranquilo, com céu limpo e ventos calmos. Autorizado para decolagem, ele empurrou a manete de potência até o batente, e o motor ganhou vida enquanto o avião acelerava para cerca de setenta milhas por hora. Ele puxou suavemente o manche, e o avião se desprendeu do chão e subiu.

O 207 era uma aeronave de funcionamento suave e relativamente silenciosa, mesmo sendo um motor a pistão. A hélice de três pás reduzia o ruído e a vibração do motor. Eu gostava desse avião porque ele tinha um motor turboalimentado, o que dava mais potência. Além disso, ele tinha flapes elétricos e sistema de trim elétrico. Era um avião excelente.

Do nosso ponto de vista lá de cima, eu via rios, lagos e tundra, além de grandes extensões de terra quase plana. Eu me lembro de que parte do terreno parecia um pântano com arbustos pequenos por toda parte. De vez em quando, avistávamos alces com chifres enormes andando por aí. Claro, meus animais preferidos de ver eram os cisnes. Cisnes são algumas das criaturas mais gloriosas na face da terra de Deus. Eu sempre amei sobrevoar lagos e ver cisnes nadando. Essas aves magníficas acrescentam tanta beleza à imensidão do Alasca. Cisnes são conhecidos por acasalarem para a vida toda. Normalmente, você vê dois cisnes juntos.

O voo foi tranquilo. Eu só fiquei ali, absorvendo tudo, olhando para baixo a tundra verde e os rios sinuosos. Parecia que a maioria dos milhões de lagos do estado ficava ao norte do Círculo Ártico. Lago após lago. Olhando para baixo, eu via o reflexo brilhante do sol batendo na água. Que visão! Às vezes, eu juro que a paisagem não parecia real; parecia mais uma pintura. Por outro lado, beleza pode enganar. Eu ouvia meu avô dizendo na minha cabeça: "Uma terra sem misericórdia." Você precisa ser duro para sobreviver à vastidão da natureza nesse estado.

Quando virei para o lado direito da janela, eu vi a migração das aves rumo ao sul. Que espetáculo! Parecia que milhares de pássaros estavam voando. Esses sim são os espertos. Os humanos podem aprender muito com aves e animais em geral se pararem para observá-los de perto. Eles estão indo em direção ao calor. Ah, sortudos, pensei. Eles sobem para o norte no verão para a vida boa e descem para o sul no inverno para a outra vida boa.

Às vezes, se tivéssemos sorte, víamos magníficos ursos pardos loiros. De cima, dá para ver o pelo deles se movendo em ondas, como capim alto balançando no vento, e os músculos ondulando a cada passo. Cara... eles são enormes. Grandes e poderosos, conseguem correr até quarenta e nove milhas por hora em uma arrancada curta. Eles caminham ou correm com facilidade tanto na tundra seca quanto na pantanosa e ainda nadam; são um espetáculo. Dizem que um urso pode caminhar de vinte a quarenta milhas por dia procurando comida.

Um amigo nativo nosso uma vez me disse que o urso é canhoto, então se ele der um golpe em você, tente rolar com ele e talvez você sobreviva. Eu não sei se eles são canhotos, mas eu nunca quis mexer com um urso para descobrir.

O piloto interrompeu meu devaneio sobre ursos. "Ei, Dave, chegando na primeira vila. Se prepara, me dá dez graus de flape."

Esse homem gentil me deixava pilotar o avião em direção ao nosso destino e me instruía sobre quantos flapes estender na descida. Os flapes mudam a forma aerodinâmica das asas. Eles sobem ou descem conforme o piloto quer que a aeronave se comporte. Nós usávamos os flapes como um freio aerodinâmico para desacelerar o avião para o pouso.

"Dez graus de flape", ele disse de novo.

Ao mesmo tempo, ele reduziu a potência, e eu senti o avião desacelerar. Olhando direto para a frente, a pista vinha surgindo rapidamente. De lado, eu notei várias casas novas sendo erguidas.

Parecia que eles estavam avançando bem.

Legal, pensei. Eu nunca vi essa vila antes.

"Mais flape", o piloto orientou.

Enquanto eu empurrava a alavanca elétrica do flape para baixo até o segundo entalhe, ele desacelerou ainda mais e reduziu um pouco a potência.

"Curta final", o piloto disse.

Pouco antes do toque, ele levantou o nariz, fazendo o flare para pousar. Houve um leve chiado, e as rodas principais tocaram a pista de cascalho. O avião não quicou. Para meu alívio, ele fez um pouso suave e seguro.

Assim que o motor foi desligado, nós saltamos para fora, e o nariz do avião subiu, com a roda dianteira suspensa bem acima do chão. O piloto abriu a porta do compartimento de carga dianteiro e puxou algumas caixas de parafusos de telhado, e descarregou algumas sapatas de fundação da parte traseira do avião. Para meu alívio, a roda dianteira desceu e tocou a pista. Eu fiquei empolgado por termos aliviado a carga e o avião estar de volta ao balanceamento. Com isso, meu nervosismo sumiu, e eu fiquei animado para voar até a próxima vila.

"OK, vamos", disse o piloto.

"Para onde a gente vai?" eu perguntei.

"Para Kivalina."

"Ah, aquela vila fica no oceano", eu disse.

"Fica. Espera só até você ver a pista. É bem interessante", disse o piloto.

"Pronto para decolar?"

Depois de alinhar com a pista de cascalho, o piloto empurrou a manete até o batente. Eu vi o conta-giros subindo. O motor rugiu alto. Começamos a rolar para a frente, acelerando até a velocidade de decolagem.

Pistas de cascalho costumam criar mais arrasto nas rodas do avião, o que pode aumentar a distância necessária para decolar. Mesmo sendo cascalho, o avião agora estava mais leve, e nós saímos do chão muito mais rápido, usando menos pista do que no aeroporto de Kotzebue. Eu percebi que o piloto manteve o motor em potência máxima por muito mais tempo do que meu padrasto fazia. Cada piloto tem seu próprio estilo. Meu padrasto aplicava potência máxima e, poucos segundos depois da decolagem, já reduzia a potência até os ponteiros ficarem no verde. Eu perguntei por que ele fazia isso. A resposta dele foi curta e direta: para poupar o motor, que é caro para consertar ou substituir. Porém, alguns pilotos preferem "segurar na hélice" para ganhar altitude o mais rápido possível antes de reduzir a potência. Não há nada de errado nisso, claro. Subir o avião o máximo possível antes de reduzir potência é inteligente, mas isso aumenta o desgaste do motor.

Voar no Alasca já é, por natureza, perigoso — mas voar ao norte do Círculo Ártico, especialmente naquela época, trazia riscos ainda maiores. Pilotos precisam navegar por extensões imensas de tundra, lagos, rios, pântanos, florestas densas e montanhas acidentadas, muitas vezes em clima extremo e longe de qualquer forma de civilização. Se a aeronave tiver problemas mecânicos, encontrar um lugar seguro para pousar pode ser extremamente difícil. E se você sobreviver ao acidente, surge um novo conjunto de ameaças: desidratação, ferimentos, fome, animais selvagens (incluindo mosquitos implacáveis) e clima severo, para citar apenas algumas.

Eu ouvi dizer que a seguradora falou para o meu padrasto que, devido às muitas horas e às longas distâncias que ele tinha voado ao norte do Círculo Ártico, estatisticamente, ele já deveria estar morto. Eu fiquei abalado e triste ao ouvir que ele estava vivendo "de bônus". Eu já tinha perdido um pai, e agora eu podia perder outro. E, para completar, eu tinha testemunhado recentemente aquela mulher ensanguentada que ele salvou ao levá-la voando até Kotzebue. Meu padrasto era meu herói, que eu admirava e amava muito. Eu nunca falei com ele nem com ninguém sobre o que eu tinha ouvido, mas guardei essa preocupação com a segurança dele bem perto do peito por décadas.

Ali mesmo eu soube que eu nunca seria piloto comercial. De jeito nenhum! Nunca. Eu estudei e trabalhei duro para tirar minha licença de piloto privado antes mesmo de tirar a carteira de motorista. Aos quinze anos, eu voei solo na primavera antes de ir para o mato, mas não tinha como eu jamais voar por dinheiro.

Eu não gostava de voar em tempo ruim, mas eu amava voar em dias calmos e ensolarados e à noite. Sempre achei tão tranquilo e misterioso o quanto o mundo fica bonito visto do alto — e essa viagem não foi exceção. Quando alcançamos o nível de cruzeiro, o piloto finalmente reduziu a potência, e o avião voou como um sonho.

Ao nos aproximarmos do litoral, eu vi as vastas praias de cascalho do Ártico. As ondas batiam na costa, e galhos e troncos estavam espalhados por toda parte. Pelo jeito, pousar na praia não seria aconselhável, nem mesmo daquela altitude. Pilotos pousam em praias, mas nós estávamos em um avião de trem triciclo, projetado para pistas relativamente boas — diferente do avião do meu padrasto. Embora ele tivesse flutuadores no 185, ele podia facilmente convertê-lo em um taildragger removendo os flutuadores e instalando rodas. Esses têm trem de pouso mais resistente e aguentam mais abuso em pousos duros. Se o motor falhasse e fôssemos obrigados a pousar na praia, o trem de pouso poderia colapsar no impacto, e nossas chances de sobrevivência seriam muito menores.

"Chegando em Kivalina", disse o piloto.

Kivalina é uma pequena vila situada na costa. Deve ser um lugar gelado para viver no inverno, mas era uma cidadezinha bonita, com pessoas simpáticas, acolhedoras e calorosas, que vivem da terra para se sustentar. Um jeito nobre de viver. Se você quer saber, eu acho que todas as pessoas, nativas e não nativas, que vivem da terra são nobres. Pensa nisso por um minuto. Elas vivem em vilas pequenas e isoladas, sem estradas ligando uma vila à outra, e a única forma de chegar lá é pelo ar. Uma pessoa pode ter uma snow machine, um barco ou um trenó puxado por cães, mas ainda assim está no meio do nada.

Muitas vilas não têm mercado nem estrutura médica. É verdade que algumas têm clínicas, mas não são hospitais. As pessoas correm risco em emergências médicas e, se não conseguirem atendimento adequado, podem morrer.

Essas vilas usavam geradores a diesel ou gasolina para produzir eletricidade. E se o combustível acabasse? Você não pode simplesmente entrar no seu caminhão e ir buscar mais. E quanto a água e esgoto? Naquela época, muitas vilas não tinham água encanada nem banheiro dentro de casa. Eu já vi gente carregando baldes de cinco galões da margem do rio até suas casas. No inverno, elas abriam um buraco no gelo, enchiam os baldes e depois levavam a água de volta. Lembre-se: a temperatura pode cair para -60 graus Fahrenheit, e o Ártico fica escuro por longos períodos. Eu carreguei minha cota de baldes d'água no meio do inverno — mas eu chego lá mais tarde.

Telefones via satélite eram usados, mas não eram totalmente confiáveis. Celulares ainda não existiam. Seria terrível se alguém se ferisse e não pudesse pedir socorro. Eu não consigo enfatizar o suficiente o quão remotas essas vilas são. Por isso eu tenho tanto respeito e admiração por essas pessoas.

A alguns minutos de distância, olhando para a costa, eu vi o que parecia ser uma morsa morta e sem cabeça.

"Ei, o que aconteceu com a cabeça?" eu gritei.

O piloto me disse que, quando uma carcaça de morsa aparece na praia, normalmente é porque alguém levou a cabeça para vender as presas de marfim. As presas de morsa são muito valorizadas e valem uma quantia significativa de dinheiro. Um bicho enorme! Eu não gostaria de ficar cara a cara com uma daquelas criaturas gigantes.

"Chegando em Kivalina", o piloto disse de novo. "Me dá dez graus de flape, por favor."

Ah, não! Meu coração começou a bater mais rápido. Eu adorava aquilo. Fazer algo tão simples quanto apertar o botão para dez graus de flape me fazia sentir importante. Parece bobo, mas acho que ser solicitado para pequenas coisas parece significativo quando você é criança.

"Ei, o que é aquilo?" eu perguntei. "Que tipo de pista é essa?"

Tinha algo na superfície. Parecia uma pista normal, mas tinha uma textura estranha. A pista tinha vários furinhos.

"É isso que eu estava tentando te dizer", ele disse. "É uma pista metálica. É uma pista boa, muito boa. Os militares fizeram muitas pistas metálicas pelo mundo, porque o material é duro o bastante para pousar, e é barato, eficiente e fácil de instalar", disse o piloto.

Uau, pensei. Eu nunca tinha visto uma pista metálica antes — muito menos pousado em uma. Isso vai ser demais.

O piloto reduziu a potência.

Me dá flapes completos", ele disse..

Estávamos a aproximadamente 200 pés do chão e descendo suavemente. Estiquei a mão, empurrei a alavanca elétrica dos flapes para baixo e sorri para o piloto, confirmando que eu tinha dado a ele flapes completos no momento certo — um trabalho pequeno, mas essencial. Olhando ao redor, eu conseguia ver as ondas do oceano quebrando na linha da costa. Eu estava empolgado em ver as rochas e os troncos ficando maiores.

Um leve solavanco e já estávamos no chão, assim rápido. A pista parecia um pouco irregular, mas, no geral, era uma superfície plana. Era preciso cautela para não sair pela ponta ou pela lateral da pista. Imagine ser piloto e ficar atolado na lama ou na areia tentando decolar ou pousar. Tenho certeza de que isso já aconteceu com alguém.

Depois de desligar a aeronave, nós pulamos para fora. Descarregar um avião sempre parecia mais fácil do que carregá-lo, mesmo que as madeiras fossem tão pesadas quanto. Deixamos o material na lateral da pista, e eu não vi ninguém por perto. Comecei a suar enquanto descarregávamos o avião. Quando terminamos, o piloto caminhou até a vila por alguns minutos e eu me sentei do lado do piloto, em cima da roda principal. De repente, senti frio. Cara! O inverno está chegando! As estações mudavam tão rápido. Eu consigo ouvir meu avô dizendo: "Se você não gosta do tempo, espere cinco minutos." Meu Deus! Como ele tinha razão!

Minutos se passaram, e eu vi o piloto voltando para o avião, então eu me levantei, abri a porta, me acomodei no assento do copiloto e apertei rapidamente o cinto de segurança bem firme na cintura.

Quando o piloto se acomodou, eu notei com o canto do olho uma linda raposa vermelha correndo pela tundra, bem na ponta da pista. Que criaturas engraçadinhas e fofas! Elas são um dos meus animais de quatro patas favoritos, um verdadeiro presente de Deus. É uma emoção ver esses animais no seu habitat natural, intocados e selvagens.

Crank! Crank! O motor rugiu, e o piloto e eu observamos os instrumentos subirem até o verde. Quando tudo ficou no verde, o piloto manobrou a aeronave e alinhou para decolagem. Eu adoro monitorar todos os instrumentos.

"Dez graus de flape. Está pronto?", o piloto perguntou.

Eu apliquei os flapes, e o motor rugiu de novo. Dessa vez, a decolagem foi muito mais rápida. Tirar carga da aeronave e queimar muitos galões de combustível fez o avião render bem melhor. Em segundos, já estávamos no ar.

"Recolhe os flapes!", o piloto disse.

Eu reparei que ele reduziu a potência mais cedo. Ele era um bom piloto e sabia o que estava fazendo. Kotzebue, lá vamos nós!

Voando pela linha da costa, eu vi as mesmas morsas deitadas na praia. Eu fiquei triste ao observar a migração das aves de novo. Que sorte a delas. Eu queria poder viajar com elas. Isso seria a liberdade máxima. Eu me perguntei como era a vida para elas. Claro que eu não ia querer ser o pato ou o ganso levando tiro de algum caçador.

Quando faltavam poucos minutos para Kotzebue, encontramos um vento cruzado forte e o piloto colocou o avião em "crab" contra o vento.

"Crabbing" é uma manobra que os pilotos fazem quando o vento relativo está fazendo o avião sair da rota. Ao apontar a aeronave para dentro do vento, o avião voa "de lado" enquanto segue em direção ao destino.

"Dez graus de flape, por favor", o piloto disse.

Ah, sim! Chegamos. Nós chegamos a Kotzebue. Conforme nos aproximávamos, eu via a pista logo adiante.

"Dez graus de flape", eu disse.

Em poucos minutos, pousamos. Dessa vez, o piloto esticou a mão e levantou a alavanca dos flapes. Enquanto nós taxiávamos devagar até a área de amarração, eu vi as outras aeronaves balançando mesmo presas. As cordas grossas de nylon trançado estavam segurando, mas eu conseguia ver que estavam esticando. Mesmo amarrados, os aviões pareciam estar tentando voar. Por quê? Era estranho, e eu não entendia.

Por fim, encostamos na amarração, e o piloto desligou o motor. Ele saltou do avião e começou a amarrar a asa do lado dele. Eu rapidamente comecei a amarrar a asa do meu lado. Ele nem precisou me ensinar como prender a asa, porque eu já tinha muita experiência. Depois que amarrei o meu lado, eu contornei a aeronave em direção à cauda. O piloto tinha me passado e já estava amarrando a parte traseira do avião.

"Ei, por que os aviões agem como se estivessem voando quando estão amarrados no chão?"

"Sempre que o vento sopra sobre o bordo de ataque de uma asa, dependendo de quão rápido o ar está se movendo, isso pode gerar sustentação", ele me explicou. "Por exemplo, um avião pode decolar a quarenta milhas por hora. Se o vento soprar a quarenta milhas por hora sobre o bordo de ataque de uma asa, isso cria sustentação na asa."

"Só isso?", eu perguntei.

"É, só isso", o piloto disse. "Parece tão simples, né? Em Anchorage, eu já vi tempestades de vento enormes, árvores derrubadas, telhados arrancados e aviões virados de cabeça para baixo — mesmo amarrados." Agora eu sabia por quê.

CAPÍTULO 7

Tiros Disparados

O policial pegou um cobertor e o colocou sobre mim. Eu ainda não conseguia mexer o corpo. Ouvir o metal sendo cortado e ver a cabine se desprender do caminhão me aliviou. Eu sabia que, em breve, eles tirariam o volante do meu peito.

Olhando com o canto do olho esquerdo, eu conseguia ver um homem com capacete de bombeiro caminhando em minha direção. Eu ia ser libertado daquela massa retorcida!

"OK, vamos tirar você daí", disse o bombeiro.

"Você tem que tirar esse volante de cima de mim", eu respondi. "Eu não consigo respirar."

Com o olho esquerdo, eu vi ele trabalhando na porta. Qual era o sentido daquilo? Dadas as circunstâncias, era uma pergunta estranha — especial-

mente porque eu estava com tanta dor, congelando de frio e exausto. Eu já estava preso naquele caminhão havia bem mais de uma hora. É muito, muito tempo para ficar preso em um só lugar lutando pela própria vida.

KOTZEBUE FICA a 26 milhas ao norte do Círculo Polar Ártico e a 549 milhas a noroeste de Anchorage, situada em uma estreita faixa de cascalho com cerca de três milhas de comprimento e pouco mais de meia milha de largura. A terra é sem árvores, pontilhada apenas por pequenos arbustos. O clima é severo e implacável, com temperaturas abaixo de zero por mais de dois terços do ano. A precipitação anual é baixa, com média de cerca de nove polegadas, enquanto a neve acumulada chega a aproximadamente quarenta polegadas. Por um breve período, do início de julho ao início de outubro, o Estreito de Kotzebue fica livre de gelo. Mesmo no verão, a temperatura média raramente passa de sessenta graus, já que ventos frios sopram constantemente do Mar de Chukchi. O sol quase não se põe em maio, junho e julho, o que torna difícil dormir. Em contrapartida, no dia 21 de dezembro, o sol mal nasce, oferecendo apenas uma hora e quarenta e um minutos de luz do dia.

Eu me perguntava o tempo todo como os esquimós Iñupiat tinham se adaptado a um ambiente tão implacável. Eles vivem ali há cerca de seis séculos. Exploradores russos foram os primeiros estrangeiros a chegar e negociar óleo de foca, peles e couro. Mais tarde, baleeiros e garimpeiros vieram em seguida. Com o tempo, Kotzebue se tornou um centro vital, conectando o transporte oceânico, a navegação fluvial pelo interior e o acesso aéreo para toda a região mais ampla do Noroeste Ártico. Mercadorias, serviços e combustível passavam por Kotzebue rumo a vilarejos menores ao redor e a parques nacionais próximos, como o Vale de Kobuk, a Reserva Noatak e a Ponte Terrestre de Bering. Por causa de sua localização estratégica, fazia sentido meu padrasto basear seus projetos ali, o que permitia alcançar vilas próximas, como Kiana, onde eu havia trabalhado no verão anterior.

O céu estava encoberto, e uma chuva fria ia e vinha enquanto meu primo Sam e eu trabalhávamos no fundo de uma grande vala, com água gelada e lamacenta até os joelhos, instalando tubulações de esgoto e de água. Sam tinha vinte e poucos anos, era alto, magro e sério — um homem que eu respeitava. Usávamos waders até a cintura para impedir que a água congelante entrasse. Enquanto nos arrastávamos ali dentro, eu não conseguia deixar de me perguntar por que tínhamos de trabalhar em lugares tão perigosos e remotos. Eu sentia falta daquela sensação de familiaridade e segurança que existia quando eu estava em casa. Eu tinha quinze anos, e mesmo assim a violência e o medo ao nosso redor já tinham deixado cicatrizes profundas. Eu nunca compartilhei as piores partes, nem mesmo com amigos próximos.

A maioria dos meus colegas de escola, lá de casa, nunca tinha ido para o mato. Eles não conseguiam se relacionar com o que eu tinha visto ou suportado. A cada ano que eu voltava, a distância entre nós aumentava. Eu ficava calado, engolindo o sofrimento. Conforme o verão se aproximava, a ansiedade me dominava, sabendo que eu teria de voltar para lá. Eu não sabia se conseguiria passar por mais uma temporada. Eu temia pela minha vida toda vez que a gente ia para o campo.

A vala em que Sam e eu estávamos se erguia acima de nós. Uma escada era a única saída. A retroescavadeira tinha cortado o chão congelado. Pás eram inúteis contra o permafrost. A habilidade do operador me impressionava, enquanto ele manobrava a máquina com precisão. Mesmo sabendo que escavação era um trabalho perigoso. Eu gostava de ver a caçamba balançar, cavar e despejar com elegância. Segundo a Occupational Safety and Health Administration, trabalhos de escavação têm cerca de 112% mais taxa de fatalidade do que a construção civil em geral.[4]

O permafrost derretendo aumentava o perigo. A luz do sol transformava o chão firme em lama. Nós usávamos bombas de drenagem o tempo todo para evitar que os buracos inundassem. Várias vezes, desmoronamentos nos obrigaram a sair correndo da vala. Nós realmente tivemos vários desmorona-mentos que nos fizeram subir depressa para fora do buraco. Apenas um metro cúbico de lama podia pesar mais do que um carro. Se aquilo desabasse sobre alguém, a pessoa poderia ser esmagada. O frio só piorava tudo. Hipotermia era uma ameaça constante.

Nós usávamos uretano para vedar as juntas dos canos e evitar congelamento. Eu já tinha visto isso sendo pulverizado em casas como isolamento, mas, para essas juntas, nós misturávamos os químicos à mão em um balde. A espuma expandia e endurecia rápido. Sam fazia questão de que cada gota fosse aplicada corretamente — sem desperdício, sem atalhos.

Quando o isolamento curava, nós aterramos a vala novamente, colocando camadas de terra cuidadosamente sobre os canos. A primeira parte era feita à mão para não danificá-los antes de a retroescavadeira assumir. Eu gostava de aterrar. Significava que o trabalho estava quase terminado, e o esforço físico me distraía de pensamentos mais sombrios.

Naquela tarde, fomos até uma casa próxima para consertar uma linha de esgoto que Sam tinha instalado antes. Ele me alertou, meio brincando, sobre a velha que morava lá. "Ela pode atirar na gente", ele disse. Eu ri, nervoso. Eu esperava que fosse só uma piada.

Chegamos e começamos a trabalhar. A vala ali era rasa e seca, um alívio depois da escavação da qual tínhamos acabado de escapar. Troquei os waders por botas e peguei ferramentas no caminhão. Esse serviço parecia administrá-vel e talvez desse para terminar até o fim do dia.

Minha madrasta trabalhava como cozinheira em Kotzebue, e ela era uma cozinheira excelente. Ela fazia jornadas pesadas, levantando cedo e trabalhando até tarde, sete dias por semana. A comida dela levantava o moral da equipe. Ela tornava as coisas suportáveis naquele lugar isolado.

Kotzebue tinha um bar e, surpreendentemente, uma Dairy Queen — algo que você não esperaria tão ao norte. O álcool trazia seus próprios problemas. Beber era comum e, com isso, vinha mais caos.

"Ei, Dave, vamos passar uns canos", Sam disse.

"OK", eu respondi. Era bom focar em uma tarefa simples. Eu ficava perto de Sam, e isso me dava uma sensação de segurança. Eu ia e voltava do caminhão, trazendo ferramentas, confiando principalmente na minha pá de ponta redonda. Era a melhor escolha para um solo duro.

Apesar do frio, das dores nas mãos e nos pés, eu achava algo estranhamente satisfatório naquele trabalho. Cavocar me mantinha ocupado. Era uma das poucas maneiras de silenciar minha mente. Mas eu estava começando a perceber minhas reclamações constantes. Talvez eu sempre tivesse sido assim. Talvez as condições fossem realmente tão extremas.

Então algo estalou — literalmente. Um estalo alto. No começo, eu ignorei. Talvez fosse o equipamento. Eu voltei a cavar quando percebi homens gritando e correndo. Então Sam gritou: "Dave, abaixa!"

Eu olhei para ele, confuso. Mais estalos. Sam gritou de novo, mais alto dessa vez, e correu na minha direção. Ele me derrubou dentro da vala, caindo com força em cima de mim. Mais estalos, mas dessa vez eu reconheci. Tiros. As balas passaram zunindo por cima com um som agudo. Eu já tinha ouvido armas antes, mas nunca balas voando por cima da minha cabeça — até então.

Sam cobriu meu corpo com o dele, me protegendo. Eu não conseguia respirar; o peso dele me pressionava contra a terra. Os tiros continuaram. Então, silêncio. Por fim ele saiu de cima, e eu me sentei, tremendo. Minha mente entrou em espiral. Imagens do rosto ensanguentado de uma mulher e de uma criança chorando voltaram com força. Flashbacks dos quais eu não conseguia escapar. Sam tinha me salvado, mas o trauma se gravou na minha memória.

Eu me sinto mal porque nunca contei para a minha família e para a família dele o quanto ele foi corajoso, disposto a arriscar a própria vida para salvar a minha. E eu não me lembro se agradeci direito antes de ele falecer. Que Deus o tenha.

Aquele incidente me assombrou. Eu nunca consegui apagar a imagem da mulher sangrando até morrer ou da velha maluca atirando na gente. Os flashbacks me seguiam em todo lugar: na escola, em casa, até nos momentos de descanso.

Na sala de aula, de repente eu era tomado por aquilo. Eu corria para o banheiro e chorava trancado em uma cabine. Eu me refugiava na TV e nos filmes para escapar das visões.

As lembranças eram vívidas, tridimensionais e implacáveis. Não havia ninguém com quem eu pudesse conversar. Eu fui ficando isolado e inseguro. Minha dislexia piorava tudo. Eu chamava aquilo de "a maldição". Isso acrescentava mais estresse à minha vida e tornava tudo mais difícil.

Até hoje me surpreende eu nunca ter recorrido a drogas ou álcool. Talvez eu só tivesse medo demais. Eu tinha visto o que aquilo podia fazer com as pessoas e eu não queria aquela vida. Eu já tinha problemas suficientes.

Eu falava com meu pai biológico dentro da minha cabeça. Por que as coisas são tão difíceis? Eu sentia que ele tinha sido roubado da vida. Eu teria dado a minha vida para trazê-lo de volta.

Desde cedo, me diziam que você tem que dar para receber. Eu dei, mas o que eu realmente queria era paz de espírito; eu nunca recebi isso. Toda criança merece viver sem medo.

Quando finalmente chegou a hora de voltar para casa, eu senti um alívio. O ensino médio, embora isolado, parecia seguro. Eu sentia falta das minhas meias-irmãs quando elas iam embora. Na minha última noite em Kotzebue, eu me revirava no saco de dormir, incapaz de descansar.

BUM! Um tiro ecoou. Eu corri até a janela. Um homem estava caído, largado nos degraus da varanda ao lado. Um garotinho estava ao lado dele. Eu virei o rosto e chorei. Por que essa é a minha realidade?

Meu estômago embrulhou. Eu senti como se estivesse morrendo por dentro. Até as alegrias ali em cima vinham com um peso. Eu não conseguia acreditar que um adolescente como eu pudesse ter uma úlcera. Mas talvez fosse isso que o trauma parecia.

Mesmo tendo sido criado católico, eu raramente frequentava a igreja naquela época — e até hoje — mas eu rezava sozinho o tempo todo, implorando pela minha família, meu pai, minha mãe, meu irmão e por mim. Eu só queria paz. O que eu recebia era silêncio lá de cima.

CAPÍTULO 8
O Poder da Persuasão

Ainda olhando pelo canto do meu olho esquerdo, eu conseguia ver o bombeiro abrindo a porta e tentando cortar as dobradiças. Quando ele cortou a dobradiça de cima do lado do motorista, eu pude ouvir o barulho do motor a gasolina da serra e ver faíscas saltando da dobradiça de metal.

Ah! Que legal! Agora eles finalmente podem me tirar daqui.

Ele trabalhou rápido, tentando arrancar aquela porta enquanto luzes multicoloridas piscavam ao nosso redor. É incrível o que dá para ver com a visão periférica. Todos os meus sentidos pareciam entrar em ação quando eu mais precisava deles.

Inspirar e soltar o ar ainda era uma batalha que eu sentia que estava perdendo. Mesmo sem sentir que eu estava "apagando", lutar para respirar parecia cada vez mais difícil. Eu vi ele cortar a primeira dobradiça. Aleluia! Quando o homem se afastou da porta, ela começou a cair em direção *ao chão. A dobradiça de baixo ainda estava presa ao caminhão; a porta criou uma alavanca na parte da frente do veículo. Era exatamente o tipo de alavanca de que eu não precisava. Conforme a porta descia, o volante se pressionou contra mim com uma força enorme, enfiando ainda mais no meu peito. Minhas costelas e meus pulmões pareciam que iam explodir. Respirar ficou ainda mais difícil.*

"Eu não consigo respirar. Tira isso. Tira isso", eu gritei. "Não tem como eu sobreviver. Sem chance."

O INVERNO TINHA CHEGADO junto com o meu último ano do ensino médio. Agora, como um garoto de dezessete anos, eu ainda estava frustrado e apavorado até a alma, enquanto continuava lidando com as visões assombrosas que me perseguiam sem parar, somadas a outras questões pessoais profundas que eu não conseguia resolver. Seria um inverno muito, muito longo, mas eu estava animado para me formar naquele verão.

Os invernos são frios, até em Anchorage, mas não tão frios quanto no interior do Alasca. A neve caía, e lá fora já estava escuro. O fim de semana estava chegando e, como sempre, meus amigos e eu queríamos ir ao fliperama. Naquela época, os videogames de casa não eram tão bons quanto os jogos do arcade. Era uma diversão saudável, simples, e eu tinha amigos maravilhosos.

Ei, eu não estou tentando dizer que eu era inocente. Acredite em mim, eu aprontava o meu tanto também, sabe, coisa de criança. Alguns garotos fazem um inferno na escola. Eu dei trabalho para os meus pais com atitudes infantis e irresponsáveis. Eu sinto profunda e sinceramente pelas coisas que eu fiz e que causaram preocupação. Eu não tenho desculpas e assumo total responsabilidade pelos problemas que eu causei a eles.

O sinal da escola tocou, marcando o início do fim de semana. Os alunos arrastavam os pés pela neve para alcançar os ônibus escolares. Ah! Um assento, beleza! Eu mal podia esperar para ir ao fliperama naquela noite.

Sentado no banco gelado do ônibus, mais ou menos no meio, eu tive um flashback vívido. A mulher golpeada com o ulu, com sangue jorrando da cabeça, a velha que atirou em nós, e o homem baleado na casa ao lado estavam todos amontoados na frente do corredor, perto do motorista. Era como se fossem tão reais quanto você e eu. Não era uma imagem fantasmagórica, mas carne sólida. Eu conseguia ouvir claramente os gemidos e os gritos de socorro da mulher, ver o sangue jorrando da cabeça dela, sentir o peso do meu primo pulando em cima de mim, e ver o homem caído. Eu fiquei ali, assistindo horrorizado, enquanto os estudantes entravam no ônibus, passando por dentro deles, rindo e brincando. Eu não sei quanto tempo aquela alucinação durou, mas ela permaneceu por mais um pouco depois que o motorista arrancou. Foi a primeira vez que eu fiquei com raiva, porque eu estava doente e cansado de ver aquelas imagens, sabendo que elas estavam na minha cabeça e não eram reais. E aquilo me deixou puto, porque não havia ninguém com quem eu pudesse falar e pedir ajuda.

Por fim, a raiva diminuiu quando o ônibus parou no nosso ponto. A dura realidade de caminhar no escuro e no frio me trouxe de volta rapidinho. Mesmo com a escuridão, eu ainda conseguia ver as lindas montanhas cobertas de neve, e isso ajudou a acalmar minha mente. Aquelas montanhas pareciam ter vida própria. Picos imponentes e brilhantes, apontando para um céu sem fim. Eu amava ver aquelas montanhas. Elas pareciam eternas. Estavam ali havia milhares, talvez milhões de anos. Se pudessem falar, o que diriam? Eu queria que montanhas e árvores pudessem falar. Eu adoraria ouvir o que elas teriam a dizer. Eu gosto de pensar que elas nos diriam: "Vai com calma, a vida é boa. Esquece as coisas ruins, aproveita o que você tem agora." Olhar para as montanhas me dava um pouco de paz e um pouco de esperança. Um dia, eu vou escalar aquelas montanhas para ver o que tem lá em cima. Eu sei que não vou encontrar nada, mas escalá-las vai me dar uma satisfação enorme.

Naquela noite, eu saí com a minha namorada. Ela era uma boa alma, uma pessoa gentil e generosa. Embora eu não a visse muito ao longo do ano, a gente se dava bem. Eu gostava da companhia dela e me sentia confortado perto dela. Os pais dela eram muito gentis comigo. Eles eram uma família boa e trabalhadora. Eu tinha — e ainda tenho — um enorme respeito por eles.

O irmão dela e eu costumávamos trocar provocações quando éramos mais novos, como alguns meninos fazem. Acho que era por competição, já que nós dois estávamos na mesma aula de educação física. A gente vivia disputando para ver quem ganhava no salto em altura. Com o tempo, enterramos o machado e viramos amigos. Ele era um cara ótimo.

Uma semana mais ou menos depois daquele encontro, ela morreu. Foi a última vez que eu a vi. Isso partiu meu coração. Eu fiquei devastado, sentindo falta do sorriso lindo e contagiante dela, da risada dela e da generosidade dela. Eu senti tanto por ela e pela família maravilhosa dela. Ela era uma alma incrível que foi levada cedo demais. Deus abençoe a alma dela, que ela descanse em paz. Por algum motivo que eu não entendo, eu consegui falar com a minha madrasta sobre isso, e ela foi tão graciosa e compassiva que me trouxe um pouco de alívio enquanto eu estava de luto. Acho que foi porque ela gostava dela.

Muita gente tem amigos que você não vê com frequência. Às vezes passam meses, ou até anos, até vocês se encontrarem de novo, mas quando se reúnem ou conversam à distância, é como se não tivesse passado um único dia sem se falar. Vocês simplesmente retomam de onde pararam. Que sensação quente, maravilhosa. É aí que você percebe que foi tocado por algo maior do que você. Eu tive sorte de ter amigos assim, como almas gêmeas, que eu guardo com carinho até hoje. Eu acredito que ela e eu tínhamos esse vínculo especial.

Mesmo com esse tipo de relação com os meus amigos, eu guardava a maior parte das minhas preocupações com o meu futuro só para mim. Eu já tinha percebido que trabalhar no mato não era para mim. Eu simplesmente não queria estar perto de toda aquela loucura. Eu já tinha tido o suficiente daquilo e ainda estava tentando lidar com tudo. O que fazer, o que fazer? A pergunta me atormentava repetidas vezes, como um disco arranhado.

Os meses passaram, o inverno acabou, e a escola estava chegando ao fim, dando lugar ao verão — uma época de beleza incrível e de grande dor. Por fim, eu tive uma breve conversa com o meu padrasto sobre o meu futuro. Eu nunca vou esquecer. Era um dia claro e ensolarado. Em pé na sala dele, olhando para o horizonte, eu vi a Sleeping Lady, o Mount McKinley e outras cadeias de montanhas se apresentando em toda a sua glória. As grandes montanhas nevadas sempre me tiravam o fôlego.

"Você sabe, uma pessoa que sabe cavar buraco sempre vai ter trabalho", ele disse, com uma voz baixa, mas firme. "Já uma pessoa que estuda para cavar buraco talvez nunca tenha trabalho. Eu acho que você vai trabalhar no mato usando uma pá. Agora você sabe que vai ter emprego."

"E o exército?", eu perguntei. "Eu gostaria de entrar."

"Sim, o exército é como um monte de engrenagens. Se uma dessas engrenagens quebra, então tudo para."

"E ser mecânico de diesel ou encanador?", eu perguntei baixinho.

"Mecânicos de diesel usam ferramentas grandes e pesadas. Não. Eu acho que você tem que ir para a pá."

Eu não sabia por que ele era tão inflexível em relação à minha carreira. Ele devia achar que eu conseguia lidar com outras profissões porque eu já tinha minha licença de piloto havia mais de dois anos. Eu fiquei confuso sobre por que ele fez a mesma coisa com o meu tio brilhante e talentoso, impedindo ele de realizar o sonho de ser eletricista — que foi uma das razões pelas quais ele foi para o Alasca em primeiro lugar. Eu senti muito por ele. Isso ainda me dói até hoje.

Eu não tinha certeza se ele sabia ou entendia o que eu tinha passado no mato. Sempre que eu tentava tocar no assunto, eu era interrompido na hora, e ele voltava a me lembrar de como ele arrastava corpos mortos de lagos e rios para a margem em algumas aldeias. "Isso é a vida", ele dizia.

Desesperado e exausto, atormentado pelas mesmas imagens antigas e novas na minha cabeça, eu tentei procurar outros familiares que moravam fora do estado, incluindo a minha amada mãe biológica, que infelizmente faleceu em 2024.

Aconteceu que ela se tornou uma pescadora de muito sucesso, com o próprio barco de pesca comercial, além de psicóloga infantil, professora, piloto e a primeira mulher inspetora de jatos da United Airlines.

Enquanto fazia aulas de voo, ela se apaixonou pelo maravilhoso instrutor dela. Um homem íntegro e uma das pessoas mais gentis; você se sentia aquecido e seguro perto dele. Ela era linda, e eu sinto uma falta enorme dela. Que Deus descanse a alma dela.

Enquanto eu conversava com um parente sobre coisas leves e gerais, do nada, eu fiquei chocado quando ele disse que tinha ouvido falar que eu era uma criança sensível. Tudo isso sem eu ter dito uma palavra a ninguém sobre o que eu tinha passado. Nem um pio. Eu sei, com certeza, que nenhum membro da minha família sabia pelo que eu estava passando. A única pessoa que sabia era o meu irmão, mas ele só ficou sabendo cerca de uma década depois. Nenhum deles tinha a menor ideia do que eu fazia e do que tinha acontecido. Eu imediatamente fiquei em silêncio e pensei: É, claro, nenhum de vocês jamais mandaria seus filhos para lá. Acho que para mim tudo bem levar tiro, testemunhar violência horrível e tudo mais, mas não para os filhos de vocês. Seria cena de crime se o seu filho ralasse o dedo do pé na Disneylândia. Eu fiquei fervendo de raiva, mas de boca fechada. Dá para dizer que eu fiquei um pouco irritado.

Eu era só uma criança. Ele devia saber, pelo amor de Deus — ele voou com aquela mulher toda cortada até Kotzebue. Ele não me viu? Eu ajudei ele a desamarrar o floatplane 185 e empurrar para longe da margem enquanto ele ligava o motor. Ele não percebeu como algo assim podia afetar uma criança? Só de escrever isso aqui eu já fico puto. Eu sabia que não havia esperança de conversar, então eu desisti ainda na oitava série. Eu tinha vergonha de falar para ele sobre as imagens constantes e as lutas que eu enfrentei, destruindo a minha vida. Por eu não conseguir compartimentalizar aqueles acontecimentos horríveis, eu mostrava fraqueza e comportamentos infantis que criavam ainda mais mal-entendidos e tensão com as pessoas mais próximas de mim, e isso me fazia sentir vergonha de mim mesmo às vezes.

Eu não era imune aos poderes hipnóticos de persuasão dele. Ele era tão convincente que, quando você saía da presença dele, você se perguntava: Que porra foi essa? Com o que eu acabei de me comprometer? Eu admirava e respeitava ele, mas era difícil — senão impossível — dizer não. O que eu podia fazer? Pelo amor de Deus, ele era um dos maiores empreiteiros nativos do estado. Então, para onde eu ia?

Desde que eu o conheci, ele tinha sido gentil e carinhoso comigo, e eu nunca senti que ele tivesse um osso ruim no corpo. Mesmo a gente quase não conversando, eu sempre senti que ele era solidário às circunstâncias de como eu tinha virado o filho adotivo dele. Ele era dotado de uma inteligência enorme; como o pai dele, meu avô, ele era um leitor voraz, com um leque amplo de conhecimentos e habilidades. Conforme envelhecia, eu via ele refinando as habilidades de negócio e de persuasão para alcançar os objetivos dele. Tenho quase certeza de que ele era um gênio, assim como o irmão dele.

Quando eu saí da casa, meio atordoado, eu olhei para aquelas cadeias de montanhas magníficas. O céu claro ficou escuro; as montanhas começaram a apagar. A raiva subiu e desceu pela minha espinha. Como isso é possível? Por que eu tenho que ir? Como é que as coisas podem ser tão boas e tão ruins ao mesmo tempo? Eu devia estar comemorando a formatura, mas o que havia para comemorar? A única coisa que eu conseguia pensar era que ele estava tentando me dar uma lição sobre algumas das coisas bobas que eu tinha feito. Eu realmente não fazia ideia de quais eram os motivos dele. Tudo o que eu conseguia pensar era no futuro, e eu não sabia quanto tempo eu ainda tinha na Terra, sabendo do risco inerente de trabalhar no mato. Aos dezoito anos, eu senti que a minha liberdade de escolha tinha sido arrancada, e que o meu futuro estava perdido para sempre.

Eu sempre ouvia que eu tinha a vida feita. "Você não precisa pagar transporte, comida nem hospedagem. Você faz um monte de hora extra e não tem onde gastar dinheiro." Sim, dá para ganhar bastante dinheiro, mas pense em como outras indústrias compensam os trabalhadores. Vale a pena para o trabalhador médio, baseado na cidade, deixar pessoas amadas, amigos e casa para trás por muitos meses, sem voltar para casa para pausas? Moradia, roupas, carro, seguro e outros custos continuam. O trabalhador médio tem que continuar pagando esses custos fixos que ele nem consegue usar enquanto está ralando no campo. Aí, quando você volta para a cidade, ainda precisa gastar o dinheiro suado que ganhou para sobreviver, porque agora você está desempregado e sem renda. Então o que você tem? Não há benefícios médicos nem aposentadoria, só seguro-desemprego.

Muitos trabalhadores acabavam ficando sem dinheiro rápido, então muitos tentavam arrumar outro emprego. Normalmente, os trabalhos terminam no meio do inverno. Como trabalhadores de ofício sabem, pode ser difícil encontrar trabalho nessa época, porque os empreiteiros geralmente só começam a contratar no fim da primavera ou no verão, depois que a neve e o chão congelado derretem. A piada recorrente entre muitos colegas meus era que, se você espalhasse o nosso salário ao longo do ano, ele não era muito melhor do que trabalhar no McDonald's.

Em contraste, dependendo do cargo, funcionários do estado baseados na cidade que trabalhavam no mato normalmente passavam períodos curtos no campo. Muitos ficavam alguns dias ou algumas semanas, mas não mais do que um mês por vez. Quando voltavam, ainda mantinham o emprego e continuavam recebendo salário ao longo do ano, incluindo benefícios médicos e aposentadoria. Muitos funcionários do petróleo na North Slope, em Prudhoe Bay, trabalhavam duas semanas e folgavam duas semanas, e continuavam recebendo salário enquanto estavam de folga.

Comparar formas diferentes de compensação não diminui o trabalho de ninguém, o esforço, o risco e o sacrifício no campo, mas evidencia como diferentes indústrias compensam seus trabalhadores.

Depois da conversa com o meu padrasto, eu sabia que a minha vida ia mudar. As coisas seriam difíceis, e eu teria que endurecer rápido. Mal sabia eu, naquela época, o quanto a minha vida se tornaria desafiadora. Nada no meu passado ou no meu presente poderia ter me preparado completamente para a cadeia de acontecimentos que me seguiria pelo resto da minha vida.

CAPÍTULO 9

Pitkas Point

Um olhar de horror tomou conta do rosto dele quando percebeu que a porta do lado do motorista tinha cedido e o volante estava me esmagando ainda mais. Ele correu, mesmo estando a apenas dois ou três passos de distância, agarrou a parte de baixo da porta e a empurrou de volta para cima, aliviando a pressão do volante.

Uau! Que alívio! Meu Deus!

Sentir aquele volante avançar um pouquinho foi um choque. Enquanto eu ainda lutava para respirar, outro bombeiro veio, pegou a serra barulhenta e cortou a dobradiça de baixo. Aí, bum! A porta saiu. A liberdade estava próxima. Eu me perguntei como eles iam me tirar dali, já que minhas pernas, meus pés e meu peito ainda estavam presos.

Logo eu tive a resposta. Um homem se aproximou da abertura da porta com um equipamento estranho. Eu reconheci aquela ferramenta, que meu *tio, um bombeiro voluntário, já tinha me contado. Eu sempre quis ver o Desencarcerador em ação, abrindo espaços comprimidos, mas eu com certeza não queria ver aquela grande ferramenta sendo usada para me tirar de dentro de um veículo.*

Eu conseguia ouvir o barulho do motorzinho vindo do Desencarcerador. O homem pegou a ferramenta e encaixou a ponta dela na parte de baixo do lado do motorista. Então, os dois braços longos de metal começaram a se abrir.

Ah, lá vamos nós. Eu vou ser um homem livre.

À medida que ele abria a parte de baixo para criar um buraco maior, meus pés e minhas pernas começaram a ser esmagados. A teoria de Newton estava certa; para toda ação, existe uma reação igual e oposta. Aquela teoria estava sendo provada, naquele momento, do jeito mais doloroso possível.

Ele continuou alargando a abertura, e minhas pernas começaram a doer cada vez mais. Graças a Deus a pressão no meu peito não aumentou.

"Ei, ei, você está indo pelo lado errado!" eu gritei.

O homem parou imediatamente, tirou rápido o Desencarcerador e o reposicionou em outra área. Então, a abertura foi se alargando devagar até eu conseguir mexer as pernas. Ah! Que sensação! Eu estava quase livre. Eu mal conseguia respirar, porque o volante ainda estava me prendendo, mas eu conseguia mexer as pernas, e eu sabia que eu não ia morrer dentro daquele caminhão. Se eu fosse morrer, pelo menos eu estaria fora daquele metal retorcido.

DEPOIS DE ME FORMAR NO ENSINO MÉDIO, life a vida passou por mudanças rápidas. Eu podia sair com os amigos de sempre, então a vida estava boa. Eu me esforcei ao máximo para esquecer o mato. Eu queria deixar aquilo bem enterrado na minha cabeça enquanto lidava com os flashbacks.

Ah, os dias quentes e ensolarados do verão no Alasca; como eles são realmente extraordinários. Aquele estava virando um verão esplêndido para todo mundo. Eu tinha acabado de assinar como aprendiz de carpinteiro com o subempreiteiro do meu padrasto, o Brian, que eu conhecia desde a primeira vez em que fui para Kiana. Ele era um jovem na casa dos vinte e poucos anos que ou já era um milionário feito por conta própria ou estava batendo na porta disso.

Ele vinha trabalhando para o meu pai, direta e indiretamente, desde os quinze anos. Nessa idade, ele tinha largado o ensino médio e vivia de forma independente. Acho que, mais tarde, ele acabou tirando o GED. Brian era um homem bonito, baixo, atarracado, com músculos firmes e cabelo ruivo encaracolado. Ele era brilhante e nunca faltavam namoradas.

Ele tinha uma aura positiva, sempre rindo e sorrindo, e as pessoas queriam estar perto dele aonde quer que ele fosse. Eu sempre gostei dele e o respeitei. Ele era um dos homens mais trabalhadores e mais obstinados que eu já tinha conhecido. Mesmo sendo um workaholic, ele sabia se divertir com força, muito como o meu padrasto. Quando o assunto era enfiar horas de trabalho, ele dava trabalho para o meu padrasto. Apesar do sucesso dele, eu ainda queria ser mecânico de diesel ou encanador. Fazer o quê... acho que aprender a construir casas também servia.

Brian me disse que a gente ia construir uma ampliação de escola nova em Pitkas Point, mas que, antes, íamos erguer a estrutura da casa nova dele, que ficava a uns quarenta minutos de carro ao norte de Anchorage. Eu vi as altas e baixas da empresa dele ao longo dos anos e me espantei com a capacidade que ele tinha de se reerguer e seguir em frente. A habilidade dele de evitar a ruína financeira quando a maioria teria desistido era impressionante. Ele sempre dizia que preferia um serviço problemático a nenhum serviço. E eu acho que essa filosofia fez com que ele nunca desistisse.

A história das conquistas dele na vida pessoal e nos negócios, tão jovem, é de deixar a cabeça zonza. Tudo o que ele tocava virava ouro; ele transbordava sucesso. Ninguém, e eu digo ninguém mesmo, podia dizer a ele o que fazer. Nunca. E agora eu ia ajudá-lo a levantar a estrutura da casa dele num terreno que tinha uma pista de pouso particular, para ele poder estacionar o avião favorito dele em casa.

Ele e o carpinteiro-chefe dele e amigo, o Tim, que eu também conhecia dos meus dias em Kiana e Kotzebue, viviam gritando um com o outro enquanto construíam a casa. Eles tinham idades parecidas, e parecia que era assim que eles normalmente falavam entre si e com a equipe. Naquela época, o Brian gritava comigo, mas o Tim nunca gritou comigo nem com os outros membros da equipe. Os dois empurravam o trabalho cada vez mais, mais e mais, para alcançar os objetivos deles.

Pensando bem, eu não acho que eles percebiam que estavam gritando. O que eu sei é que os projetos em que eles trabalhavam no mato eram, às vezes, extremamente estressantes. Como chefe muito jovem, ele tinha uma responsabilidade enorme para cumprir contratos, folha de pagamento e manter as equipes satisfeitas. Embora isso me incomodasse, eu nunca culpei os dois por gritarem um com o outro. Era assim naquela época.

Em contraste, o meu padrasto... eu nunca ouvi ele gritar ou se emocionar, por mais estresse que suportasse. Eu trabalhava nos serviços dele desde os oito anos. Poxa, eu até fui o "menino do elevador" nas grandes inaugurações dele. Eu nunca tinha levado bronca trabalhando nos serviços dele nem em casa, então foi meio estranho levar grito trabalhando para outra pessoa. Por mais cansativo que fosse levar grito, acredite, era muito mais fácil lidar com isso do que ser exposto a atos horríveis de violência em qualquer dia da semana.

Pouco depois de levantarmos a casa dele, ele me levou de avião até o Aeroporto de St. Mary's–Pitkas Point, no avião particular dele. Ele disse que a gente ficaria no Roadhouse perto do aeroporto local. St. Mary's tem uma população de cerca de 600 pessoas, fica a mais ou menos 440 milhas aéreas a oeste de Anchorage, no rio Andreafski. O Andreafski corre para o sul até o rio Yukon. Pitkas Point, com uma população de cerca de 185 pessoas, fica aproximadamente cinco milhas rio acima de onde o Andreafski se junta ao Yukon, e a uns três quilômetros do aeroporto.

Quando a gente voou para St. Mary's no Pacer dele, um taildragger, foi a primeira vez que eu voei com ele num avião daquele tipo. Ele amava aquele avião, e com razão. Ele disse que era como empinar pipa, e no ar realmente parecia isso. A terra era plana por milhas quando a gente se aproximou do destino. O terreno era bem diferente de Anchorage. Era, de certa forma, parecido com o Ártico, mas não era. Parecia pantanoso, com laguinhos por todo lado. Por fim, depois de horas voando, eu vi o grande rio Yukon pela primeira vez. Uau! Era tão largo... era enorme. Deve ter muito peixe ali. Só não tinha sheefish. Esses costumam aparecer no Ártico.

Depois de pousar no aeroporto, a gente foi para o nosso acampamento. O acampamento do Roadhouse era limpo, quente e razoavelmente confortável. Além disso, dava para comer a qualquer hora, porque também tinha um mini restaurante. Também tinha chuveiro, lavanderia e lençóis limpos.

A gente estava programado para trabalhar em Pitkas Point por duas ou três semanas antes de voltar para casa para o 4 de Julho. Acho que ele tinha um encontro. Eu estava animado e nervoso com o meu emprego novo e não queria decepcionar o meu chefe novo nem o meu padrasto. Eu já era maior de idade, então eu sentia que precisava começar a agir como adulto e fazer as pazes com meus pais pelos meus erros vergonhosos durante o ensino médio.

Nosso primeiro serviço em Pitkas Point era fazer a locação da fundação. Embora eu já tivesse trabalhado com muitos tipos diferentes de fundação, depois de alguns minutos de conversa ficou claro que aquela fundação era bem diferente e mais complicada do que as que a gente tinha usado lá em cima, no norte.

Veja bem: existem muitas bolsas de permafrost espalhadas pelo Alasca. O nosso trabalho era cavar buracos no chão congelado, com cerca de dezesseis a vinte pés de profundidade, para que estacas grossas e longas de aço pudessem ser colocadas e ficassem saindo cerca de quatro pés acima do solo. Depois de colocadas, a gente preenchia o espaço no buraco com lama derretida em forma de "calda" e, então, refrigerava as estacas até congelarem, o que, em teoria, deveria recongelar aquela calda de lama que normalmente ficava congelada o ano todo. Se o chão não derrete, o prédio não afunda. É um sistema sólido, só que caro.

Assim que a gente chegou ao canteiro, foi como se a "memória muscular" dele de gritar engatasse a marcha mais alta o dia inteiro. Era: "Pega isso, pega aquilo, faz isso, faz aquilo!" Eu corria sempre que ele precisava de alguma coisa; eu nunca andava. Ele me levava ao limite. Eu ficava pensando como eu era sortudo por estar em boa forma. Meu Deus do céu! Eu já estava acabado, e a gente nem tinha almoçado ainda. Eu só mantinha a boca fechada e fazia o que me mandavam.

Esse negócio de gritaria e correria não pode durar muito mais tempo. Talvez, se eu trabalhar duro e mostrar para ele que eu não sou um vagabundo, ele pegue mais leve um pouco. Brian sabia que eu era trabalhador, então eu não entendia por que ele achava necessário me apertar tanto. Imagino que era assim num time de armação.

No almoço, eu geralmente comia dois sanduíches. É incrível como tudo fica gostoso quando você está com fome. Provavelmente não eram mais do que sanduíches de atum ou de pasta de amendoim, mas pareciam coisa feita pelo melhor chef.

Alguns dias depois, chegaram dois perfuradores, as estacas e uma perfuratriz. Naquela noite, o perfurador mais velho nos contou como pode ser difícil perfurar permafrost. Ele nos avisou para não nos abalarmos se não atingíssemos a meta de quatro buracos por dia. O líder era um homem mais velho, engraçado, cheio de vida, e me lembrava o vô. Aqueles caras, ao mesmo tempo doidos e gente boa, tinham trabalhado para as petrolíferas perfurando buracos no Ártico. Tenho certeza de que eles viram muita coisa ao longo dos anos.

Na manhã seguinte, os dois perfuradores montaram a perfuratriz deles, um caminhão equipado com um motor e brocas helicoidais. Essas brocas tinham quatro pés de comprimento e cerca de dezesseis polegadas de largura. O perfurador mais velho ficou perto da marca do primeiro poste, orientando o caminhão até a marca. Depois que ele alinhou o caminhão, eles estavam prontos para instalar a primeira broca. Para mim, aquilo era empolgante.

O perfurador mais novo foi até a lateral do caminhão e puxou a primeira de muitas brocas de quatro pés. Ele colocou na gancho e pendurou a broca no lugar. Então, o homem mais velho subiu de volta no caminhão e assumiu o controle das alavancas da broca. Ele conseguia ajustar a velocidade de rotação e mover a broca para cima, para baixo, para os lados, para frente e para trás. Ele manobrou com cuidado a broca para baixo em direção ao chão, fazendo pequenos ajustes até acertar a marca previamente demarcada. A broca mergulhou no solo. Depois, o perfurador mais novo pegou o nível e ajustou a broca até ela ficar no prumo. A rotação começou, e a broca foi descendo, girando. A cada poucos minutos, a gente tinha que retirar o excesso de terra e lama do buraco, tomando cuidado para não enroscar a pá na broca girando. O perfurador conferia o prumo da broca de vez em quando. Depois de colocar a próxima broca na perfuração, ele conferiu de novo e viu que estava um pouco fora do prumo.

"Ela vai para onde ela quer", ele disse. "Não tem o que fazer."

As brocas estavam cortando o solo como manteiga. Eu ficava pensando: Isso aqui é fácil, sem problema. A gente vai sair daqui logo. A gente instalou a terceira broca e já estava com uns oito pés de profundidade. De repente, sem aviso, a perfuração quase parou. A broca continuava girando, mas nada acontecia. Só girava, girava.

O chão ficou teimoso. A gente bateu permafrost. Bom... isso derrubou minha presunção de voltar para a cidade mais cedo.

Por fim, a gente começou a avançar um pouco de novo, e eu entendi o que o perfurador mais velho queria dizer quando falou de "bolas de lama". Enquanto a broca girava, ela trazia bolas congeladas de lama com uns seis centímetros de diâmetro; pareciam bolinhas de chocolate. Era legal e me deu vontade de comer donuts.

Quando chegamos à profundidade que precisávamos, a gente retirou as brocas uma de cada vez até elas ficarem livres daquele buraco fundo que a gente tinha acabado de abrir. Agora a primeira estaca estava pronta para ser instalada. O operador moveu a perfuratriz até as estacas pesadas. A gente prendeu uma cinta na perfuratriz e a enrolou em volta da estaca longa e pesada. Ele a ergueu no ar e a colocou bem no centro do buraco. A gente precisava garantir que os tubos ficassem nivelados antes de preencher com aquela calda de lama derretida dos rejeitos, o que exigia o uso de um vibrador (stinger) para fazer a lama voltar a se acomodar em volta dos tubos, parecido com o que se usa no concreto.

A vibração elimina bolsões de ar e distribui a lama pelo espaço entre o tubo e a parede do buraco; um pronto, e muitos ainda pela frente.

Ao longo do dia, o tempo foi de quente e ensolarado para frio, ventoso e chuvoso. A gente ficava e trabalhava dez a doze horas por dia, independente do tempo. Naquela época, empresa não sindicalizada não tinha pausa nenhuma — pelo menos, eu nunca tive. Você só trabalhava, e pronto. Aquilo não me incomodava tanto na época, mas eu ficava me perguntando se seria assim pelo resto da minha carreira.

A gente terminou o serviço no prazo e voltou para Anchorage bem a tempo da comemoração do 4 de Julho. Casa. De volta para casa. Um lugar onde eu podia descansar por um tempinho e não ter que ouvir grito o dia inteiro. Aquilo seria um alívio. Cara, eu estava morto de cansaço depois de trabalhar correndo o tempo todo. Eu me sentia como se estivesse treinando para uma maratona. Eu estava acabado da cabeça aos pés. Cada centímetro do meu corpo queria descansar.

Depois de alguns dias de folga na cidade, eu consegui refletir sobre o serviço que a gente tinha feito. Ah! Que sensação boa! A gente tinha realizado tanta coisa em tão pouco tempo. Eu estava orgulhoso e animado. Eu lembro de subir as escadas e ver o Brian parado perto da janela grande. Lá fora, o céu estava tão azul, e a cadeia de montanhas era magnífica. O Monte McKinley estava totalmente visível. Eu nunca me cansava de olhar para as montanhas. Ele estendeu a mão, apertou a minha, me entregou meu primeiro envelope de pagamento e disse: "Agora você sabe por que a gente faz isso." Eu olhei nos olhos dele e agradeci.

Quando eu abri o envelope, vi um número grande. Meu coração disparou. Uau! Isso é muito dinheiro. Eu era sortudo ou azarado, dependendo de como você vê. Pitkas Point era um serviço estadual de alta remuneração, do tipo Davis-Bacon. Existem serviços Davis-Bacon de pagamento alto, médio e baixo. Os de pagamento baixo a gente chamava de mini-bacon. Infelizmente, o salário do mini-bacon era tão baixo que ficava difícil viver com ele.

Logo chegou o 4 de Julho, uma das minhas épocas favoritas do ano. Eu e meus amigos conseguimos um lugar bom, e o tempo estava quente e limpo. Eu me diverti com meus amigos, soltando fogos e ouvindo música. Por um breve momento, eu tentei esquecer meus problemas. Eu pensei na minha namorada querida, que não podia estar lá. Boa viagem para você, anjo. Eles não chamam o estado de "terra do sol da meia-noite" à toa, porque, mesmo durante o show de fogos em Anchorage, ainda estava um pouco claro lá fora.

Depois do 4 de Julho, era hora de voltar para Pitkas Point. Depois de algumas noites sem dormir, tentando descobrir como lidar com toda aquela gritaria, eu decidi aguentar firme, porque o Roadhouse era limpo e a comida era boa. Pela primeira vez, eu acreditei que não estaria perto de nenhuma violência, e eu me senti relativamente seguro. A gente embarcou num avião e foi embora para Pitkas Point. Quando chegamos, as coisas estavam um pouco diferentes. Tinha mais alguns homens no serviço, alguns que eu conhecia dos tempos de Kiana e Kotzebue, outros que eu nunca tinha visto. O Roadhouse ficava a uns quinze minutos de carro do canteiro de Pitkas Point e mais ou menos no caminho para St. Mary's. Uma estrada de cascalho poeirenta conectava as duas vilas.

A sorte é que o tempo estava quente. Estava muito agradável lá fora, exatamente o tipo de coisa que eu precisava para manter o ânimo. Eu até tinha meu próprio quarto no Roadhouse, e isso me servia muito bem, ainda mais porque eu tinha levado um toca-fitas e umas fitas bobas. Coisa de ensino médio. Era um pedacinho de casa, algo para eu segurar. Eu torcia para não perder a cabeça lá.

Apesar de eu reconhecer tudo o que a gente estava fazendo pelo bem da sociedade, eu não via futuro para mim. Que tipo de vida era aquela? Ficar longe da família e dos amigos para ganhar a vida? Por que não simplesmente trabalhar onde você quer viver? Essas perguntas continuavam me assombrando. Por que eu estava reclamando? No fundo do meu coração e da minha cabeça, eu sabia a resposta: identidade. Eu era jovem e queria ser eu mesmo e criar coisas na vida.

Às vezes, a vida no mato pode ser um pouco entediante. Se você não tem acesso a um barco, a um avião ou a alguma atividade ao ar livre, não tem nada para fazer. Então, como é que você passa o tempo enquanto espera o material chegar? Boa pergunta. Claro, é fácil ficar sentado ali e ter ideias criativas, mas quando não existe acesso a material, a pessoa pode enlouquecer só esperando para trabalhar. Às vezes a gente esperava por dias. Você não pode simplesmente pegar um avião e ir para casa e voltar na mesma hora, porque pode não ter voo comercial. A ida e volta saía do nosso bolso, e a gente não recebia por aqueles dias de folga, o que, no fim do ano, fazia uma diferença grande no salário real.

Alguns dias depois, a barcaça chegou com os materiais pelo grande rio Yukon. Primeiro, começamos a instalar as vigas da fundação nas estacas congeladas. Trabalhar perto dos outros caras era legal; eles eram gente boa comigo, e eu gostava deles. Nenhum deles gritava comigo, nem o Tim. Eu sei que o Brian gostava de todos eles também. Mesmo assim, eu estava esgotado de tanto grito o dia inteiro. Eu também estava fisicamente cansado de correr e trabalhar; parecia que eu estava treinando para uma maratona. Toda manhã eu precisava me preparar mentalmente, tipo respirar fundo antes de mergulhar. Eu sabia que naquele dia eu ia sentir muita dor, tanto mental quanto física, então eu precisava tentar me preparar. Mesmo no único dia da semana em que a gente descansava, a gente brigava com o tédio e o isolamento.

Depois que montamos o sistema de piso, eu expliquei minha primeira parede grossa, com cerca de vinte pés de altura. Essa parede, em especial, era bruta. Ela foi construída com duas-por-dez, com travamentos e chapas de compensado de meia polegada. Quando ela estava deitada no deck, totalmente montada, eu me perguntava como seria possível levantar uma coisa tão enorme. Brian e Tim gritavam um com o outro, tentando resolver o problema. Eu comecei a rir. Era como assistir a uma dupla de comédia.

Anos depois, conversando com o Tim num grupinho de pessoas, por algum motivo, eu mencionei aquela mulher pálida com sangue jorrando da cabeça em Kiana e que eu tinha conseguido ajuda para ela. O Tim me encarou com raiva, e o rosto dele ficou vermelho vivo. Os olhos dele atravessaram os meus quando ele respondeu num tom forte e amargo, dizendo que tinha sido ele quem tinha ajudado aquela mulher. Eu perguntei: "Como assim? Eu saí correndo para tentar conseguir ajuda." De novo, ele latiu, furioso: "Eu salvei ela." Isso me deu um arrepio na espinha porque eu não tinha nenhuma lembrança de ter visto ele naquele incidente. Eu me senti mal por ele, porque estava claro que eu tinha acionado, sem querer, um evento que tinha traumatizado ele.

Uma coisa estranha me ocorreu. Como eu nunca tinha falado com ninguém sobre o que eu tinha visto, eu me senti um pouco aliviado, como se dez quilos tivessem saído das minhas costas. O flashback dela parecia menos vivo, mas as outras imagens continuavam com a mesma intensidade, talvez até mais. Eu ficava pensando no Tim e me perguntando se ele não tinha sido uma das pessoas que ajudaram a enfaixar a cabeça ensanguentada dela, e se talvez o sangue não tivesse espirrado no corpo dele e encharcado a roupa. Quero dizer, quando eu vi ela sendo colocada no avião do meu padrasto, os trapos enrolados na cabeça dela estavam pingando de sangue.

Eles cogitaram levantar a parede na mão ou com macacos de bomba manual. De qualquer jeito, a gente precisava preparar a parede para a elevação. O problema era que o sistema de piso fazia um balanço de seis pés para além das estacas e, além disso, as vigas do piso não estavam fixadas com segurança nas estacas. Como a parede era pesada demais, eles tinham medo de que, ao erguer, ela levantasse a parte de trás do sistema de piso das estacas, fazendo tudo deslizar em direção ao chão e mandando a parede de volta para cima da gente, desabando sobre o piso e despejando milhares de quilos de material em cima de nós, esmagando a gente como inseto. Então, sim, eu estava um pouco nervoso.

Eles quiseram tentar levantar a parede na mão naquele dia, então o Brian juntou uns dez homens, não sei de onde, lá da vila, para ajudar a equipe. Como a parede já estava preparada, todo mundo se alinhou ao longo do topo da parede para levantar. "OK, todo mundo, levanta! Levanta!" o Brian gritou.

A gente se curvou e começou a levantar. Cada músculo do meu corpo estava em tensão, e eu conseguia ouvir os outros homens gemendo enquanto se esforçavam para levantar a parede só até a altura do joelho. O Brian gritou: "Baixa de novo." Que parede pesada, meu Deus do céu! Uma tentativa fracassada.

Agora a gente sabia que macacos de parede eram a única forma de levantar. Preparar os macacos levou só uns vinte minutos. Depois disso, a gente voltou para o acampamento e esperou alguns dias os macacos de piso e mais escadas extensíveis chegarem.

Quando chegaram, a gente estava pronto para erguer a parede. Um pump jack funciona parecido com um macaco de carro, só que ele vai subindo um "duplo" de dois-por-quatro. Acho que a gente tinha uns quatro ou cinco macacos ao longo de todo o comprimento do topo da parede. As pessoas ou se voluntariavam ou eram escolhidas para operar as alavancas manuais. Eu fui escolhido. Eu não me voluntariei porque nunca tinha visto nem feito nada assim e não sabia o que esperar. Cada pessoa nos macacos tinha uma escada de mão e uma escada extensível por perto.

O segredo para erguer a parede era que os operadores precisavam estar sincronizados. O Brian nos orientou lá de cima. Em pé no piso, a gente levantou a parede até não conseguir mais alcançar a alavanca. Aí, a gente subiu em escadas de mão e continuou bombeando a parede — que agora estava bem sobre a nossa cabeça — até, de novo, não conseguir alcançar a alavanca. Ah, ótimo, eu pensei. Agora eu tenho duas coisas para me preocupar. A parede cair de volta e esmagar a gente, e eu ter coragem suficiente de subir vinte pés no ar para terminar de erguer a parede.

Quando a gente encostou as escadas extensíveis no top plate da parede, as escadas ficaram livres para deslizar no top plate enquanto a gente continuava subindo e bombeando a parede até ela ficar no prumo. Meu Deus, eu pensei. Esse negócio está ficando alto. Subir aquela escada era empolgante, mas também assustador. Eu admito: me deixou mais nervoso do que eu imaginava.

Ainda faltava muito para a gente conseguir erguer a parede por completo. Cada um de nós começou a bombear ao mesmo tempo. Quando a gente já estava perto do topo, sem aviso, a parede deu um tranco para a frente, uns dois pés. Uau, aquilo me assustou. Meu corpo tremia, porque eu estava a uns dezoito pés de altura. Eu queria continuar, mas eu não conseguia parar de tremer. Vendo minha inexperiência e a ansiedade crescendo, meu chefe mandou eu descer da escada e ajudar a escorar a parede depois que ela fosse erguida de vez.

Beleza, eu pensei.

Apesar de ele gritar a maior parte do dia, foi bom saber que ele reconheceu que eu estava tentando e disposto a terminar o serviço, e que ele se preocupava com a minha segurança e com a segurança dos outros. Então ele assumiu, subiu na escada e concluiu o trabalho.

Por fim, a parede estava em pé e escorada, e o piso não tinha desabado debaixo de nós. Tinha dado tudo certo, sem problema e sem drama. Eu só fiquei ali, olhando aquela parede gigantesca que a gente tinha construído. A equipe era muito legal. Ninguém me criticou por ter descido. Acho que todo mundo ficou feliz por ninguém ter se machucado. O dia foi passando enquanto a gente seguia trabalhando até o começo da noite, e então a gente foi para o Roadhouse para uma boa refeição e descanso.

Eu não parava de pensar naquela parede e no tamanho da conquista. Era realmente uma coisa de se ver e, se a gente estivesse trabalhando na cidade, uma parede daquelas normalmente seria levantada com um guindaste para facilitar e deixar mais seguro para as equipes. Teve muito orgulho naquele dia. Eu me senti como se a gente tivesse feito uma coisa bem legal.

As semanas foram passando, e finalmente a gente chegou ao telhado. Depois de trabalhar dia após dia, com só intervalos curtos de almoço, a gente estava chegando perto do fim do serviço. Meu corpo estava dolorido, moído e exausto dos dias longos e pesados. Eu mal podia esperar para voltar para Anchorage. Eu sentia falta dos meus amigos e de casa e estava pronto para um descanso merecido.

Mesmo ganhando experiência boa, eu queria uma pausa curta. Eu tinha ouvido um boato de que vinha um serviço grande por aí, e eu não sabia se o meu padrasto tinha ganhado a licitação. Eu sempre ficava orgulhoso quando ele conseguia um serviço novo. O esforço e a energia que ele investia no processo de licitação exigiam um trabalho enorme. Conseguir financiamento, garantias e definir a forma mais eficaz de transportar o material para o canteiro exigia muita imaginação e planejamento. A logística — onde colocar o material e o alojamento da equipe — provavelmente era a parte mais desafiadora. Droga, eu torcia para ele conseguir logo aquele serviço, para a gente não ter que trabalhar no inverno. Pelo menos agora, o tempo estava bom: quente e ensolarado de dia, mas limpo e frio à noite.

O trabalho com o Brian tinha me ensinado muita coisa, e as lições continuaram quando eu aprendi a instalar um telhado metálico sem parafusos. O Brian estava preso lá em cima, no telhado alto, com um cinto de segurança, enquanto eu ficava no chão. Ele e o carpinteiro-chefe prendiam clipes de metal no telhado íngreme enquanto gritavam comigo lá de cima, me instruindo sobre como aqueles telhados se encaixavam. O ponto mais importante era garantir que as chapas ficassem esquadradas em relação à estrutura do telhado.

Meu trabalho era deslizar com cuidado as chapas longas de metal até perto o suficiente do prédio para prender um par de grampos tipo C (vise C-clamps) na extremidade superior do metal e, então, prender as cordas penduradas do telhado. Enquanto eles puxavam o metal para cima, eu ajudava a guiar a chapa até não conseguir mais alcançar. Eles tinham tanta experiência e conhecimento de telhado que minha cabeça rodava com a velocidade com que colocavam aquele metal. Eles terminaram a colocação das chapas principais em menos de um dia. Levou cerca de meio dia para terminar os arremates. Ficou lindo.

Alguns dias depois, o Brian foi embora e saiu de Pitkas Point. A maior parte da equipe, incluindo dois encanadores, ficou e continuou trabalhando. Eu gostava do encanador-chefe. Eu conheci ele em Anchorage, e ele era colega de quarto do Brian. Ele me fazia sorrir e rir o tempo todo. Quer dizer, o apelido dele era Yukon Horn. Isso é engraçado demais. O outro encanador também era uma figura: um cara barbudo, selvagem, com cara de motoqueiro, que amava bebida e drogas. Eu nunca vou esquecer a primeira vez que eu conheci ele. Sem dizer oi, ele perguntou para estranhos, com a maior seriedade: "Tem bebida? Tem droga?" Só isso. Você já sabia qual era a dele. Sempre que eu e meu tio víamos ele, a gente normalmente ria, porque ele fazia a mesma pergunta toda vez.

O Brian tinha levado o caminhão dele para o canteiro, uma caminhonete Chevy branca com quatro pneus enormes tipo "balão" e uma roll bar. Era uma caminhonete bonita, e ele se divertia muito dirigindo ela.

Só que os pneus grandes deixavam a condução traiçoeira, porque ela tendia a escorregar no cascalho solto. Infelizmente, eu ia descobrir do pior jeito o quanto ela era arisca de dirigir.

CAPÍTULO 10

Decisões

Por fim, eu consegui me mexer um pouco dentro da cabine. Talvez eu tenha me deslocado dois ou três centímetros e, mesmo com a pressão do volante fora do meu peito, ainda doía para respirar. Eu estava lutando pela minha vida.

Um homem enfiou a mão ali e me alcançou. Me segurando pelos ombros, ele me puxou para fora daquele metal todo amassado e, imediatamente, me colocou numa maca. Ah, sim! Eu estava deitado, bem esticado. Eu sentia muita dor, mas que alívio sair daquele caminhão depois de duas horas e meia — ou talvez mais.

A temperatura ainda estava perto de zero. Eu vi alguém colocando um cobertor em cima de mim e me senti um pouco mais seguro, embora eu ainda não tivesse certeza de que ia sobreviver àquilo.

BUM, BUM, CLANG, CLANG, lá fui eu para dentro da ambulância.

"Você vai ficar bem!", alguém gritou. "Vai demorar um pouco até chegar ao hospital, talvez meia hora mais ou menos, mas antes precisamos levar você ao centro de trauma mais próximo."

"Só não corram com a ambulância; as estradas estão congeladas", eu disse. As portas traseiras bateram e se fecharam, e a ambulância começou a longa viagem até o centro de trauma.

ALGUNS DIAS depois que o Brian foi embora, eu quis sair um pouco, me afastar do Roadhouse, olhar para a lua e o céu e ver St. Mary's. Peguei as chaves do caminhão, entrei e saí dirigindo. Eu não estava planejando ficar fora por muito tempo, talvez só meia hora. Mal sabia eu o quanto eu estava cansado de verdade.

A estrada para St. Mary's era bem reta. Eu não me lembro de muitas curvas. Estava escuro e frio, com a temperatura por volta de 28 graus Fahrenheit. Eu estava admirando a lua e as estrelas. Elas estavam no auge do seu brilho. Cara! No mato, elas eram tão nítidas e brilhantes, sem as luzes da cidade estragando a vista. Olhando pelo retrovisor, eu via a poeira subindo alto por causa dos pneus grandes, tipo balão.

Dirigindo pela estrada de cascalho, eu pensei no meu trabalho e nos meus amigos, tentando relaxar depois do dia. Aí eu percebi que estava exausto.

Minhas mãos doíam, e minhas pernas queimavam de tanto correr para lá e para cá naquele dia.

O que vem agora? eu me perguntei. Qual é o próximo trabalho?

Eu reparei na tundra dos dois lados. Meus braços estavam cansados, e minha cabeça foi baixando devagar, depois subindo. O ronco do motor foi sumindo. Eu não tinha a menor noção de quão rápido eu estava indo, mas não olhei o velocímetro porque achei que estava numa velocidade segura. Afinal, eu não queria bater o caminhão do Brian. Eu só queria esfriar a cabeça.

Um pouco depois, eu olhei para o velocímetro e, com naturalidade, notei que eu estava rápido demais: setenta milhas por hora. Tudo parecia estar acontecendo em câmera lenta. Eu devo ter dormido ao volante. Quando eu olhei direto para a frente, eu conseguia ver a estrada, mas ela parecia se mover em câmera lenta. O caminhão parecia estar derrapando para a direita.

Ah, eu pensei, vou cair na vala.

Minhas reações estavam lentas. Era como se o tempo tivesse parado. Eu não estava chateado nem com medo.

Ei, é melhor eu voltar para a estrada, eu disse para mim mesmo.

Só de dizer essas palavras na minha cabeça, parecia que levava uma eternidade. Quando eu comecei a virar o volante para a esquerda, eu senti a traseira do veículo perder aderência no acostamento de cascalho.

Nossa, eu estou derrapando, eu pensei.

De repente, o caminhão começou a balançar de um lado para o outro, e eu perdi totalmente o controle. Parecia que minutos passavam enquanto eu tentava corrigir a direção, mesmo que tudo estivesse acontecendo em frações de segundo.

O caminhão começou a girar no sentido horário, e o meu corpo pressionou com força a porta do lado do motorista. Para cima e para cima, meu corpo subiu enquanto eu estava sentado dentro do caminhão.

Quando eu olhei reto para a frente, através do para-brisa com os faróis altos, eu vi o caminhão começar a capotar. Eu me lembro de ver as palhetas do limpador de para-brisa, do lado direito e do lado esquerdo, aparecendo para fora.

Eu vou bater, eu pensei.

Eu continuava estranhamente calmo. Eu não estava apavorado nem preocupado. Eu não vi minha vida passar diante dos meus olhos nem nada disso, mas eu me perguntei que chance eu tinha capotando uma picape no meio do nada.

Nenhuma chance.

Sem explicação, eu não estava usando cinto de segurança. Eu fiquei intrigado com isso, porque no inverno a gente sempre usava cinto por causa da neve e do gelo. Eu também era piloto treinado, e era obrigatório usar cinto de segurança. Apesar de assumir riscos e ter sido meio selvagem quando criança e jovem, eu fui criado com segurança em mente.

O caminhão continuou capotando e capotando.

Acho que eu vou morrer. Um pensamento claro me atingiu devagar.

Eu ainda conseguia ouvir o ronco do motor e os pneus rangendo no cascalho. Eu sentia a pressão no meu corpo enquanto o caminhão rolava. Eu via a tundra dos dois lados, mesmo enquanto o caminhão subia e virava. Eu estava de cabeça para baixo. As palhetas do limpador entraram no meu campo de visão e, depois, a estrada. Ela parecia perto, perto demais.

O cascalho parecia estar bem na frente do meu rosto. Parecia que eu conseguia contar as pedras. Era assim que tudo parecia lento.

Ainda olhando para a frente, eu vi a dianteira do caminhão bater na estrada. A cabine atingiu o chão mais rápido do que um piscar de olhos. Eu ouvi metal amassando ali perto. Aí eu percebi que eu estava fora do caminhão capotando, meu corpo raspando no cascalho. Eu não tenho nenhuma lembrança de ter sido arremessado.

Deslizando de costas, sendo rasgado, eu vi os faróis do caminhão piscando enquanto ele girava, rodando e rodando. O barulho de metal se esmagando foi ficando mais fraco à distância. Então, de repente, um baque duro. Eu parei completamente.

Deitado de costas, esticado, eu abri os olhos. Eu conseguia ver a minha respiração na noite fria. Ah, a dor. Eu pisquei devagar, de novo e de novo.

Eu estou vivo ou morto? eu me perguntei. Eu nunca tinha morrido antes, então eu não fazia ideia do que esperar. A gente ainda sente dor, física ou emocional, depois da morte? Os nossos pensamentos ficam inteiros ou só em pedaços? A gente leva esses pensamentos com a gente de algum jeito, até o momento em que somos enterrados? E se eu estava morto, por que eu não tinha visto a luz? As pessoas vivem falando do túnel quando descrevem histórias de quase-morte.

Eu estava confuso. Ainda deitado de costas, piscando, eu ouvi o motor do caminhão roncando ao longe. Mais para o lado, eu vi uma luz forte. Eu presumi que fossem os faróis do caminhão que eu tinha acabado de capotar.

Estava frio, um frio amargo. Eu não fazia ideia de quanto tempo eu tinha ficado ali deitado — segundos, minutos, talvez horas. Minhas costas pulsavam por causa da tundra irregular e congelada embaixo de mim. Eu não tinha virado a cabeça nem mexido os braços, que estavam esticados acima de mim, como se eu estivesse sendo rendido.

Eu continuei respirando, entrando e saindo, tentando manter a calma. E agora? O que fazer, e como? Primeiro, eu precisava saber se meus pés e minhas pernas ainda funcionavam.

Eu não conseguia me mexer. Eu tentei, mas nada funcionava — nem meus pés, dedos, mãos, braços, dedos das mãos, nem a minha cabeça. Nada. Só minhas pálpebras piscavam.

Eu estou paralisado? eu me perguntei. Ai, meu Deus. O que eu faço?

"Me ajuda", eu disse com calma. Eu preciso ver se meus pés funcionam. Eu tenho que saber.

Eu fiquei ali, tomado pela dor. Eu não me mexi. Eu parecia paralisado — se não no corpo, então na mente.

Meu Deus, o que aconteceu? Pai, me ajuda, por favor! O que eu faço?

Estranhamente, eu ainda não estava com medo. Eu gritei por ajuda porque parecia ser o certo a fazer, mas não tinha ninguém ali. Eu precisava decidir se tentava me mexer ou se ficava deitado na tundra. Meu corpo não cooperava. De algum jeito, eu tinha que encontrar forças.

Eu me concentrei nos dedos dos pés. Eu virei os olhos na direção deles e, milagrosamente, senti um pequeno movimento. Meu peito subiu; meu coração disparou. Mas então os dedos dos pés pararam, e meus olhos voltaram a subir para o céu noturno. Aquele esforço mínimo me drenou. Eu precisava descansar antes de tentar de novo.

O motor do caminhão ainda roncava. Eu vi luzes fortes para o lado, que eu supus serem faróis. Estava um frio amargo. Eu não sabia há quanto tempo eu estava ali — segundos? minutos? horas? A dor irradiava pelas minhas costas. Eu não tinha mexido a cabeça nem os braços, que estavam esticados acima de mim, como se eu estivesse sendo rendido. Eu respirava devagar, tentando manter a calma.

E agora? O que fazer, e como?

Primeiro, eu tinha que saber se minhas pernas ainda funcionavam.

Eu senti meu coração bater mais rápido. Meu peito subia e descia. Eu mal conseguia mexer os pés. Para cima e para baixo, só algumas vezes. Depois, eu descansei de novo. Meus membros ainda não respondiam, e a dor era agonizante.

Eu estou vivo ou morto? eu me perguntei de novo. Se eu estou morto, isso dói pra caramba.

Minutos se passaram. Eu foquei em tentar mexer as pernas. Meus dedos dos pés deram um tremelique, depois meus pés giraram. Minha respiração acelerou. Minhas pernas não respondiam, mas eu sabia que eu não estava paralisado. Eu ainda não conseguia mexer os braços nem as mãos; eles continuavam esticados acima de mim. Mesmo assim, se eu conseguia mexer os dedos dos pés, havia esperança.

Exausto outra vez, eu descansei.

Ai, meu Deus, o que eu devo fazer? eu pensei. Eu tenho que sair daqui.

Então, movimento. Minhas mãos começaram a se mexer. A dor pulsava em mim. Minha mão direita caiu sobre o meu peito, depois a esquerda sobre o meu estômago. Eu não tinha pretendido mexê-las; elas simplesmente se mexeram. Meu coração martelava. Eu estava acabado. Mas agora eu conseguia virar a cabeça devagar, de um lado para o outro.

Eu tenho que sair daqui.

Hora de tentar levantar. Eu fechei os olhos por um instante, depois abri e puxei os joelhos devagar em direção ao peito. Parecia que levava uma eternidade. Eu deixei as pernas caírem de volta no chão.

Eu pensei em pessoas com lesão na medula, bem num momento e paralisadas no seguinte, porque alguém as mexeu cedo demais. Isso poderia ser eu.

E agora? O que eu devo fazer?

Meus pensamentos vagaram. Estranho como a mente deriva em momentos assim. Eu vi as estrelas acima, afiadas no céu gelado. Eu levantei a mão esquerda e encarei. Sangue pingava dela.

O quão mal eu estou? eu me perguntei. Porra, eu devo estar morto ou gravemente ferido.

Mais uma tentativa, eu pensei. Eu preciso sair daqui.

O motor ainda roncava. Eu temi que o caminhão explodisse. Eu fechei os olhos de novo, o coração batendo forte. Então, com esforço, meus joelhos subiram em direção ao peito. Minhas mãos escorregaram do meu peito para o chão. Eu grunhi, gemi e lutei. Virando para o lado, eu pressionei as mãos na tundra congelada e fiquei de pé.

Os faróis do caminhão brilhavam à distância. Meu estômago queimava de dor.

Isso é ruim. Eu devo desligar o motor?

Apesar de tudo, eu tentei avaliar a situação. Minha meia e meu sapato direitos tinham sumido. Eu estava descalço. Minhas calças estavam rasgadas, minha camisa em farrapos, sangue escorrendo da minha cabeça até os meus pés.

Eu estou vivo ou morto? eu ainda me perguntava. Se eu estou morto, que bagunça. Que desastre sangrento. É assim que eu pareceria indo para o céu ou para o inferno? Não exatamente vestido para encontrar o meu Criador. Mas se eu estou vivo, eu estou em apuros.

Eu me virei e olhei para a estrada de cascalho. Ela parecia tão longe.

Como eu vou chegar na estrada, quanto mais no Roadhouse? Eu preciso voltar. Eu preciso de ajuda.

Surpreendentemente, eu continuei calmo. Cada respiração embaçava o ar à minha frente. Havia sangue por toda parte. Eu dei um passo — uma dor cortante atravessou a planta do meu pé direito. Eu aliviei, depois dei outro passo. A tundra congelada e cheia de arbustos rangia embaixo de mim como uma esponja de gelo. Galhos e folhas fincavam no meu pé descalço. Eu manquei em direção à estrada de terra. Meu pé ardia.

Por fim, eu cheguei na beirada. Fiquei ali, recuperando o fôlego. O sangue ainda pingava livremente. Eu me virei de um lado para o outro.

Para que lado ficava o acampamento? Eu hesitei. OK. Se eu andar em direção ao caminhão, então aquele deve ser o caminho por onde eu vim. Eu posso desligar o motor e voltar.

Ainda parado na tundra, eu não tinha certeza se tinha forças. Eu me senti tonto. Se eu ainda não estava morto, eu estava perto. Mas eu tinha que tentar. Eu respirei fundo e pisei no cascalho. Meu pé gritou de dor.

Eu manquei em direção ao caminhão, poupando o meu pé descalço. Sangue pingava da minha cabeça e das minhas mãos. Eu olhei para cima. As estrelas estavam brilhantes. Mesmo ali, eu via beleza enquanto cambaleava em direção aos destroços.

Pensamentos do meu passado invadiram. A vida no mato. A mulher sangrando, cujo marido tinha aberto a cabeça dela, o sangue jorrando. A velha atirando, meu primo me protegendo com o corpo.

Eu tentei afastar as visões, mas elas não paravam. Elas me perseguiam enquanto eu lutava para sobreviver.

Por favor, Deus, faz parar! eu gritei em silêncio. Para com as imagens. Me ajuda. Por favor, me ajuda.

Eu estava em choque. Tinha que ser isso. Ainda assim, eu fui fazendo um caminho lento, reto, constante em direção ao caminhão. Meu corpo doía, principalmente o estômago.

As pessoas dizem que a vida passa diante dos seus olhos quando você está prestes a morrer. Isso não aconteceu comigo. Tudo o que eu via eram aquelas malditas visões.

Eu tentei bloquear. Eu pensei no meu pai, Gordon. Eu sentia tanta falta dele. Eu estava prestes a vê-lo? Eu lutei com todas as forças para ficar vivo e pedi a ajuda dele. Eu não queria morrer ali, sozinho.

Pai, por favor, não deixa eu morrer aqui. Por favor, me ajuda.

Por fim, eu alcancei o caminhão. Ele estava de pé e ainda funcionando. Os faróis eram tão fortes que me fizeram apertar os olhos e virar o rosto. O caminhão parecia uma lata de alumínio amassada, mas o motor soava liso.

Eu não queria chegar perto demais. Talvez o tanque estivesse vazando. Eu não queria ficar ali e descobrir.

Eu encostei na porta do lado do motorista, e ela estava gelada. Eu tentei puxar a mão de volta, mas eu não conseguia mexer. Um momento depois, eu enfiei a cabeça pela janela estilhaçada da cabine amassada e estiquei o braço em direção à chave. Era longe, mas eu finalmente consegui girá-la. O motor morreu.

Os faróis continuaram acesos. Eu encarei, pensando se devia apagá-los. Por que diabos eu estava pensando nos faróis?

Como é que eu sobrevivi a esse acidente? Ou eu sobrevivi?

Olhando agora, a resposta era óbvia: deixar os faróis acesos fazia mais sentido. Eu precisava de ajuda. Eu estava sangrando todo, então por que eu estava pensando em faróis?

Tá bom então, droga, eu vou deixar acesos.

Isso. Eu vou deixar acesos, para que, se alguém passar, veja e talvez pare.

Quando eu me empurrei para fora da janela, eu me perguntei se tinha me cortado em algum vidro ou metal. Eu não sentia nada. Talvez isso fosse bom. Só mais uma coisa para me preocupar depois. Agora, eu precisava de ajuda. O tempo estava se esgotando.

Eu parei. Olhei para cima. As estrelas estavam deslumbrantes, e a lua iluminava a noite negra como breu.

OK. Para que lado? Direita ou esquerda?

Se eu for para o lado errado, em direção a St. Mary's, eu posso morrer.

Droga. O que é que eu vou fazer?

Mesmo que eu tentasse ir até o Roadhouse, não havia garantia de que eu conseguiria. E se eu ficasse ali, talvez alguém me encontrasse. Eu tomei minha decisão. Eu comecei a caminhar em direção ao Roadhouse.

Vamos, Dave. Você consegue.

CAPÍTULO 11

Cara ou Coroa

Eu conseguia ouvir as sirenes da ambulância enquanto a gente se afastava daquele metal retorcido. Eu estava preso numa maca, com equipamentos médicos conectados em mim. Minhas costelas doíam. A dor estava em todo lugar. Parecia que não havia nada que eu pudesse fazer a respeito. Em nenhum momento eu pensei em precisar de analgésicos. Eu não sei explicar o porquê. Talvez eu estivesse em choque.

Eu tinha tido uma sorte enorme e, ao mesmo tempo, um azar enorme. Eu conseguia ver e ouvir os paramédicos, mas eu não tinha certeza do que eles estavam fazendo. Uma coisa eu sabia com certeza: eu estava com frio, muito frio.

A estrada estava esburacada, e eu quicava na maca. Sabendo que a pista ainda estava congelada, eu fiquei um pouco nervoso. Eu só não queria me envolver em outro acidente. Eu conseguia sentir a ambulância deslizar um pouco. Eu tinha total confiança no motorista e nos paramédicos; eram os outros carros que me preocupavam.

"Estamos levando você para o Royal Inland Hospital, em Kamloops", um dos paramédicos gritou para mim por cima do barulho da estrada e das sirenes. "Mas primeiro precisamos levar você a um centro de trauma."

Ele parecia um homem simpático. Eu sabia que todos eles estavam tentando me ajudar. Eu pedi para o paramédico chegar mais perto de mim.

"Você pode ir mais devagar?", eu perguntei. "Por favor, vai mais devagar. Eu não quero me envolver em outro acidente. Por favor, vai mais devagar."

Ele me olhou de um jeito engraçado. Eu não me lembro da resposta dele. Provavelmente tentou me acalmar, dizendo que ia ficar tudo bem e que a gente já estava quase chegando ao centro de trauma. Não rápido o suficiente para mim.

A viagem longa era cheia de solavancos. Minhas costelas estavam me matando a cada respiração. Minha mão esquerda estava enfaixada, com uma tala. Eu não estava muito preocupado com ela, mesmo não conseguindo mexê-la naquele momento, mas doía mover o pescoço. A dor descia para as minhas pernas e pés. Mas pelo menos eu ainda conseguia mexer os pés.

"Ei, você pode, por favor, ir mais devagar?", eu perguntei de novo.

O paramédico apenas ficou me encarando.

"Não, sério, você pode ir mais devagar? Eu não quero entrar em outro acidente. A estrada está congelada, por favor!"

Ninguém reagiu. Eu virei o corpo de lado, empurrei a cabeça na direção do motorista e gritei com educação.

"Ei, você pode, por favor, ir mais devagar?"

Eu nunca vou esquecer a expressão no rosto do motorista. "A gente precisa levar você para o centro de trauma", o motorista gritou de volta, com respeito.

"Ah, por favor, vai mais devagar. Eu estou com medo", eu exclamei. "Eu preferia morrer aqui do que em outro acidente de carro, por favor!"

Para meu alívio, o motorista diminuiu a velocidade. Eu fiquei tão grato. As estradas estavam ruins, e eu só queria ficar seguro.

Eu conseguia sentir a ambulância desacelerando, fazendo curvas fechadas e, então, parando de repente. A porta de trás da ambulância se abriu, e os paramédicos me disseram que a gente tinha chegado.

SEGUINDO EM DIREÇÃO AO ROADHOUSE, I eu me virei para olhar para o caminhão. Eu conseguia ver os faróis da caminhonete branca Chevy, toda amassada, apontando para mim à distância. Então eu percebi que talvez eu estivesse indo na direção errada. Se eu andasse na direção oposta aos faróis, eu estaria voltando para o Roadhouse. Sim, é isso! Eu tinha a resposta. Eu estava dirigindo em direção a St. Mary's, e a lógica dizia que eu tinha que voltar pelo mesmo caminho e passar pelo caminhão para conseguir chegar de volta ao Roadhouse.

Eu passei a mão na parte de trás e no topo da minha cabeça; tinha sangue por toda parte. Eu me forcei a caminhar de volta em direção ao Roadhouse. Meus pés doíam demais. Filho da p*ta, as pedrinhas de cascalho beliscavam a sola do meu pé a cada passo que eu dava. Aquela estrada não era exatamente o melhor lugar para andar descalço; com ou sem sapatos, eu não estava em condições de caminhar para lugar nenhum.

Um pé na frente do outro. Meus braços e minhas mãos estavam pendendo para baixo. A noite estava ficando mais fria. Eu sentia que ia congelar, praticamente sem roupa, já que a maior parte das minhas roupas tinha sido rasgada, deixando várias partes do meu corpo expostas ao frio.

Talvez se eu correr, isso me aqueça, e eu tenha alguma chance de sobreviver.

"OK, vai", eu ouvi a mim mesmo dizendo. Só Deus sabe. Eu comecei a correr, mais rápido e mais rápido. Eu corri pelo que pareceu vários minutos, e ficou mais difícil recuperar o fôlego. Minhas pernas começaram a ficar fracas, e meu pé ardia. Minha barriga queimava; parecia que estava pegando fogo. A dor era insuportável, mas eu continuei. Eu não sabia o que fazer. Eu não sabia o quanto eu tinha andado nem quanto ainda faltava para chegar e conseguir ajuda no Roadhouse. Parecia que eu ainda tinha um longo caminho pela frente.

Eu continuo correndo ou diminuo e vou andando? Se eu continuar correndo, o que isso vai fazer com os meus órgãos internos? eu me perguntei. Será que eu machuquei eles naquele acidente? Ah, Deus, a dor é intensa.

De repente, eu diminui para uma caminhada. Talvez eu só estivesse sem ar. Eu queria me virar para ver os faróis do caminhão, ter certeza de que eu estava indo na direção certa e ver o quanto eu tinha avançado. Eu estava respirando muito pesado, e o vapor da minha respiração envolvia minha cabeça como se eu estivesse dentro de uma nuvem.

"Ah, Deus, me ajuda!", eu gritei. "Por favor, meu Deus. Eu estou morto ou vivo? Se eu estou vivo, então por favor não deixa eu morrer aqui. Não aqui no meio do mato, por favor, não aqui. Não nesse lugar. Deixa eu morrer em Anchorage." Eu sabia que tinha milhas pela frente, mas eu não tinha certeza de quanto tempo aquilo levaria.

Me sentindo exausto, minha cabeça começou a cair. Só tinham se passado alguns minutos desde que o caminhão capotou, mas para mim parecia que tinham se passado horas.

Eu não vi ninguém na estrada. Está todo mundo dormindo? Não parece tão tarde da noite; talvez sejam umas nove horas.

Minha cabeça continuou caindo. Olhando para cima, eu vi uma luz subindo e descendo à distância. Deve ser um carro! Deve estar vindo na minha direção. Graças a Deus eu estou indo pelo caminho certo. Ficar com os olhos fixos naquela luz me deixava ainda mais cansado; era tão difícil manter a cabeça erguida.

Minutos se passaram, e o carro nem estava perto. Ah, cara, o carro está indo na direção errada, para St. Mary's. Que beleza. Eu sabia que eu estava ferrado se eu sentasse. Tudo o que eu conseguia fazer era continuar andando, mais como mancando. Eu não conseguia olhar para cima, nem mesmo quando eu ouvi um motor ficando mais alto. Poeira subiu atrás de um veículo que freou com tudo e parou perto de mim. O homem que dirigia o carro saltou para fora, gritando: "Você está bem?"

Eu não me lembro de responder. Eu estava exausto e com dificuldade de me concentrar. Ele correu até mim, me segurou pela cintura e pelos ombros e me ajudou a entrar no banco de trás do carro. Ele bateu a porta, correu em volta, entrou e dirigiu em direção ao Roadhouse. A dor era agonizante, mas ajudava o fato de o aquecedor do carro estar me esquentando aos poucos.

Depois do que pareceu muito tempo, eu reconheci as luzes do lado direito da estrada. O bom e velho Roadhouse apareceu. Eu tinha conseguido! Pelo menos eu tinha conseguido chegar ao Roadhouse. Eu desabei numa cadeira no corredor. A próxima coisa que eu soube foi que meus colegas de trabalho estavam me encarando. Eu devia estar um espetáculo. Um policial estadual atrás de mim começou a me fazer um monte de perguntas.

"Você estava bebendo hoje à noite?", o policial perguntou.

"Não, eu só dormi ao volante", eu disse, com a voz fraca.

Eu conseguia ouvir a equipe cochichando entre si. Do que eles estavam falando? Eu conseguia ver o encanador biker, com aquele bigode e barba engraçados, falando com o Yukon. Atrás de mim, duas moças jovens que tinham acabado de entrar no prédio estavam me olhando.

"Alguém vai ter que levar ele para Bethel. Ele precisa que um de nós leve ele para o hospital", um dos trabalhadores comentou.

Quando eu olhei pelo corredor, eu conseguia ver e ouvir os trabalhadores discutindo quem deveria me levar para o hospital em Bethel, que ficava a cerca de 101 milhas aéreas a sudeste.

"Bom, eu não vou levar ele", um dos trabalhadores gritou.

Eu não conseguia acreditar no que tinha ouvido. Deve ter sido coisa da minha cabeça. Yukon veio até mim, se inclinou e sussurrou no meu ouvido.

"David, não é você. É porque a gente ficou preso em Bethel por vários meses e ninguém quer voltar para lá", ele explicou.

Eu não conseguia acreditar no que eu estava ouvindo. Mesmo que eu talvez estivesse morrendo, ninguém queria me levar para o hospital em Bethel. Isso é possível? Enojado, ali mesmo, eu soube com certeza que eu estava vivo, sem dúvida nenhuma, mas por quanto tempo ainda? A loucura que me cercava estava ecoando na minha cabeça. De praxe. Que ótimo.

"Eu não quero levar ele", outro trabalhador disse.

"Ei! Eu sei", outro colega falou. "Vamos jogar uma moeda. Quem perder tem que levar o David para Bethel."

Meu Deus! Por que não me levam lá pra fora e me jogam numa caçamba de lixo? As realidades da vida no interior eram duras e cruéis. Pelo visto, Yukon perdeu no cara ou coroa. Que azar o dele.

O tempo passou rápido, e a próxima coisa que eu soube foi que eu estava sentado no banco de trás de um Cessna 206. Alguém tinha enrolado cobertores em volta de mim. Yukon sentou na minha frente e continuou me observando enquanto dois pilotos taxiavam para decolar. O motor rugiu, e eu conseguia sentir o avião vibrar enquanto a gente corria pela pista. A próxima coisa que eu soube foi que a gente já estava no ar. Yukon sorriu para mim e me garantiu que tudo ia ficar bem. Uns trinta a quarenta minutos depois, eu finalmente conseguia ver as luzes de Bethel, que parecia uma cidade grande comparada com St. Mary's. A população de Bethel naquela época era por volta de 3.600. Tinha algumas ruas asfaltadas, incluindo um hospital. As luzes brancas, vermelhas e verdes da cidade ficaram mais brilhantes dentro do cockpit. Que visão! O avião começou a sacudir por causa da turbulência que a gente estava pegando. Para cima e para baixo, de um lado para o outro, a gente sacudia, e aquilo doía. Quanto mais perto a gente chegava de Bethel, mais intensa a minha dor ficava. Eu estava tremendo inteiro, e meus dentes batiam como se eu estivesse congelando.

"Yukon, eu acho que eu estou morrendo."

"Não, David, você não está. A gente já está quase lá. Só mais alguns minutos, vamos pousar", Yukon disse com um sorriso caloroso. Ele sempre parecia sorrir, mesmo quando estava infeliz.

"De jeito nenhum, eu não vou conseguir. De jeito nenhum", eu gritei.

A gente continuou sacudindo. A dor estava ficando cada vez mais intensa, e a dormência estava sumindo rápido. Finalmente, eu ouvi o borracha das rodas tocando a pista asfaltada do aeroporto de Bethel.

O piloto taxiou o avião até um ponto de amarração onde um táxi estava esperando por nós. Eu fui colocado no banco de trás do táxi, ao lado de dois homens bêbados, enquanto Yukon sentava na frente. O motorista do táxi parecia um pouco nervoso, mas a gente finalmente saiu e foi em direção ao hospital de Bethel. P*ta merda, o que é essa estrada? As ondulações do gelo em Bethel eram absurdas. Para cima e para baixo, a gente sacudia seguindo o contorno da estrada. Que viagem. Aquela estrada já era o suficiente para desmontar uma pessoa saudável, quanto mais alguém ferido como eu.

"Ai!", eu gritei. "Vai mais devagar!"

"Ah, meu Deus, sim. Espero que ele sobreviva", o taxista murmurou, ansioso. "Sim, vamos mais devagar."

O banco parecia duro como uma pedra. Yukon olhava para trás de vez em quando, checando se estava tudo bem, enquanto os dois bêbados ficavam cada vez mais agitados, falando alto, e às vezes até gritando. Eles estavam enrolando as palavras, então eu não conseguia entender o que estavam dizendo, mas o que eu tinha a ver com o que eles estavam dizendo? Eu estava tentando sobreviver. Eu queria que os dois calassem a boca.

Eu preciso disso como eu preciso de um buraco na cabeça, eu pensei. Isso não pode ser real.

Os dois ficavam balançando para lá e para cá, e um deles ficava batendo em mim. Que p*rra é essa? Primeiro, a estrada toda esburacada, e agora essa m*rda.* Sendo sacudido por dois bêbados desconhecidos. Só mais porcaria típica pra lidar no interior.

"Jesus Cristo! Para com isso! Para de bater em mim, seus desgraçados. O que é que tem de errado com vocês dois?", eu estava furioso, mas sem energia nenhuma para me defender, eu não tinha escolha a não ser aguentar.

Eles continuaram balançando e resmungando. Pareciam bem satisfeitos com o próprio comportamento. "Uma terra sem misericórdia." Acho que isso incluía as pessoas também. Cala a boca, vô.

A longa viagem naquela estrada cheia de ondulações finalmente terminou quando a gente chegou ao hospital de Bethel. Claro que os dois bêbados ainda estavam falando alto, rindo e batendo no meu corpo machucado, mas pelo menos o veículo tinha parado completamente.

Graças a Deus. Talvez eu consiga algum alívio. Tomara que o hospital tenha morfina. Eu não me importava com que tipo de droga fosse. Agora eu queria um monte. Inferno, eu teria tomado um punhado de qualquer coisa só para escapar desses bêbados desgraçados.

Uma cadeira de rodas chegou na parte de trás do táxi. O taxista ainda parecia bem nervoso, repreendendo os dois bêbados enquanto eu continuava preso dentro do carro. Ah, Deus, me tira daqui. A porta abriu, e eu senti o ar congelante de Bethel bater na minha pele. Eu comecei a tremer ainda mais; a dor estava ficando mais difícil de aguentar. Olhando para trás agora, eu percebo que eu devia estar saindo do choque aos poucos. Cada parte do meu corpo estava numa dor agonizante, e eu estava coberto de sangue novo e de sangue velho já seco. Quando finalmente me colocaram na cadeira de rodas e me empurraram pelas portas do hospital, eu senti um alívio. Graças a Deus, eu finalmente tinha chegado.

O hospital de Bethel parecia ser uma unidade de atendimento de tamanho razoável. Provavelmente tinha estrutura para lidar com a maioria das situações. Além disso, o aeroporto de Bethel tinha serviço de jatos.

Agora, pelo menos, eu podia pegar um avião e voltar para casa bem rápido. Logo! Ou pelo menos era o que eu achava. Eu passei pelas portas do hospital e ouvi elas se fecharem atrás de mim. Me empurraram até a recepção, onde uma enfermeira de uniforme branco me cumprimentou.

Beleza, eu pensei, pelo menos ela é bonita.

Para aguentar, eu desenvolvi um senso de humor estranho, mesmo nas situações mais brutais e sombrias. Era isso ou chorar. A enfermeira deu a volta no balcão, mediu meu pulso e minha pressão. Ela olhou para mim enquanto continuava checando meus sinais vitais.

"Você sente que vai morrer?", ela perguntou.

"Eu não sei, mas eu acho que sim."

Um momento passou, e ela me olhou de um jeito estranho. Por que diabos ela está me olhando assim? O que está acontecendo? Eu estou tão ruim assim?

Ela me olhou de novo e disse: "David, eu tenho uma notícia ruim pra você." P*ta merda, eu pensei. Eu vou morrer aqui em Bethel.

"David", a enfermeira disse, "a gente não pode te internar neste hospital."

"O quê? Eu tenho seguro", eu disse, levantando a voz.

"Eu não posso te internar porque eu não acredito que você vai morrer", ela respondeu.

"Como assim? Olha pra mim. Eu estou um lixo."

"Sim, eu sei, mas sua pressão e seu pulso parecem estáveis agora. Você vai ter que sentar ali e esperar o médico da clínica te atender."

"O quê? O que está acontecendo? Um médico da clínica? Que p*rra é essa?", eu gritei para ela.

"Ei, escuta. Não grita comigo. Este é um hospital indígena, e a menos que a gente tenha certeza de que você está prestes a morrer, a gente não pode te internar", ela explicou.

"Que diabos você está falando? A cada minuto eu fico mais perto da morte. Você quer dizer que vocês não vão me ajudar?"

"Ei, não reclama comigo. Escreve pro seu congressista", ela disse calmamente. "Agora, vamos colocar você ali pra esperar o médico da clínica." Cara, ela ficou feia rápido.

Primeiro, o cara ou coroa. Agora isso? Eu não consigo ajuda. O que aconteceu com os direitos humanos básicos? Mesmo nesse estado, eu não consigo ajuda neste hospital. Acho que eu não tenho sangue suficiente em mim.

Eu fiquei sentado naquela cadeira de plástico desconfortável por um tempão, esperando o médico. Quero dizer, deve ter sido pelo menos duas horas. Acredite, minha cabeça não estava me enganando; tinha um relógio bem visível na minha frente. Pelo amor de Cristo, ninguém me limpou. Eu ainda estava sangrando, e o sangue estava atravessando as faixas na minha cabeça e no meu ombro. Conforme o sangue secava, parte dele se soltava e caía no carpete.

Finalmente, eu vi um homem com um rosto bondoso vindo na minha direção. Era o médico da clínica. Eles me levaram para outra área dentro do mesmo hospital, onde o médico tentou me consertar da melhor forma possível com as ferramentas limitadas que tinha. Ele deu alguns pontos pela minha cabeça e enrolou minha cabeça como se eu fosse uma múmia. Eu não consigo me lembrar do que mais ele fez por mim. Tenho certeza de que ele me limpou um pouco, tirando o sangue seco o melhor que conseguiu do meu rosto, mãos e pernas. Ele me deu alguns comprimidos para dor e depois me mandou embora para um quarto de hotel, onde eu tive que esperar pelo primeiro voo saindo de Bethel. O remédio não chegou nem perto de controlar a dor. A mensagem da equipe foi alta e clara: fui eu quem perdeu no cara ou coroa.

CAPÍTULO 12

Suor Frio

M*exe pra cá", disse o técnico de raio X.*

Eu estava vestindo uma camisola hospitalar unissex, sem sapatos nem meias. O chão estava frio. Eu tive que ficar em pé enquanto eles tiravam as imagens do meu tórax.

Enquanto eu ficava de pé, eu usava a mão direita para manter minha cabeça erguida. Eu falei isso para a equipe. Eles disseram para eu não me preocupar e que iam tirar radiografias do meu pescoço assim que terminassem de tirar as imagens do meu tórax.

"Onde eu estou?", eu perguntei para a pessoa que estava me ajudando. "Eu estou no hospital?"

"Não, isso é em Kamloops", ele disse. "A gente vai te levar pra lá assim que terminar aqui."

Eu disse para ele que eu estava com frio. Ele trouxe outro cobertor e eu adormeci. Quando eu acordei, eu estava deitado numa cama, com o meu braço e a minha mão esquerda engessados e elevados acima do meu estômago. Quando eu movi os olhos ao redor, eu conseguia ver outras pessoas deitadas em algo que pareciam camas de hospital na minha frente. Mesmo estando ligado a um soro, eu ainda estava lutando para respirar, continuava com muita dor e me sentia extremamente cansado. Quando eu virei os olhos para a direita, eu vi uma enfermeira em pé ao meu lado. Ela olhou para mim e disse que ia ficar tudo bem.

"O que aconteceu com a minha mão?", eu perguntei.

"Eles tiveram que fazer uma cirurgia reconstrutiva", ela disse.

Depois de confirmar que eu estava em Kamloops, no Canadá, no Royal Inland Hospital, eu disse para a enfermeira que eu não conseguia mexer a cabeça. "Eu simplesmente não consigo", eu disse.

Ela me aconselhou que o médico entraria em breve para conversar comigo sobre os meus ferimentos.

A MANHÃ FINALMENTE CHEGO. Yukon Yukon me ajudou a sair da cadeira. Depois, esperamos no saguão um táxi vir nos buscar e nos levar até o Aeroporto de Bethel. A dor da noite anterior continuava intensa, e o sangue e as ataduras encharcadas me deixavam ainda mais desconfortável. Cansado e com dor, meus pensamentos estavam completamente confusos.

O ar frio me atingiu como uma tonelada de tijolos quando saímos do hotel em direção ao táxi. Nossa, está congelando. Está frio demais pra mim. Eu fui até o carro e tudo o que eu conseguia ver era neve e gelo.

"Vai ficar tudo bem", Yukon disse, com aquele sorriso de sempre.

Duvido que vá ficar tudo bem, eu pensei, principalmente se eu tiver que entrar naquele táxi e encarar uma viagem longa e miserável de volta ao aeroporto.

A estrada era esburacada o suficiente pra acabar com uma pessoa saudável. Yukon abriu a porta de trás e, para meu alívio, eu fiquei com todo o banco traseiro só pra mim. O motorista não estava com pressa, então a viagem não foi tão ruim, e não tinha nenhum bêbado pra me sacudir. Yukon foi gentil o bastante para ficar e me ver embarcar no avião para o meu voo de volta pra casa. Eu sempre tive grande respeito pelo Yukon e sempre vou ser grato pelo que ele fez por mim.

Por fim, eu embarquei. Eu tive dificuldade para me ajeitar no assento e colocar o cinto de segurança. Eu fiquei agradecido por ter os comprimidos para dor, embora eu quisesse que fosse morfina ou algum outro remédio mais pesado. A essa altura, eu teria adorado apagar; teria sido ótimo.

Os motores de turbina aumentaram a rotação e ficaram prontos para a decolagem. Eu conseguia sentir a vibração do avião quando ele saiu da pista. Eu estava a caminho de casa.

A dor era inacreditável, mas talvez agora eu tivesse uma chance de conseguir morfina, qualquer coisa para a dor. Exausto por causa de toda aquela provação, eu não conseguia dormir no avião por algum motivo.

Eu continuava me perguntando: por que a minha vida estava tão de cabeça pra baixo? Eu examinava a minha vida, tanto as conquistas quanto os fracassos. Naquele ponto, eu tinha só dezoito anos e já me sentia velho e acabado.

Eu sei que o "bush" é bonito e um modo de vida para muita gente, mas é uma vida dura. E eu não achava que eu fosse forte o bastante para aguentar mais. Eu tenho um respeito enorme por quem vive nessas condições. Mas, se eu puder escolher, eu fico com as pequenas coisas: atendimento médico de emergência e um mínimo de conforto, em vez de viver isolado, qualquer dia. Talvez seja só eu, mas eu acho que qualquer pessoa ficaria furiosa se lhe negassem atendimento médico, seja qual for o motivo.

Será que eu vou sempre me sentir preso num lugar em que eu não quero estar e que nunca pretendo chamar de lar? É assim que vai ser para sempre? Se eu tiver a sorte de ter filhos, será que eu vou perder a maior parte da vida deles por causa do trabalho? Eles vão ser expostos a esse tipo de vida? Eu sabia que precisava mudar, mas na época eu não fazia ideia de como. Sem falar que eu estava machucado, o que me deixava mais lento.

Era difícil pensar.

Eu estava esgotado. Eu preciso tentar dormir. Drogas, eu preciso de mais drogas.

As rodas do avião chiaram ao tocar o asfalto do Aeroporto Internacional de Anchorage. Ao sair do avião, eu comecei a perder a fé na humanidade. Era incompreensível passar por tamanha humilhação e um comportamento tão vergonhoso. Mesmo sabendo que a maioria das pessoas é boa, presenciar a crueza do que seres humanos são capazes de fazer já é difícil o bastante — ainda mais estando ferido. Eu estava furioso com tudo aquilo. Eu não disse nada ao meu padrasto até entrarmos no carro dele.

"Você podia ter morrido", meu padrasto disse quando me viu.

Exausto, eu respondi: "E daí? Que diferença isso faria?"

Eu nunca contei a ele o que tinha acontecido comigo, porque eu sabia que ele não queria ouvir. Ele já estava lidando com os próprios problemas, e agora os meus ferimentos tinham virado mais um peso para carregar.

Só mais tarde eu soube, pelo taxista que me pegou, que eu estava andando na direção errada, me afastando do Roadhouse. Ótimo, eu pensei. Como diabos eu sobrevivi a isso? Alguém lá em cima devia estar pregando uma pegadinha doentia comigo.

Por fim, eu fui ao médico. As radiografias da minha lombar mostraram uma pequena fratura. Como lesão de jogador de futebol americano, ele disse, era só uma fissura fina em algum ponto da parte de baixo das costas. "Você vai sarar e se recuperar desse ferimento."

Meu ombro direito estava cheio de cascalho por eu ter deslizado pela estrada de terra. A carne tinha sido esfolada quase até o osso, deixando uma ferida circular de uns cinco centímetros. Não havia nada que o médico pudesse fazer, a menos que eu quisesse um enxerto de pele — ou seja, tirar pele do traseiro e enxertar na área aberta — e ele avisou que isso seria muito mais doloroso do que estava sendo agora.

"Nem pensar", eu disse.

A única coisa que eles podiam fazer era me enfaixar. Duas vezes por dia, eu tinha que arrancar a gaze encharcada de sangue, limpar e colocar uma gaze nova.

Além disso, eu tinha torcido gravemente o tornozelo direito. "Teria sido melhor se você tivesse quebrado. É muito mais fácil de sarar", o médico disse. "Vamos imobilizar com uma tala e você vai ficar um tempo de muletas."

A recuperação era excruciante porque, toda vez que eles arrancavam a gaze de mim e borrifavam água oxigenada, eu tinha que sair pulando pela casa de dor. Nada divertido.

Nesse período, meu padrasto estava trabalhando em várias unidades do HUD na região de Iliamna. Eu não ligava uma coisa à outra quando ele falava das vilas em Iliamna. Era a área para onde a gente voava para pescarias e caçadas particulares, quando nos mudamos para o Alasca. Naquela época, eu não fazia ideia de que existiam vilas nativas naquela região.

Meu padrasto estava passando por um momento difícil e decidiu construir no começo do inverno. Construir no inverno é extremamente arriscado, especialmente em vilas remotas.

Naquela época, eu ouvia várias histórias sobre o mau tempo e o moral baixo. Ele precisava de ajuda, então, pouco mais de uma semana depois do meu acidente, eu comecei a trabalhar no Aeroporto Internacional de Anchorage. Mancando, com o tornozelo torcido e um buraco no ombro, eu separava materiais para os trabalhos, contando madeira e outros materiais de construção necessários para aqueles projetos.

Ah, ótimo, eu ficava pensando. Que porra é essa? Eu nem comecei a me recuperar e já tenho que trabalhar — mas eu amava aquele homem; eu queria desesperadamente ajudar.

Numa noite, deitado na cama, eu ouvi meu padrasto dizendo que alguém tinha morrido e que ele precisava transportar o corpo de avião, de Anchorage para Kotzebue. Um dos pilotos disse a ele que, quando você voa com um corpo num avião em grande altitude, dá para ouvir o corpo gemer e ranger, porque os pulmões expandem e contraem conforme o avião muda de altitude.

Um dia, no trabalho, meu tio se aproximou de mim e disse que a gente precisava fazer uma coisa. Ele não me disse o que era. Quando saímos do hangar, eu vi o bimotor 402 do meu padrasto parado no pátio. Nós fomos em direção ao avião.

"O que está acontecendo?", eu perguntei.

Ele me disse que a gente tinha que carregar um avião. Não havia caixas ao redor da aeronave, nem nada à vista, então eu perguntei de novo. O que a gente vai carregar? Ele olhou para mim e então me informou que a gente tinha que esperar uma funerária, porque íamos ajudar a colocar um caixão dentro do avião.

"Que porra!", eu exclamei. "Eu não quero ter nada a ver com isso."

No instante seguinte, um carro funerário chegou e deu ré até parar perto da porta do avião. Dois senhores de terno saíram, abriram a parte de trás e começaram a deslizar um caixão para fora. Meu tio e eu ficamos apavorados. Nós ficamos de um lado do caixão, os outros dois homens do outro, e carregamos o caixão até o avião.

Meu tio me olhou sério para acalmar meus nervos. "Relaxa, é a coisa mais limpa que você encostou hoje o dia inteiro", ele disse.

Eu tenho quase certeza de que ele estava tão nervoso quanto eu e estava tentando aliviar a tensão. Quando levantamos o caixão para deslizar entre as portas duplas, a tarefa ficou ainda mais estressante quando ele não passava. A gente tentou várias vezes, mas não entrava. Só havia um jeito de ele caber. O agente funerário, nervoso, instruiu a gente a inclinar o caixão de lado.

Quando giramos o caixão de lado, a gente conseguia sentir e ouvir o corpo quicando dentro da caixa enquanto empurrávamos e puxávamos para colocar aquilo no avião. Levou um tempo para fazer o caixão passar pelas portas e entrar. Depois que finalmente conseguimos colocar o caixão dentro da aeronave e na posição, tivemos que girá-lo para deixá-lo do lado certo. Meu Deus, eu me senti tão mal quando o corpo tombou de volta. Aquilo foi traumático para todo mundo, inclusive para os dois agentes. Eu vi o agente principal começar a suar frio. O chefe pegou um lenço branco para enxugar a testa antes de abrir o caixão de novo, endireitar o corpo e retocar a maquiagem. Aquilo me abalou. Deu um novo sentido à expressão "caixão voador".

Depois de tudo o que eu tinha passado, eu pensei que podia ter sido eu dentro daquela caixa, sendo jogado de um lado para o outro. Caramba, isso é loucura. Eu senti que estava perdendo a cabeça. Aí eu pensei: quando eles pousarem, vão ter que tirar o caixão do mesmo jeito que colocaram. Jesus Cristo, vão ter que endireitar o corpo e arrumar a maquiagem de novo. Até onde eu sei, o corpo chegou ao destino, mas eu precisava seguir em frente com aquilo e com o resto de tudo o que eu tinha vivido. Eu voltei direto ao trabalho, tentando enterrar isso bem fundo e não deixar destruir a minha vida.

O tempo passou muito devagar, mas não podia ter sido mais do que algumas semanas até meu padrasto vir falar comigo.

"Eu achei o Dirty Harry", ele disse. "Eu preciso que você vá comigo caçar ele."

Dirty Harry era o apelido de um urso pardo enorme que ele queria caçar havia anos. Para ele, esse era o "grandão" dos ursos, e ele queria esse bicho.

"Do que você está falando?", eu perguntei. "Mesmo trabalhando, eu mal consigo funcionar."

"A gente precisa pegar ele", ele insistiu, antes de sair do meu quarto.

Que diabos eu vou fazer? Isso é uma piada? Estão esperando que eu vá caçar agora? Isso é loucura.

Eu entrei em choque e fiquei muito deprimido. Que tipo de vida eu tenho?

Eu continuava me perguntando. Eu me sentia como se o universo inteiro odiasse a minha existência.

CAPÍTULO 13
Passagem de Lake Clark

Quando eu abri os olhos lentamente, vi uma pessoa de jaleco branco parada ao meu lado esquerdo.

"Olá, eu sou o seu médico", ele disse.

Ainda sem conseguir virar a cabeça, eu tive que mover os olhos para fora, para baixo e para a minha mão esquerda.

"O que aconteceu com a minha mão?"

"Você estilhaçou ela, e eu tive que colar os ossos de volta e colocar alguns pinos", ele respondeu.

Eu disse a ele que eu estava com dificuldade para respirar.

"Sim, e vai ser assim por um bom tempo, porque você quebrou as costelas."

"Quantas costelas eu quebrei?"

Ele disse que, como havia tantas costelas quebradas, eles nem contaram. Meu Deus. Isso não é bom!

Ele também me disse que eu tinha esmagado as duas panturrilhas e lacerado o fígado. Eu mencionei que eu não conseguia mexer a cabeça direito.

"São necessárias duas mãos para mexer minha cabeça de um lado para o outro", eu expliquei.

"Bem, isso é porque você sofreu um acidente automobilístico de altíssimo impacto", ele disse, aparentemente sem muita preocupação.

Eu lembrei a ele que eu tinha estado no outro hospital, e ele disse: "Sim, aquele foi o centro de trauma para onde você foi enviado primeiro, e eles fizeram radiografias do seu pescoço, e estava tudo OK."

Que porra? eu me perguntei depois que o médico saiu.

Eu ficava me perguntando se algum dia eu iria me recuperar totalmente disso e, se sim, o que eu faria para viver. Sob muito estresse e ainda com dor também, eu finalmente pedi mais morfina. Quando fechei os olhos, eu consegui ver um vislumbre de uma estrada escura à frente e um trailer gigante deslizando de lado em minha direção.

MEU PADRASTO PLANEJOU to nos levar de avião até o lodge de caça perto do Lago Iliamna, no mesmo Cessna 185 branco e verde com flutuadores que ele usava ao norte do Círculo Polar Ártico. A próxima coisa que eu sabia é que, em um dia ou dois depois de ele me dizer que nós iríamos caçar, ele já tinha carregado o avião e estava esperando o tempo abrir. Ele havia removido os flutuadores e convertido a aeronave para taildragger, permitindo decolar e pousar em terrenos acidentados.

Eu me lembro do meu padrasto falando comigo sobre como tinha instalado pneus maiores no 185 para que pudesse pousar na areia e em várias outras superfícies, e como havia levantado a hélice, deixando-a mais alta em relação ao chão. Por causa do terreno bruto, é crucial manter a hélice mais distante do solo, já que, às vezes, ela pode tocar o chão durante a decolagem ou o pouso, danificando as pás. Ser resgatado no meio do nada poderia levar muito tempo — se é que aconteceria — por conta de problemas mecânicos ou algum outro imprevisto, e isso poderia ser a diferença entre a vida e a morte. Busca e salvamento teria que voar pelos mesmos vales e pelo mesmo clima que você acabou de enfrentar, e talvez tivesse que adiar a busca por horas ou dias até o tempo melhorar.

Nosso destino de voo seria longo e arriscado nessa época do ano devido às condições imprevisíveis. Nós iríamos atravessar o acidentado e montanhoso Lake Clark Pass, um dos passes mais perigosos nessa época. Ele fica a 284 milhas a sudoeste de Anchorage, na Península do Alasca, e é o portal para o Parque Nacional e Reserva de Katmai. Essa região é um dos melhores lugares do Alasca para observar ursos-grizzly em seu habitat natural. E era ali que ficava a casa do Dirty Harry.

No dia em que iríamos voar até o destino, estava frio, nublado e chovendo, com ventos fortes e rajadas, o que me deixou muito nervoso.

Ah, ótimo... aqui estou eu, tentando me recuperar do meu acidente com uma ferida aberta, e a gente vai voar no começo do inverno por um passo de montanha perigoso que provavelmente vai ter turbulência moderada a severa. Agora eu vou ficar sendo sacudido dentro de um avião.

E, além disso, ainda estávamos tentando determinar se o passe estaria aberto quando chegássemos à entrada, porque o tempo poderia piorar e fechá-lo. Passes podem ser traiçoeiros porque podem se fechar rápido durante o seu voo. Nuvens podem bloquear de repente a sua visão das montanhas e de todo o vale, desorientando pilotos e, às vezes, fazendo com que acabem voando contra as montanhas. E não é só nuvem: podem acontecer whiteouts, o que significa que a neve fica tão densa que você não enxerga o que está à frente, causando os mesmos efeitos da cobertura de nuvens. Neve ou granizo pode grudar facilmente no topo das asas, na hélice e em outras superfícies, acumulando gelo que reduz a sustentação e faz o avião entrar em estol. Em outras palavras: o avião cai do céu. Acúmulo de gelo na hélice, que gira, pode causar vibração no motor e reduzir potência. Para nossa sorte, o avião do meu padrasto tinha equipamento de degelo na borda de ataque das asas e na hélice, mas isso não era garantia de sobrevivência.

Outro elemento perigoso são os ventos fortes, especialmente as correntes ascendentes e descendentes que se desprendem das montanhas. Na aproximação para pouso, pilotos já bateram com tudo na pista por causa de downdrafts extremos vindos das montanhas ao redor.

É... então havia muitos motivos para estar nervoso com esse voo.

No Alasca, acidentes aéreos fatais ultrapassam a média nacional. Pilotos precisam avaliar constantemente o clima e o terreno, ficar atentos a outras aeronaves na área e monitorar o voo: combustível, temperatura do motor, pressão do óleo, RPM e áreas de pouso de emergência. Também precisam considerar a segurança das pessoas a bordo e ter um plano de saída caso o tempo feche.

Pilotos deveriam deixar o ego no chão antes de entrar num avião. Como meu instrutor de voo sempre me dizia: "Na dúvida, não vá." Ele tinha esse bilhete colado em todos os painéis das aeronaves dele.

Durante aquele voo, eu tentei tirar minha mente das preocupações lembrando de quando atravessávamos o Lake Clark Pass quando eu era mais novo para ir pescar e caçar na região de Iliamna. Eu pensava nos bons tempos, pescando salmão, truta, dolly varden e grayling.

Antes de ir pescar ou caçar, a gente normalmente preparava o avião na noite anterior, carregando o equipamento e checando o motor. Eu tinha o privilégio de abastecer o avião usando a bomba manual. O 185 levava aproximadamente oitenta galões, ou 480 libras, de combustível. Eu tinha que puxar e empurrar a alavanca vinte e cinco ciclos para cada cinco galões. Um ciclo é puxar a alça para baixo e empurrar de volta para cima. Levava cerca de 425 ciclos para encher o avião. Academia? Que academia? Eu tinha meu próprio centro de treino ao ar livre. Às vezes eu lavava e encerava o avião, inclusive a parte de baixo; eu deitava de costas e limpava a fuligem escura e arenosa do escapamento do motor. Isso levava um bom tempo e muita força no braço para remover aquela sujeira. Eu usava um produto especial que cortava aquela fuligem grudenta. Eu não lembro o nome, mas eu gostava de usar porque tinha cheiro de chiclete. Depois, eu encerava todo o fundo do avião. Além de limpar, eu ajudava em tarefas de manutenção e de pré-voo, incluindo checar o combustível para ver se tinha água, inspecionar o óleo e drenar água dos flutuadores. Os flutuadores estavam em excelente estado, então quase não havia água para tirar. Era um avião maravilhoso.

Na manhã seguinte, a gente levantava às 3:00 e decolava às 5:00, vendo o sol nascer sobre as montanhas Chugach — algo incrível. A gente morava na base dessas montanhas, em Anchorage. Num dia claro, tínhamos uma vista de 360 graus das cadeias de montanhas ao redor. Ao sudoeste, dava para ver o começo do passe que iríamos atravessar. E, olhando para o norte, dava para ver as montanhas que levam até o Mount McKinley, que foi renomeado como Mount Denali e agora voltou a ser Mount McKinley.

Localizado a aproximadamente 240 milhas ao norte de Anchorage, fica o pico mais alto da América do Norte, com 20.310 pés acima do nível do mar. A gente morava num morro, a uns 700 pés acima da cidade, o que era ótimo porque permitia observar os padrões climáticos de um ponto mais alto.

Na minha opinião, Lake Clark Pass é uma das áreas mais bonitas do Alasca e talvez a região de pesca e caça mais produtiva do estado. A entrada do passe fica a cerca de 120 milhas aéreas a sudoeste de Anchorage, e o passe em si tem em torno de setenta milhas.

O terreno acidentado inclui montanhas como Mount Redoubt, Mount Iliamna e Mount Spurr, todas acima de 10.000 pés. Muitas montanhas mantêm neve o verão todo, inclusive diversas geleiras. Algumas geleiras têm um tom azul profundo; outras têm um aspecto sujo e escuro, causado por detritos de rocha que descem pela geleira em faixas.

Quando o sol está forte e não há uma nuvem no céu, o Alasca é um dos lugares mais incríveis que você pode ver na vida. É difícil acreditar quando você voa por ali e vê os picos e vales, como o sol ilumina tudo e as cores aparecem com força. É celestial e faz você se sentir tão bem por estar vivo, animado com o que o dia pode oferecer.

Meu padrasto gostava de voar alto no Lake Clark Pass. O esplendor da natureza — toda aquela beleza, montanhas serrilhadas com neve, vales, cachoeiras e rios — tira o fôlego. Você vê a criação e a natureza no seu melhor.

Perto do final do passe, o primeiro dos lagos maiores sobre o qual voamos é o Lake Clark, com quarenta milhas de comprimento, encravado no vale entre as montanhas. Ele fica a cerca de trinta milhas ao norte do Lago Iliamna e a umas 100 milhas a sudoeste de Anchorage.

Depois de passar o Lake Clark e atravessar o passe, o próximo lago é o Lago Iliamna, o maior do Alasca e o sétimo maior dos Estados Unidos. Ele tem cerca de 1.000 milhas quadradas, 77 milhas de comprimento, 22 de largura e profundidade de 988 pés. Eu via aquilo como um marco: eu sabia que, em breve, estaríamos pescando nos rios. O Lago Iliamna produz os maiores retornos de salmão sockeye, mais do que qualquer lago do mundo.

Quando chegávamos a um dos grandes rios, víamos uma das cenas mais impressionantes da criação de Deus. Com o sol forte atravessando as janelas do avião, voando a 300 ou 500 pés acima do rio, dava para ver fileiras e mais fileiras de salmões grandes, dos dois lados do rio. Ver milhões de salmões subindo os rios para desovar é um espetáculo do caralho.

A gente fazia círculos procurando um ponto de pouso no rio. Ao pousar em rios, o piloto precisa estar alerta para troncos: bater em um pode transformar um ótimo dia num dia péssimo. Nós voávamos ao redor algumas vezes para procurar animais grandes e verificar se havia ursos na área. Naquela ocasião, avistamos um urso rio abaixo, então o truque era pousar um pouco mais longe dele. Mesmo pousando mais distante dos ursos vistos, eles ainda conseguem andar até quarenta milhas por dia, então você precisa estar sempre em guarda. Por isso, no Alasca é obrigatório ter uma arma para sua segurança. A gente geralmente carregava um .300 Magnum ou um rifle .458. Sempre queríamos algo grande e potente para proteção, mesmo indo só pescar, não caçar. Acredite: não é esporte, é defesa.

Eu sempre torcia para que os animais não aparecessem no nosso ponto e tentassem roubar nossos peixes ou atacar. A gente tinha que ter cuidado com a vida selvagem porque pescava no território deles. Além de ursos, também precisava ficar atento a um alce grande ou a um bando de caribus entrando na área. Eles podem estar com filhotes, o que os deixa mais perigosos. E você pode até topar com um wolverine. Aqueles bichos são cruéis e podem te rasgar inteiro. Mas, mesmo com esses riscos, era muito divertido — especialmente sabendo que você pegaria muito salmão.

Para pescar salmão, você precisa do equipamento certo. Salmões são grandes e podem pesar até cinquenta libras, dependendo da espécie. Sockeye ou pink pesam de quatro a dezoito libras. E é bem mais difícil pescar em rios grandes, de corrente forte. Você tem que considerar a força extra da corrente que o salmão usa para escapar. Esse é um dos motivos para usar varas e molinetes de alta qualidade, reforçados. Os baratos quebram, e você não quer que isso aconteça no meio do nada.

Normalmente, eu usava linha monofilamento de dezoito libras para salmão. Era a medida certa para mim. Se eu usasse uma linha mais leve, perdia muitas iscas porque a linha arrebentava em troncos ou pedras. Por outro lado, se eu usasse uma linha mais pesada, vinte libras ou mais, eu não conseguia arremessar tão longe quanto gostava, e isso me frustrava.

Me incomodava ver gente usando linhas mais grossas e iscas maiores. Eu achava aquilo injusto com o peixe. Qual era a graça? A gente chamava esse tipo de pescador de "meat fisher". A pessoa só quer a carne, não se importa com o peixe e com o estrago que pode causar se fisgar ele errado. Infelizmente, eu vi isso muitas vezes.

As iscas que eu mais gostava de usar, inclusive para grayling, eram as daredevils vermelhas e brancas bem chamativas de um lado. A outra isca que eu queria usar era uma pixie cromada brilhante, com uma faixa vermelha, rosa ou verde no meio, que parece ovas de truta. Dependendo de onde pescávamos ou do que estávamos pescando, não era permitido usar ovas reais de salmão ou truta para pegar certos peixes. Era contra a lei.

Meu padrasto sempre respeitou a fiscalização quando o assunto era pesca e vida selvagem. A gente sempre seguia a lei e andava com licença de pesca válida, caso Fish and Game pedisse para ver. Ele me ensinou que eles são um grupo incrível de pessoas que viaja pelo estado garantindo que todo mundo faça o certo em relação aos animais. E eles estavam em todo lugar. Você acha que está no meio do nada, sem ninguém por quilômetros... pensa de novo: um agente pode aparecer do nada, em qualquer lugar.

Meu padrasto era muito consciente como conservacionista. Ele me ensinou os benefícios do "pega e solta". Ele sempre dizia que, se você soltar o peixe, pode pegar de novo no futuro, ou outra pessoa pode. Se as pessoas continuarem capturando sem soltar, não vai sobrar peixe nenhum.

"Não desperdice carne: coma tudo ou doe para bancos de alimentos", ele dizia.

Os salmões que a gente ia pegar seriam consumidos, então, dessa vez, estava tudo bem ficar com o limite permitido.

A maioria das pessoas usava waders de borracha, impermeáveis, até o quadril, para pescar nos rios e lagos. Isso permitia entrar na água e escapar dos arbustos e árvores que cercam muitos cursos d'água. Waders são essenciais, especialmente num avião com flutuadores, para você subir e descer dos flutuadores até a margem sem molhar os pés. O bom dessas botas é que você pode enrolá-las para baixo, abaixo do joelho, enquanto está no avião ou no barco e, quando precisa, enrola de volta até o quadril e prende no cinto. Eu nunca tive waders isolados, mas às vezes eu queria ter, por causa da água gelada. Quando você fica horas dentro da água, é difícil se manter aquecido.

Outro perigo é que, se você entrar fundo demais num rio de corrente forte, pode perder o apoio e ser arrastado. Se as botas enchem de água, a chance de afogar aumenta muito, então você precisa ter cuidado. Quando nos mudamos para o Alasca, eu aprendi isso na pele na minha primeira caçada de gansos perto de uma cidadezinha chamada Yakutat, a cerca de 370 milhas a sudeste de Anchorage, no início do Panhandle. É uma região cheia de ursos, areia movediça e rios glaciais.

Meu padrasto tinha abatido um ganso que caiu a uns cinquenta metros. Ele teve que me deixar sozinho por alguns minutos para buscar o ganso dele e me disse para não me mover. Enquanto isso, gansos pousaram no rio glacial de correnteza rápida ao meu lado. Eu atirei e acertei um ganso, mas não matei. O rio empurrou o ganso para um banco de areia a uns quinze metros à minha frente, onde ele ficou se debatendo. Eu estava tão orgulhoso do meu tiro e não queria que o ganso voltasse para o rio — porque eu perderia ele — que eu, estupidamente, decidi entrar no rio correndo. E ele era muito mais fundo do que eu tinha imaginado.

Eu escorreguei no rio gelado e minhas botas encheram imediatamente. Eu lutei para manter a cabeça fora da água, mas minha cabeça submergiu várias vezes. Eu usei minha espingarda .410 novinha para não me afogar, para me apoiar e conseguir me arrastar para fora do rio — chegando no banco de areia por um triz. Eu perdi a espingarda e fiquei deitado de costas, agradecendo a Deus por ter sobrevivido. Eu tinha chegado o mais perto possível de me afogar ou morrer de hipotermia. Com onze anos, eu tive que refletir sobre minha atitude tola e ignorante que me colocou em risco. Orgulho. Foi orgulho que quase me custou a vida.

Quando meu padrasto voltou com o ganso dele, ele me viu encharcado e congelando, deitado no banco de areia perto do ganso que eu tinha abatido. Agora a gente precisava voltar para a margem principal. Eu caminhei atrás dele, segurando o cinto dele enquanto atravessávamos aquele rio gelado. A água subia quase até o topo dos waders dele enquanto a gente escorregava nas pedras no fundo. Era uma situação arriscada. Ele não levantou a voz; eu via que ele estava chateado, mas não demonstrou emoção. Tendo aprendido cedo a lição da autopreservação, eu aprendi a tomar cuidado.

Pescar aqueles salmões grandes num rio de corrente forte era empolgante. Todo mundo estava pegando peixe, e a gente pegava um atrás do outro. Logo todo mundo bateu o limite permitido, então continuamos pescando e soltando ao longo da manhã. Era engraçado porque havia tanto salmão que, quando você recolhia a isca, dava para sentir ela batendo em cima dos peixes.

Felizmente, eu só fisguei um ou dois salmões "de lado" naquele dia. Eu não gosto de fisgar assim porque, se a isca entra na lateral do peixe, pode ser difícil tirar sem machucar. Eu não gostava de ferir o peixe, especialmente se a gente fosse devolvê-lo à água.

Quando todo mundo já tinha se divertido o suficiente, a gente decolava e voava para outro lugar por outro passe cercado por montanhas grandes e irregulares. Ele pousava perto da entrada de um lago, conhecido por aquele brilho azul gelado, que ele sabia estar cheio de dolly varden e trutas. Para esses peixes menores, eu preferia usar linha de oito libras, mas muitas vezes eu usava seis. Me desafiar a tirar o peixe sem arrebentar a linha era divertido.

Em uma dessas viagens, a gente viu um porco-espinho perto da foz do rio. Eu fiquei de olho nele enquanto pescava. Ele tinha um corpo grande e parecia uma bola redonda e pontuda. Eu sei que machos podem pesar até trinta libras, e aquele ali pesava mais. Eu via os espinhos grandes e afiados, o que me surpreendeu porque eu achava que eram menores. Ele ficava andando na grama e na margem, bem perto de nós. Não parecia nem um pouco preocupado com humanos no habitat dele. Foi muito legal ver um tão de perto.

Eu caminhei sozinho cerca de vinte metros para longe da foz e arremessei na direção do lago, e não demorou para todo mundo começar a pegar peixe. Parecia que todo mundo estava pegando dolly varden. A galera gritava animada: "Fish on!" Bem satisfeito, eu fiquei com um desses peixes e soltei o resto no lago. E por quê? Porque meu objetivo era pegar um grayling grande. Era isso que eu queria, e eu sabia que ainda tínhamos mais um ponto para voar que era cheio de grayling e truta. Eu não lembro quanto tempo ficamos naquele lago, mas parece que só tinham se passado trinta minutos quando todo mundo já pulou de volta no avião para o próximo destino.

Quando decolamos, eu não pude deixar de pensar em como aquela área era linda e como o terreno era diverso, com a mistura de rios, montanhas, árvores e planícies. Que época incrível para estar vivo. A gente ganhou altitude e estabilizou. Ao atravessar o passe, vimos montanhas furando acima da nossa altura de voo. Meu palpite é que não estávamos mais do que 1.000 pés acima do chão. Quando saímos do passe, não demorou para vermos o rio onde iríamos pousar.

Depois de pegar o equipamento de pesca, a gente caminhou um pouco entre as árvores seguindo uma curva do rio para a esquerda. Eu estava pronto e com o equipamento certo já montado, e, para minha enorme empolgação, graylings e trutas estavam saltando por todo o rio. Eu peguei algumas trutas, mas não eram as grandes que eu queria. Trutas grandes no Alasca podem chegar a vinte libras, mas aquelas tinham doze a quinze. Eu decidi não ficar com nenhuma porque eu sabia que voltaria algum dia, então devolvi todas. Outras pessoas estavam pegando trutas maiores do que as minhas, mas eu não desanimei, porque eu estava atrás de um grayling grande.

O grayling, que pode chegar a vinte e quatro polegadas e por volta de cinco libras, é provavelmente um dos meus peixes favoritos, além da truta, porque ele salta, tem uma nadadeira dorsal grande e bonita e é divertido demais de pescar. E, claro, grayling também é muito bom de comer.

Eu continuei arremessando onde eles estavam saltando. Finalmente, eu comecei a pegar grayling. Os dois primeiros eram considerados pequenos, mas ainda eram maiores do que os que eu tinha pegado perto de Anchorage e no lago da cabana. Eu ia devolvendo, esperando um maior. Aí, por fim, um grande e bom bateu na minha linha. Ele era saltador, se debatendo por cima da água, então era difícil manter a linha esticada. Quando eu trouxe ele, eu vi que era o maior grayling que eu já tinha pegado até então — umas três libras, dezesseis a dezoito polegadas. Não era tão grande quanto eu já tinha visto meu padrasto pegar, mas, de qualquer forma, eu amei pegar aquele peixe, então eu fiquei com ele.

Eu gostava de lembrar desses tempos incríveis pescando nos lagos, mas agora era inverno, eu estava ferido, e estávamos indo atrás do Dirty Harry. Quando a gente entrou no avião e começou a afivelar os cintos, meu padrasto virou para mim e disse que precisávamos usar os cintos de ombro. Isso me chocou. Depois de tantos anos voando com ele, ele nunca tinha me dito para usar o cinto de ombro antes. Esse voo não seria divertido — nem de perto. Ele era um excelente piloto de bush e sabia o que estava fazendo; eu confiava totalmente nele. Mesmo assim, eu estava um caco de nervos.

Ele ligou o motor e checou todos os controles enquanto taxiávamos para a pista pavimentada. Eu notei que o avião estava muito mais alto do que antes por causa daqueles pneus grandes de tundra que ele tinha instalado. Quando decolamos e eu olhei para o trem de pouso, eu vi que, por causa do peso daqueles pneus, o trem parecia estar bem mais "cedido", mais baixo. Como eu nunca tinha visto aqueles pneus antes, eu só pensava: *Nossa, esses pneus são grandes e pesados.* Eu fiquei feliz que ele tivesse colocado aquilo para o tipo de voo que ele queria fazer no mato.

Conforme ganhamos altitude, estava relativamente suave. Não estava tão turbulento até a gente se aproximar da entrada do Lake Clark Pass. Havia algumas pancadas de neve do lado esquerdo da aeronave, mas não muito diretamente à frente. Os topos dos picos estavam cobertos por nuvens. Nós dois continuávamos varrendo o céu em busca de outras aeronaves e não vimos nada.

Assim que entramos no passe, a turbulência começou a bater. Ele continuou voando na velocidade de cruzeiro padrão e numa altitude segura. Ele me ensinou como fazer curvas em passes com segurança, especialmente em mau tempo. Explicou como alinhar o avião para que você pudesse "espiar" cada curva e ver se havia uma parede de nuvem impossível de atravessar. Não importa se o passe se mantém aberto ou se fecha: o piloto precisa ter uma rota de escape para conseguir fazer um retorno de 180 graus com segurança. Vinte minutos dentro do passe, os ventos estavam aumentando e as nuvens estavam descendo pelas montanhas. A gente não sabia se conseguiria atravessar.

Minha mente divagou e eu comecei a lembrar das nossas viagens de caribu. Eu gostava de passar tempo com ele voando pelo passe e ao redor do enorme Lago Iliamna, procurando caribus enquanto ele voava a 500 pés do chão.

"Essa é a altura perfeita para procurar animais", ele explicava.

Nós vimos alguns ursos e um grande número de caribus. Quando encontrávamos os caribus que nos interessavam, precisávamos achar um lago para pousar e montar acampamento. Como o Alasca tem mais de três milhões de lagos, encontrar um não era problema.

Depois de pousar no lago e prender o avião com flutuadores, a gente montava a barraca e fazia uma fogueira. Na época, era contra a lei voar e atirar no mesmo dia, então sempre passávamos a noite e levantávamos cedo para caçar. As fogueiras dele eram legais porque ele me mostrava como acender usando Blazo, que ele sempre levava. Normalmente, ele cortava uma lata de Pepsi ao meio e enchia de Blazo até a borda. Aí colocava a lata embaixo dos gravetos de partida e acendia. Ele sorria enquanto a gente via uma labareda grande engolir os gravetos. Eu lembro que a gente tinha varas de pesca, mas não fomos pescar; ele levava caso a comida acabasse.

Na manhã seguinte, cedo, não havia uma nuvem no céu e dava para ver que seria um dia quente. A gente comia um café da manhã frio, limpava o acampamento, enrolava os sacos de dormir e guardava de volta na barraca. Ele me ensinou que as provisões precisavam ficar longe da barraca por causa dos ursos. E explicou que, se você guardar comida dentro da barraca, ursos e outros animais podem rasgar tudo para procurar alimento. Além de destruir o equipamento, podem comer todas as provisões, te deixando sem abrigo e sem comida. Eu me perguntava se isso já tinha acontecido com ele ou com os amigos dele.

Quando tudo estava seguro, a gente começava a caminhada, procurando caribus. Cada um levava mochilas quase vazias com alguma comida — principalmente barras de granola e água — além dos rifles e munição. Mesmo tendo chegado de avião, nossos calçados eram botas de trilha; porém, tínhamos waders a bordo, caso fossem necessários. Caminhávamos por horas varrendo a área.

Havia muitos caribus durante a caminhada, mas não eram do tamanho certo; ou, quando eram, estavam longe demais para alcançar. Um macho adulto costuma pesar entre 350 e 400 libras, mas pode chegar a 700. São ágeis e rápidos. Fazem a gente parecer lesma tentando atravessar a tundra.

A tundra normalmente cresce em áreas sem árvores. Cientistas não sabem ao certo por quê. A falta de árvores nos deixava expostos quase o tempo todo. Não havia onde se esconder, a não ser deitar atrás de alguma elevação pequena e ter os caribus abaixo. Muitas vezes, a gente precisava se arrastar de barriga para tentar não ser visto.

Finalmente, naquela tarde, vimos alguns machos do tamanho que queríamos. O sol queimava; não havia nuvem; o vento estava calmo. Um pequeno grupo de caribus estava em um morrinho perto de um lago pequeno. Perfeito. A gente se aproximou devagar, agachado, parando frequentemente quando achávamos que eles poderiam nos ver ou sentir nosso cheiro. Como a maioria dos animais no Alasca, caribus são cautelosos com predadores e conseguem ouvir, ver e cheirar alguém se aproximando — especialmente pessoas.

Nós fizemos tudo com calma e abatemos dois quando chegamos perto o suficiente. Foram tiros limpos, sem necessidade de rastrear. Meu padrasto começou a limpar e a tirar os chifres. Para manter a carne limpa e não estragar, nós levávamos muitos sacos de lixo reforçados nas mochilas; então colocamos a carne nos sacos e carregamos até um lago pequeno ali perto.

"Esse lago não é pequeno demais para você pousar?" eu perguntei.

"Não, sem problema", ele respondeu, enquanto eu continuava carregando a carne até o lago.

Eu não sei quanto tempo levou, mas ele teve que caminhar de volta ao acampamento, enrolar a barraca e colocar todo o equipamento no avião. Ele também tinha alguns galões de combustível de aviação a bordo, então esvaziou esses galões nos tanques.

Enquanto eu ia buscar o restante da carne, eu ouvia o rugido do 185 decolando. Em poucos minutos, eu vi ele passar por cima e pousar no lago pequeno enquanto eu levava a última carga. Depois que pousou, nós carregamos a carne no avião. A lei da época exigia que a carne saísse primeiro e os chifres fossem transportados por último. Era uma boa lei, porque, se as pessoas levassem os chifres antes, poderiam deixar a carne, o que indicaria caça ilegal por troféu.

Nós carregamos os chifres e decolamos, voltando por Lake Clark Pass até Anchorage, nossa casa. Que dois dias incríveis — divertido demais! Foi uma de muitas boas lembranças... mas essa viagem para encontrar Dirty Harry não entraria nessa lista, começando pelo voo em si.

À medida que o vento aumentava, as nuvens já estavam na metade do caminho descendo das montanhas. Pouco antes da próxima curva, sem aviso, ele reduziu potência e baixou os flapes. Quando o avião desacelerou, ele ajustou a potência e manteve a mão no acelerador. Ele explicou rapidamente por que fez isso e estava se preparando para uma virada. O teto de nuvens estava mais baixo quando a gente olhou a próxima curva, mas ainda havia espaço suficiente para voar por baixo. Durante a curva, ele baixou o nariz e nos colocou sob o teto de nuvens. Foi uma sacudida infernal.

Puta merda, eu pensei. A gente vai ter que fazer um retorno de 180 graus.

Felizmente, as nuvens ainda estavam altas o bastante para termos uma margem de segurança. Nós voávamos sob Regras de Voo Visual (VFR) e não podíamos entrar nas nuvens, ao contrário de voos comerciais que usam Regras de Voo por Instrumentos (IFR). Embora ele fosse um piloto proficiente e habilitado em IFR, nesse caso era VFR até o final.

Eu não conseguia mais me agarrar a pensamentos agradáveis para distrair do que estava acontecendo, porque eu estava concentrado em procurar obstruções e outras aeronaves. Além disso, quanto mais a gente avançava no passe, mais turbulência enfrentávamos. Por fim, para meu alívio, a gente saiu do passe e seguiu rumo ao Lago Iliamna — um marco na viagem — o que significava que já estávamos mais da metade do caminho.

Passando pelo lado esquerdo do lago, eu via onda atrás de onda de grandes cristas brancas. Ventava como louco e o avião chacoalhava. O cinto de ombro prendendo minha parte superior fazia meu ombro ferido esfregar no assento, para frente e para trás. Eu ficava me perguntando quanto sangue estava escorrendo do meu ombro, lembrando que eu ainda tinha muito cascalho dentro daquela ferida aberta. De vez em quando alguém achava um pedacinho e tirava, mas, no geral, era bem sombrio. *Alguém vai ter que me remendar quando a gente pousar. Deus, tomara que a gente pouse logo.*

Depois de um tempo, voamos sobre planícies de tundra sem uma árvore à vista. Olhando os lagos pequenos, eu via a água sendo soprada para fora deles, espirrando vários pés sobre a tundra. Eu nunca tinha visto aquilo do alto e isso me assustou bastante. Eu não sei o quão forte estava o vento, mas tente imaginar a água sendo borrifada para fora de um lago pela força do vento. Parecia aquelas imagens do jornal durante um furacão.

Caralho, quando a gente vai pousar? eu me perguntei de novo.

Finalmente, estávamos ao alcance do rádio do lodge, e meu padrasto anunciou que faríamos a aproximação e que precisaríamos de ajuda com o avião assim que pousássemos. Ele reduziu potência, mas não baixou os flapes na perna do vento (downwind), o que significava que estávamos à esquerda, paralelos à "pista", a uns quatrocentos metros.

Foi a aproximação mais rápida que eu já vi. A gente cruzava o terreno em alta velocidade. Mesmo sem flapes, ele virou à esquerda, perpendicular ao "pouso", para a perna base, lutando contra o vento forte e as rajadas. Virou à esquerda de novo para a final curta e então colocou 20 graus de flape. Eu lembro nitidamente que, quando viramos para a final, foi como bater numa parede. Quando eu olhei para baixo, parecia que a gente tinha quase parado, pairando acima do chão.

E "pista"... bem, não é pista. É só uma área de areia afastada da tundra, nada além de um trechozinho de areia para pousar. Conforme descíamos, eu via várias pessoas de pé dos dois lados do avião, enquanto a gente praticamente pairava sobre o local. Quando chegamos a uns cinco pés acima, ele estendeu a mão para a alavanca e puxou para flape total.

De repente, o avião subiu rápido. Eu não sei quantos pés a gente ganhou de altitude, mas foi bastante. Meu padrasto, calmo, aplicou mais potência e, para controlar a descida, foi modulando o motor para regular a taxa de descida enquanto controlava os profundores. O nariz estava bem alto enquanto pairávamos sobre o trecho de areia. Ele continuou "dosando" o motor até conseguir um pouso seguro.

Quando tocamos o chão, rolamos não mais que três pés. Ele cortou potência, e eu vi dois homens de cada lado segurando os montantes e as cordas das pontas das asas. Eles seguravam com força porque só o vento já poderia levantar o avião no ar como uma pipa. Ele cortou o motor imediatamente, e todo mundo sorriu e riu enquanto guiavam o avião até os tie-downs.

CAPÍTULO 14

Urso Sem Pele

"Você sabe quando eu vou receber alta?", eu perguntei à enfermeira que tinha entrado para me examinar.

Ela me encarou antes de dizer: "Tem um problema com o seu seguro. Você deve ao hospital mais de 12.500 dólares e o seguro não está disposto a pagar. A gente não vai poder te liberar até isso estar pago integralmente."

"O quê? Como assim?", eu exclamei, com a pouca energia que ainda me restava. "Eu tenho seguro do carro."

"Você precisa entrar em contato com a sua seguradora antes que a gente possa te liberar", ela insistiu.

Eu não consegui mais olhar para ela. Fiquei encarando para a frente e comecei a chorar. Só pode ser brincadeira. Que tipo de vida é essa? Eu estava enojado. Como alguém consegue dizer uma coisa dessas?

Eu olhei para baixo e vi a ponta dos meus pés dentro das cobertas. Eu não conseguia virar a cabeça para lado nenhum sem usar a mão direita, que não estava ferida. Quando movi os olhos para a esquerda, eu vi que minha mão esquerda tinha sido enfaixada e imobilizada com uma tala. Eu não conseguia mexer os dedos de jeito nenhum.

QUANDO SAÍMOS do avião na missão do meu padrasto para encontrar o Dirty Harry, ventava pra caramba. Era uma região desolada, onde o vento podia soprar com tanta força que os grãos de areia eram capazes de arrancar a tinta de equipamentos e aeronaves. Estava garoando, mas a velocidade do vento fazia parecer que chovia bem mais do que realmente chovia. Do alto, eu não tinha visto nenhuma árvore. A maior parte da área era tundra, com manchas de areia espalhadas por toda parte. Parecia um lugar alagadiço, mas eu não tinha certeza. Eu mal podia esperar para me deitar lá dentro enquanto seguíamos para o lodge. Eu estava com muita dor; meu ombro latejava como louco e a lombar não estava muito melhor.

Quanto sangue eu perdi? pensei. Estamos muito longe da civilização. Se alguém se machucar aqui, vai demorar muito para voltar a uma cidade com atendimento médico.

Quando chegamos ao lodge de caça, fiquei surpreso ao ver que era muito maior do que eu tinha imaginado, considerando o lugar e as dificuldades de acesso. Apesar do aspecto gasto, o prédio rústico estava em condições razoáveis, com apenas algumas áreas mostrando sinais de deterioração. Eu me perguntava como o dono tinha conseguido construir aquilo, já que todos os materiais devem ter sido transportados por aviões pequenos como o nosso.

Assim que entramos, fiquei feliz em descobrir que o lugar estava aquecido. Todo mundo era simpático e estava de bom humor, compartilhando histórias de caçadas. Fiquei contente por eles. Eu conhecia um dos senhores do México e fiquei feliz em vê-lo, mas o resto era todo mundo novo para mim. Por fim, nos mostraram o nosso quarto. Eu achei a cama rapidamente e me deitei de bruços para não sangrar nos lençóis. Era tudo o que eu conseguia fazer, por mais frustrante e constrangedor que fosse.

Infelizmente, meu padrasto teve que limpar o meu ferimento. Eu expliquei que ele precisava deixar o curativo de molho em água oxigenada antes de tirar, porque a gaze estava encharcada de sangue e tendia a grudar na ferida aberta. Quando ele foi descolando devagar a gaze ensopada de sangue, eu conseguia ouvir e sentir ela rasgando a pele da ferida. A dor era horrível. Eu não queria me envergonhar na frente do meu padrasto, então só trinquei os dentes e aguentei. Além disso, eu estava tão exausto que nem conseguia me mexer direito. Depois que ele me limpou, eu adormeci.

Até onde me lembro, meu padrasto nunca dormia até tarde, então levantamos cedo na manhã seguinte. Algumas pessoas já estavam se preparando para voar para as caçadas. Elas juntavam o equipamento, e um piloto as levava até onde um urso tinha sido avistado. Depois, passavam a noite com os guias e começavam a caçar no dia seguinte.

Eles estavam usando Super Cub. Um avião pequeno, de dois lugares, o Super Cub é considerado um dos melhores aviões de mato do Alasca por causa do seu design leve, estrutura reforçada, capacidade de decolagem e pouso curtos, manobrabilidade, características de voo lento e baixo consumo de combustível. Ele pode ir praticamente a qualquer lugar no Alasca, no inverno ou no verão, porque pode ser convertido para flutuadores, rodas e esquis.

Os Super Cub estavam amarrados perto do campo de pouso/pista de areia e equipados com pneus enormes, tipo "balão", que pareciam bolas grandes e quicantes. Eles pareciam maiores em comparação com os pneus do 185 do meu padrasto, mas o Super Cub é um avião bem menor. Como são de dois lugares e levam cargas menores, os pilotos muitas vezes fazem várias viagens para transportar os guias e o equipamento até o local da caça.

Antes do café da manhã, meu padrasto teve que limpar de novo a minha ferida aberta, usando técnicas semelhantes com água oxigenada, e depois colocar uma gaze nova. Depois do café, saímos. Eu notei que estava nublado, mas o vento tinha diminuído bastante e não estava chovendo. Eu não entendi o que estava acontecendo até ver gente no estande de tiro perto da pista. Ali é onde as pessoas treinavam, conferiam se os rifles estavam funcionando direito e ajustavam as miras e lunetas. Imagino que os guias também observassem os clientes para ver que tipo de disparos eles faziam antes de entrar em território de urso. Quer dizer, eles iam enfrentar um animal feroz, plenamente capaz de matar um ser humano sem nem suar.

Meu padrasto tinha um rifle .458 potente, com mira aberta, que ele usava como arma de apoio, com projéteis de 550 grains para derrubar ursos a curta distância. Ele confiava principalmente no seu .300 Winchester Magnum com luneta, mais esportivo, usado em distâncias maiores e que também derruba ursos. Embora eu preferisse o .458 como backup, eu gostava muito do .300 Magnum. É, de verdade, um rifle lindo.

São rifles de alta potência, e você tem que segurar bem firme contra o ombro quando atira. Às vezes, quando eu treinava com o .300, eu acabava com hematomas roxos no ombro por causa do recuo forte. Enquanto meu padrasto se preparava para praticar, eu ficava pensando: Ah, ótimo. É a oportunidade perfeita para ele garantir que a mira e a luneta estejam bem ajustadas nos dois rifles.

Primeiro, ele atirou com o .458 nos alvos. A mira estava bem regulada e ele acertou o alvo. Deu dois ou três tiros e então pareceu confiante com o rifle. Aquele rifle é tão barulhento e potente que cada disparo reverbera pelo corpo. Ele parecia estar se divertindo, e todo mundo também. Quando terminou, ele se virou para mim e me entregou o .300 Winchester Magnum.

"Eu não posso atirar desse jeito", eu disse. "Não dá. De jeito nenhum."

"Dá sim. Só faz."

"Do que você tá falando? Eu não posso fazer isso por causa do meu ferimento." "Pode", ele insistia.

Naquele momento, eu nem sabia se ia mesmo sair para caçar com ele, e eu não queria envergonhá-lo na frente dos amigos. Peguei o rifle e pressionei o máximo que consegui contra o meu ombro direito. Só que a ferida aberta era justamente na parte de trás do ombro direito. Eu tinha medo de arrebentar o ombro depois de atirar com aquele rifle. Eu estava com uma jaqueta marrom Carhartt enorme, grossa e acolchoada, mas eu não achava que aquilo seria proteção suficiente.

Eu alinhei o rifle com o alvo e atirei. Bum! Errei o alvo.

Meu ombro estava me matando.

"Você errou o alvo", ele disse, quando eu me virei para ele.

"Eu sei. Eu não consigo fazer isso."

"Consegue, sim", ele insistiu de novo.

Eu alinhei tudo, segurando o mais firme possível contra o ombro. Apertei o gatilho e acertei o alvo. Quando eu disse que tinha terminado, ele pegou o rifle, atirou mais algumas vezes e fez uns ajustes na luneta. Ele parecia muito satisfeito agora que a luneta tinha sido regulada. Eu não lembro de ter dito nada. Só voltei para o lodge e fui me deitar.

Mais tarde naquela tarde, meu padrasto entrou no quarto e mandou eu me preparar para sair. Eles tinham encontrado o Dirty Harry, então tínhamos que ir na hora. Grogue, sem entender direito o que estava acontecendo e ainda sentindo a dor depois de atirar com o rifle, eu me levantei devagar e juntei meu equipamento.

Como é que eu vou fazer isso? Como é que eu vou sair lá pra fora e dormir numa barraca pequena, em terreno bruto, com esses ferimentos?

Eu comecei a ficar cada vez mais preocupado, especialmente quando notei que estava chovendo. Ah, ótimo, vai ficar encharcado e gelado. Tinham me dito para colocar as waders, então eu coloquei, junto com a calça e a jaqueta de chuva. Quando saí, eu fui em direção ao 185.

"O que você está fazendo?" meu padrasto me perguntou.

"Vim ajudar a carregar o avião."

"Não, a gente não vai nesse. Vamos de Super Cub", ele disse, sorrindo. "Eu vou primeiro para começar a montar o acampamento. O piloto vai trazer os suprimentos, e você vai em uma das viagens dele."

Vendo ele colocar o equipamento no Super Cub, eu percebi que o vento tinha aumentado. Não estava nem perto do vendaval de ontem, mas ainda ventava o suficiente. Ele e o piloto entraram no avião e decolaram. Os Super Cub, com suas asas de alta sustentação, conseguem levar pouco mais de 800 libras, decolam em aproximadamente 400 pés e pousam em menos de 300 pés, mesmo operando no seu limite de peso máximo de 1.500 libras ou mais. Essa capacidade excepcional permite que pilotos experientes naveguem por terrenos mais curtos e mais brutos com mais facilidade do que a maioria das outras aeronaves.

Ninguém tinha me dito para onde eles iam nem quanto tempo ia levar para voltar, então eu voltei para o lodge e me sentei na área de espera. Esperei um bom tempo até me avisarem que o piloto estava chegando para pousar. Eu vesti de novo meu equipamento de chuva, incluindo as hip waders, e saí para esperar. O sol já estava começando a baixar e, com o céu fechado, não ia demorar para escurecer. Quando o piloto pousou, ele desligou o motor e acenou para mim. Ele estava com pressa para ir embora porque a noite estava chegando. Carregamos o avião com o restante dos suprimentos necessários e decolamos imediatamente.

Eu sabia uma coisa: nosso acampamento não podia ser muito longe do lodge, porque o piloto não podia voar à noite. À medida que seguimos voando, o terreno parecia familiar: relativamente plano, desolado, tundra com algumas dunas pequenas de areia. Mesmo assim, eu achava que havia algo um pouco diferente naquela tundra. Parecia um pântano. Melhor dizendo: parecia alagado.

Ainda sem a menor ideia de qual era o nosso destino nem quanto tempo levaria, eu me distraí e fiquei procurando vida selvagem — caribus, alces, ursos. Para minha surpresa, eu não vi sinal de vida nenhuma. Aquilo me deixou intrigado. Eu teria jurado que a essa altura já teria visto algum animal, mas não tinha nada. Olhando pela janela do lado direito do Super Cub, eu consegui ver uma barraca e meu padrasto andando pela área do acampamento logo à frente. Passamos por cima do acampamento e o piloto diminuiu a velocidade, virou à esquerda e fez uma volta para retornar. Enquanto ele se preparava para a aproximação final, eu continuava olhando e me perguntando onde diabos a gente ia pousar. Havia água por toda a área, exceto por um pedacinho onde ficava o acampamento, em um pequeno outeiro — se é que dava para chamar assim. Era mais como uma elevaçãozinha. Não devia ter mais do que 300–400 pés de comprimento e talvez 30 pés de largura.

Nós íamos acampar no meio de um pântano de tundra, e estava chovendo. O lado bom era que o vento estava soprando a favor do pouso. Enquanto descíamos, eu via a água do pântano avançando rápido a partir da tundra. As rodas enormes tipo balão tocaram o chão cerca de dez pés depois da linha d'água e quicaram bastante até pararmos aproximadamente trinta pés antes da outra borda da água. O piloto girou o avião 180 graus e taxiou até a barraca, que ficava no meio. Foi a primeira vez que eu pousei no que eu acho que dá para chamar de uma "ilha" de tundra.

Assim que descemos e descarregamos o avião, o piloto pareceu um pouco preocupado, porque teria que voltar no dia seguinte para nos buscar caso a gente abatesse o urso. Se continuasse chovendo, o acampamento poderia alagar e ele não teria onde pousar.

"Ah, ótimo", eu pensei. "Uma barraca possivelmente alagada pra passar a noite, um corpo quebrado e agora é hora de caçar alguma coisa com dentes. O que poderia dar errado?"

Por que eu estava ali, naquele estado, tão machucado? Eu não sei que diabos eu estava tentando fazer — impressionar alguém ou sei lá. Quero dizer, como foi que me convenceram disso? Claro que eu queria ir atrás do Dirty Harry. A gente falava daquele urso havia muito tempo, mas não assim, nem de longe.

Depois que descarregamos nosso equipamento, o piloto conversou com a gente por mais alguns minutos enquanto eu continuava olhando ao redor. A gente estava realmente no meio do nada: nenhuma árvore à vista, cercados por água e tundra irregular. Ele estava com pressa, então ligou o avião e levou até a ponta daquela suposta "ilha" de tundra. As rodas tocaram a água quando ele fez uma curva de 180 graus de volta para a decolagem. Eu vi que ele manteve os freios bem firmes enquanto acelerava, porque o avião não se mexia e a água espirrava atrás. Quando o motor chegou à potência máxima, ele soltou os freios. A uns 150 pés antes de alcançar a água do outro lado, o nariz do avião levantou e ele foi embora rumo ao lodge.

Começou a escurecer rápido, e eu estava exausto. Meu curativo precisava ser trocado. Pelo menos a barraca estava seca, e nós dormíamos em colchonetes finos, de meia polegada. É difícil explicar como é a tundra, mas é gramada, irregular e esponjosa. Em resumo, é muito desconfortável para dormir porque não é plana, e você tem que "deitar no formato" da tundra. É como um monte de pequenos morrinhos, de uns quinze a trinta e cinco centímetros de altura. Caminhar na tundra pode ser traiçoeiro e difícil. É um desafio, no mínimo.

Naquela noite, eu estava tão cansado que adormeci rápido nos contornos irregulares. Eu acordei no meio da noite algumas vezes e só ouvia a chuva. Eu me perguntava se a gente ia ser inundado ali. Cansado demais e com dor demais, eu nem abri o zíper da barraca para olhar.

Na manhã seguinte, acordamos com mais chuva. Estava chovendo ainda mais forte do que no dia anterior, e a água tinha subido um pouco durante a noite. Eu já esperava um dia muito molhado e desconfortável.

Com nossas hip waders, todo o equipamento de chuva, mochilas e os dois rifles, nós saímos para o pântano aberto de tundra. Meu padrasto ia na frente, e eu vinha logo atrás. Foi pesado desde o começo: sobe e desce, andando por cima da tundra irregular enquanto a gente chapinhava na água. Em muitos pontos, a água era tão funda que quase chegava ao topo das waders. Isso me deixou ainda mais apreensivo.

Seguimos caminhando sob aquela chuva constante, sem nada à vista. O rifle estava ficando pesado, e a mochila estava me causando um monte de problemas no ombro e na lombar. Até que, finalmente, vimos algo à distância. Era difícil distinguir, mas parecia um animal correndo e pulando. Depois eu percebi que era um urso, e ele parecia estar brincando e se divertindo.

Precisávamos chegar mais perto. Nós nos curvamos com todo o equipamento e caminhamos silenciosa e cuidadosamente pelo pântano, tomando cuidado para não espirrar água. Por fim, chegamos a um ponto em que meu padrasto conseguiu olhar pelos binóculos. De repente, ele sorriu.

"É o Dirty Harry", ele disse.

Meu coração começou a disparar.

Continuamos agachados, caminhando devagar e nos aproximando do urso. Ele ainda estava correndo, pulando e espirrando água. Quando chegamos mais perto, paramos em cima de um montinho de tundra bem pequeno, que não devia ter mais do que um metro e meio de largura e ficava logo acima da linha d'água. Assim, pudemos nos ajoelhar e encarar o urso.

A garoa constante dificultava saber para que lado o vento estava soprando. Meu padrasto enfiou a mão no bolso e tirou uma caixinha de fósforos. Ele acendeu um fósforo, apagou e observou a fumaça, indicando a direção do vento — que vinha na nossa direção. Isso significava que estávamos a favor do vento para o urso (ele estava a sotavento). Eu nunca tinha visto ele fazer isso antes.

"Lembra do que eu te falei", ele disse em voz baixa. "Urso sente o cheiro dos animais que estão a favor do vento pra ele. Vai ser difícil, então precisamos andar ainda mais devagar e em silêncio."

Totalmente expostos, fomos nos aproximando: alguns passos e parávamos. Mais alguns passos e parávamos. Isso durou uns dez minutos. Por fim, estávamos perto o bastante para tentar um disparo. Estávamos a uns vinte jardas do urso, e ele ainda corria por ali sem prestar atenção na gente. Parecia mesmo que estava brincando. Mesmo ele sendo enorme, acertar um alvo em movimento era um pouco mais difícil. Agachado, eu mantive o alvo na mira, em silêncio.

De repente, o urso virou o corpo todo para a nossa direção e se ergueu nas patas traseiras. Ele era massivo, tão gigantesco quanto diziam. Ainda assim, eu não entrei em pânico — talvez em parte porque eu estava com dor demais para me preocupar em ser atacado e em parte porque eu estava com meu padrasto, que sabia o que fazia. Ele estava com o .458 de backup, o que me deixava bem mais tranquilo. Mesmo eu usando o .300 Magnum, eu queria aquele apoio, por via das dúvidas.

O urso abaixou de novo, começou a andar, levantou nas patas traseiras outra vez e nos encarou. Nós ficamos completamente imóveis. Desde a época em Kiana, eu tinha aprendido que ursos não enxergam muito longe e não veem cores, então achei que parecíamos dois arbustos borrados. Então, ele não sabe o que a gente é, eu pensei. E, além disso, estamos a favor do vento.

O urso encarou, depois largou as patas dianteiras no chão de repente, espirrou água e saiu correndo. Meu padrasto começou a balançar a cabeça.

"Droga. O urso sentiu a gente", ele repetia, balançando a cabeça. "Sentiu a gente a favor do vento."

Mais tarde, eu descobri que ursos veem cores, sim. Eles têm uma visão excelente e enxergam muito bem. Se isso é verdade — e eu acredito que seja — então é bem impressionante a gente ter conseguido chegar tão perto do urso estando totalmente expostos.

Quando o urso saiu do nosso campo de visão, nós demos meia-volta e voltamos pisando pesado até o acampamento. A caminhada foi longa e árdua. Eu ia ficando para trás por causa da dor e do cansaço. Concentrado em cada passo, eu finalmente levantei o olhar e vi que meu padrasto tinha parado de repente. Eu achei que ele estava me esperando. Eu me aproximei devagar, e ele se agachou quando eu cheguei.

"Tá vendo?" ele perguntou.

"Tô. É um caribu grande."

Era o maior caribu que eu já tinha visto. Os chifres eram bons, mas o corpo era enorme.

"Se prepara", ele disse. "Você vai pegar ele."

"Tá. Se você quer que eu tente, eu tento."

Eu não queria pegar o caribu de jeito nenhum. Eu só ia fazer porque ele tinha pedido. Mas aquele corpo era tão impressionante que eu pretendia mandar empalhar. Eu me ajoelhei em um joelho e alinhei o rifle com o caribu, a uns vinte e cinco jardas à nossa frente. Mirei e atirei. O caribu caiu na hora.

"Caramba, vou te dizer uma coisa", meu padrasto falou. "Você atira pra caramba."

Meu padrasto foi imediatamente até o caribu e começou a limpar o animal o mais rápido possível. Não foi fácil, porque o corpo era enorme e metade dele estava submersa na água. Eu ajudei a virar o animal para lá e para cá para tirar toda a carne. Era um trabalho tedioso e demorado, ainda mais difícil por causa do pântano.

"Vou voltar pro acampamento pra chamar o piloto e mandar ele vir buscar a gente", meu padrasto disse quando a carne já estava separada. Ele me encarou. "O caribu é seu. Você derrubou ele; você carrega a carne." Então ele colocou a mochila nas costas e começou a voltar para o acampamento.

O quê? eu pensei. Que porra é essa? O que está acontecendo? Eu fiz alguma coisa pra irritar ele? Que diabos ele está dizendo? Eu mal consigo andar, quanto mais carregar um rifle. Sem saber o que fazer, eu só fiquei olhando enquanto ele se afastava.

Eu não conseguia ver o acampamento, então eu não sabia onde a gente estava. Eu só sabia que estava ficando tarde e chovia forte. Como era território de urso, eu fiquei com medo de ficar ali sozinho, então peguei minha mochila na hora, coloquei sobre o ombro esquerdo e tentei seguir ele antes que sumisse de vista.

Eu não lembro quanto tempo levou até eu chegar ao acampamento nem como eu carreguei toda aquela carne e aqueles chifres. O que eu lembro em pedaços é que eu ficava pisando em buracos fundos que quase enchiam minhas hip waders de água, e eu quase caí várias vezes.

Quando eu estava trazendo a última parte da carne, eu vi que o avião já tinha pousado. Meu padrasto me disse que estava voltando para o lodge com uma parte da carne. Como já estava escurecendo, eles carregaram o avião às pressas e decolaram. Durante a decolagem, eu percebi que aquela "ilha" de tundra onde ficamos estava quase submersa.

Ah, merda, eu pensei. Como é que eu vou sair daqui? Quer dizer, como é que o piloto vai pousar? Tá alagado, e não tem espaço suficiente. Eu tô sozinho, sem barraca, e com carne de caribu. Depois de um tempo, eu finalmente ouvi o avião voltando.

O piloto reduziu a potência e iniciou a aproximação final. Eu fui para o centro do montinho e fiquei em pé na água, que batia um pouco acima do topo do meu pé. Quando ele pousou, as rodas principais arrastaram na água. O avião desacelerou quando as rodas pegaram a parte seca e parou completamente, deixando os pneus "balão" submersos em dois ou três centímetros de água. Ele virou rápido, acelerou o avião na minha direção e desligou o motor. Então carregamos as últimas peças de carne, meu rifle e eu.

"A gente vai ficar bem?" eu perguntei.

Ele ligou o motor e levou o avião o mais longe que dava para dentro d'água sem atingir a hélice. Aí acelerou até potência máxima, com água espirrando para todo lado por causa da hélice. Quando passamos pelo topo do montinho, ainda estávamos no chão. Assim que chegamos à borda da água do outro lado, o nariz levantou de repente e a gente estava voando.

Bom, isso foi uma aventura, eu pensei. Mal posso esperar para voltar e me deitar.

Chegamos de volta ao lodge por volta das quatro horas. Eu estava bem mal. Meu ombro doía o tempo todo, e eu precisava de ajuda para trocar o curativo. O sangue tinha atravessado a bandagem e manchado por dentro e por fora do meu casaco. Eu estava tão cansado, tão acabado e com tanta dor que só queria ir para a cama assim que me limpassem. Eu fui até a cozinha pegar um gole de água. Quando eu me virei, o senhor mexicano atrás de mim começou a falar comigo em inglês quebrado. Ele disse que eles apreciavam o que eu tinha feito e queria me agradecer por eu ter dado a ele a pele do meu caribu. Eu fiquei ali, encarando ele por um momento.

"Ah, de nada", eu disse por fim.

Então ele me contou que tinha abatido um caribu alguns dias antes e que os chifres eram muito grandes, mas o corpo era pequeno. Ele tinha visto o meu caribu e gostou porque o tamanho do corpo era o que ele queria, então pediu ao meu padrasto para ficar com a pele. Ele continuou explicando que os chifres dele e a minha pele de caribu seriam montados e depois exibidos no bar e restaurante dele no México — um lugar que eu conhecia, porque eu tinha visitado lá algumas vezes no passado.

O que eu podia fazer? Eu tinha que dizer sim, obviamente, mas eu queria aquele caribu. Eu tive que carregar aquela desgraça toda machucado, e agora outra pessoa ia ficar com ele. Eu não fiquei nada feliz. Exausto, eu só queria me deitar.

Na manhã seguinte, por volta das dez, carregamos o 185. Eu mal podia esperar para ir embora. Eu não estava com fome nem nada; eu estava com muita dor e só queria receber atendimento médico quando chegasse em casa. Assim que decolamos e pegamos o rumo de volta, eu fiquei pensando em ter carregado aquele maldito caribu até o acampamento com meu ombro ferido.

O céu estava fechado, e os ventos eram bem mais fracos do que tinham sido nos últimos dois dias, então pelo menos o voo foi tranquilo. Depois de um bom tempo, finalmente conseguimos ver o Lago Iliamna quando nos aproximávamos do Passo de Lake Clark. Olhando para baixo, eu via neve e gelo por toda parte. O Aeroporto de Iliamna estava bem à nossa frente. Meu padrasto começou a reduzir a potência e iniciou a aproximação para a pista pavimentada. Ele não me disse qual era o plano. A única coisa que eu conseguia pensar era que ele precisava de combustível para atravessar o Passo de Lake Clark.

Assim que pousamos, taxiamos em direção a um dos hangares do lado direito.

Então ele desligou o motor.

"Tá. Vamos", ele disse.

Quando saímos do avião, eu vi materiais de construção espalhados por todo o pátio. Eles pareciam familiares; eram os itens que eu tinha ajudado a separar no aeroporto de Anchorage. Erguendo os olhos, eu vi o Brian. Eu torci para que as coisas estivessem indo bem para ele. Enquanto eu ia ao banheiro, eu vi que eles estavam conversando. Por mais que eu quisesse dizer oi, eu não disse porque eu estava esperando que a gente decolasse logo para casa. Às vezes, essas conversas podiam durar horas. Quando voltei para o avião, o Brian me chamou e começou a falar comigo. Depois, nós todos entramos na caminhonete e fomos embora do aeroporto. Eu ficava me perguntando quando a gente ia partir. Mal sabia eu que outros planos estavam reservados para mim.

CAPÍTULO 15

Newhalen

Uma enfermeira entrou. *"A seguradora está na linha"*, disse ela.

"Que seguro? Do que você está falando?"

"Eles querem falar com você. Eu tenho que levar você de cadeira de rodas até o corredor."

Tá de sacanagem, pensei.

Eu estava retorcido de dor, com um cateter ardendo enfiado em mim, e minha bexiga parecia que ia explodir. Mesmo assim, ela me colocou numa cadeira de rodas e me levou até lá.

Quando peguei o telefone, falei com o representante da seguradora nos Estados Unidos e perguntei o que estava acontecendo. Ele me informou que, por causa das regras da Insurance Corporation of British Columbia (ICBC), eles não tinham permissão para pagar a conta porque o acidente tinha acontecido na província canadense da Colúmbia Britânica (BC), e não nos Estados Unidos. Se isso tivesse acontecido nos Estados Unidos, a cerca de 158 milhas da fronteira, não teria problema nenhum. O seguro entraria e tudo seria resolvido.

"Eu não estou entendendo que porra é essa", eu disse. "Eu tenho três seguros: meu seguro privado, que é com vocês, meu seguro do carro e o seguro do meu padrasto no caminhão."

"Sim, nós entendemos tudo isso", ele respondeu. "Mas o problema é que, como aconteceu na Colúmbia Britânica, no Canadá, quem deve pagar todos os danos é a seguradora governamental ICBC, não importa quem esteja errado. Depois que eles pagarem, a nossa seguradora reembolsa eles." "Tá, mas eles não vão me liberar do hospital", eu falei.

"Eu entendo, senhor. Sinto muito, mas não há nada que possamos fazer."

"E o que eu vou fazer?" eu perguntei.

"Eu não sei o que o senhor vai fazer. O senhor precisa falar com o avaliador de sinistros da ICBC no Canadá."

Fraco e completamente desesperado, eu desliguei o telefone e voltei para o quarto. Eu achei que já tinha passado pelo inferno lá nas vilas. Agora eu tinha outro tipo de inferno para encarar, além de todo o meu estrago físico e do meu abalo mental. Eu continuava tendo aqueles flashes da estrada escura e do caminhão me acertando.

A ESTRADA POR ONDE VIAJAMOS era de terra. Enquanto meu padrasto e o Brian continuavam falando de negócios e de como os trabalhos estavam andando, eu só ficava olhando pela janela, me perguntando para onde a gente estava indo. O Brian virou à direita e entrou numa trilha esburacada fora da estrada. Eu nem sei se dava para chamar aquilo de trilha, mas a gente estava dirigindo em cima da tundra, em sulcos abertos por marcas antigas de pneus. O caminhãozinho ficava escorregando de um lado para o outro por causa do gelo e da neve na estrada. Quando olhei mais à frente, vi uma grande tenda em formato de domo, de lona branca encardida, logo ali na nossa frente, uma Single-Truss Arch Storage de mais ou menos 30 x 65 x 15 pés. Quando chegamos mais perto, eu consegui ver um monte de coisas espalhadas do lado de fora dela.

O que é isso? pensei. Talvez ele esteja usando como depósito ou alguma coisa assim.

O caminhão parou em frente à tenda. Quando descemos, reparei que as pessoas estavam entrando e saindo por uma porta de compensado na parte da frente do domo. Por causa de uma mola de fechamento automático, a porta fazia um estrondo alto toda vez que batia.

Apesar de ser só setembro, fazia frio, frio o bastante para manter a neve congelada, mas molhada. Ou seja, estava tudo uma meleca e escorregadio. Eu me virei para o Brian.

"Onde a gente está?" eu perguntei.

"Bem-vindo a Newhalen", ele disse.

Um sujeito me cumprimentou quando eu abri a porta e entrei na tenda. "Olá! Tudo bem? Quer uns cookies?" Ele me mostrou a cozinha improvisada, que ficava montada ao longo dos dois lados da porta. Eles tinham colocado mesas para guardar comida, utensílios, pratos e panelas. Olhando em volta, eu vi um fogão no meio da tenda, com o cano subindo e saindo pelo teto. Bem na frente do fogão, eu vi mesas e cadeiras que pareciam ser a área de refeições do que eu imaginei ser a equipe.

Eu andei um pouco e ouvi o som dos meus sapatos batendo no piso de madeira. Isso me pareceu estranho. Aí eu notei beliches vazios ao longo dos dois lados da tenda, passando pelo fogão e indo quase até o começo do estoque da cozinha. Quando me virei, vi o Brian carregando coisas, inclusive minha bolsinha. Alguns homens da equipe entraram na tenda e se sentaram na mesa. O Brian estava falando com eles e, então, virou para mim e anunciou: "Agora você é o runner."

Runner? Do que ele está falando? Eu não consigo correr; mal consigo andar.

O que é um runner?

Ele só me encarou e sorriu.

"Eu não entendo", eu disse.

"Você é o runner", ele repetiu, antes que eu pudesse perguntar de novo o que era um runner. Aí ele e meu padrasto pularam no caminhão e foram embora, sem me dizer mais nada.

Mais uma vez, eu não fazia ideia do que estava acontecendo. Eu fui até o homem que tinha me oferecido cookies e comecei a conversar com ele. Ele me disse que era o cozinheiro do acampamento e que estava tendo problemas para cozinhar porque não estava recebendo os alimentos que tinha pedido para a equipe.

"O que é este lugar?" eu perguntei.

"É o barracão do acampamento onde a gente está ficando."

"O quê?" eu perguntei. "Ficando nesta tenda?"

"Sim", ele respondeu. "A gente está." Aí ele me contou que o fogão a óleo no meio do cômodo não estava funcionando direito. Ele disse que talvez estivesse sem óleo, mas não sabia qual era o problema.

"O chefe precisa mandar consertar isso imediatamente", eu falei.

"É, aqui congela. À noite fica bem frio", ele me disse.

À medida que mais gente chegava e sentava, ele começou a servir a comida. Eu sentei e comi o que tinha no prato, junto com alguns cookies que ele tinha acabado de fazer. Normalmente, os cozinheiros faziam cookies para a equipe para levantar o moral, dando um gostinho de casa. Eu senti saudade de casa e, mais uma vez, me perguntei o que eu tinha feito de errado para merecer estar ali naquele estado.

Eu deixei meu padrasto e o Brian irritados? Eles estão com raiva de mim porque eu sofri um acidente de carro?

Eu ainda estava tentando entender o fiasco do Dirty Harry. Eu continuava pensando: Por que eu? Por que eu estava lá? Por que eu tinha que ter ido naquela caçada infernal e carregado toda aquela carne sozinho?

Eu comecei a rezar para Deus, pedindo para o meu pai de verdade me ajudar. Como é que eu saio daqui? O que eu faço? Pai, por favor, eu estou machucado. Eu preciso de ajuda. Por favor, me ajuda.

Naquela altura, eu só tinha comigo meu casaco, a roupa de chuva, umas botas finas impermeáveis, tênis, algumas camisas de manga comprida, um par de luvas finas e um gorro fino. Eu não tinha roupa de trabalho nem equipamento de inverno decente para aquele lugar.

Que porra eu vou fazer? eu continuava pensando. Jesus Cristo, será que eu fiz a escolha errada e morri naquele acidente, e agora eu estou no inferno?

Eu não contei para o cozinheiro nem para ninguém sobre a minha condição; eu só fiquei na minha. Eu saí para usar o banheiro e encontrei uma casinha de madeira pequena e congelante para a equipe. Aí eu percebi que não tinha chuveiro.

Onde a gente lava as mãos e escova os dentes? eu pensei. Onde ficam os banheiros? Como é que a gente mantém uma higiene decente? Não tinha nada à vista, e não tinha nada dentro da tenda. Eu fiquei do lado de fora e observei a situação. A gente estava quase no meio do nada. Olhando mais para longe, eu vi uma fileira de casas ao longe.

Aquilo deve ser a vila de Newhalen. Então por que a gente está dormindo numa tenda? pensei. Isso não faz sentido. A cidade está bem ali. Por que a gente não está ficando em alguma daquelas casas?

Enquanto eu me aliviava do lado de fora, longe da tenda do acampamento, eu vi mais gente entrando nela. Quando voltei e dei a volta na tenda, eu vi um tambor de óleo de cinquenta e cinco galões deitado horizontalmente num suporte, com canos saindo dele e entrando na tenda. Era comum no Alasca usar tanques de óleo para alimentar os sistemas de aquecimento.

De volta lá dentro, eu sentei numa das mesas e fiquei ouvindo o pessoal conversar. O que eles diziam sobre o trabalho não era nada agradável. Eu perguntei em quais vilas eles estavam trabalhando. Eles me disseram que estavam construindo em quatro vilas: Igiugig, Kokhanok, Newhalen e Nondalton. As três primeiras ficavam ao redor do Lago Iliamna. Eles não estavam felizes e reclamavam dos três primeiros trabalhos nessas vilas.

Igiugig fica a cerca de quarenta e quatro milhas a sudoeste de Newhalen, do outro lado do lago. A pequena vila tem por volta de sessenta e cinco moradores, composta por esquimós Yup'ik, aleútes e índios athabascanos. A cidade é bem conhecida pelas trutas arco-íris que chegam a passar de trinta polegadas. Essas eram as trutas grandes de que eu vinha falando e sonhando.

Kokhanok, situada a vinte milhas ao sul de Newhalen, tem uma população nativa diversa, principalmente Yup'ik e Dena'ina. A população média é em torno de 120 pessoas.

Newhalen fica a cerca de quatro milhas ao sul do aeroporto de Iliamna. Ela está na margem norte do Lago Iliamna, na foz do Rio Newhalen. Com uma população em torno de 150 pessoas, tem uma mistura de culturas Dena'ina, Yup'ik e Sugpiaq.

Nondalton tem uma população em torno de 123 pessoas. Ela fica na margem oeste do Six Mile Lake, entre o Lake Clark e o Lago Iliamna, a cerca de vinte e duas milhas ao norte de Newhalen. Sua cultura nativa é composta por índios Dena'ina Athabascanos.

Junto com o Lake Clark, essas quatro vilas e cidades oferecem oportunidades de pesca de nível mundial para salmão, truta e grayling, além de outras experiências riquíssimas com a vida selvagem. Mas eu não estava ali para pescar nem para ver animais, isso com certeza.

"O que está acontecendo? Qual é o problema?" eu perguntei depois de entender melhor o cenário.

Eles disseram que estavam tendo muita dificuldade para conseguir os materiais necessários para construir. Alguns materiais tinham sido deixados longe dos canteiros, então eles precisavam arrastá-los na mão até os locais. Eles também reclamaram das condições de alojamento e da falta de chuveiro e de banheiro.

"Ei, aqui está congelando", eu disse. "Vocês ficaram sem óleo no tanque?" Alguém me disse que o tanque estava cheio, mas o regulador estava quebrado. De repente, alguns membros da equipe foram até o fogão a óleo, bateram no regulador, examinaram e tentaram entender o que estava acontecendo. Aí alguém teve a ideia "genial" de tirar o regulador e ligar o cano direto no fogão, regulando o fluxo de óleo pela válvula externa para controlar a chama. Então, uma pessoa saiu e fechou a válvula do tanque. Depois, o grupinho ao redor do fogão tirou o regulador e conectou o cano diretamente na fornalha.

Enquanto eu observava aquilo, as pessoas começaram a sugerir que talvez não funcionasse, que era uma péssima ideia e que o fogão podia pegar fogo. Outros diziam: "A gente fecha na válvula", "Não se preocupa", e "Não tem problema nenhum". Quando ficou tudo conectado, alguém gritou para a pessoa do lado de fora abrir a válvula devagar. Aí outra pessoa foi lá e acendeu o fogão. Uma explosão enorme de chamas saiu do fogão e subiu pelo cano. Eles fecharam a porta e pareceu que estava tudo bem. Então, mandaram a pessoa do lado de fora abrir a válvula um pouco mais. Assim que fizeram isso, começou um ronco dentro do fogão, ficando cada vez mais alto. Aí, de repente, o cano começou a ficar vermelho, e o fogão começou a pular pelo chão. "Fecha!" alguns começaram a gritar. "Fecha! Fecha a válvula!"

A pessoa do lado de fora fechou a válvula, mas o fogão continuou sacudindo no chão, e o cano ficou ainda mais vermelho. Eu conseguia sentir o calor intenso vindo dele, mesmo a uns quinze pés de distância. Caramba, a gente vai perder a tenda, pensei. Eu achei que aquilo ia pegar fogo, junto com todo mundo lá dentro. O pessoal continuava gritando: "Desliga, desliga!" O tempo parecia ter desacelerado, e demorou um bom tempo até o óleo sair da linha. Depois ainda levou um tempo até o fogão esfriar.

Quando finalmente ficou claro que a gente estava seguro, todo mundo dentro da tenda começou a rir. Ok, então esse foi meu primeiro dia nesse acampamento.

Eu saí para tomar um pouco de ar e, ao longe, eu vi luzes subindo e descendo, indo da direita para a esquerda. Aos poucos, eu percebi que era o caminhãozinho vindo na direção do acampamento. Quando ele chegou mais perto, eu vi algumas coisas na caçamba, inclusive uma lixeira cinza. Tinha duas pessoas no caminhão. Eu fiquei feliz de ver meu chefe e meu tio. Eu fui até ele e falei com ele. Logo depois, o Brian se aproximou e disse: "Você é o runner." Que porra é um runner? eu continuava pensando. Vocês botam essa lixeira e todas essas outras coisas lá dentro da tenda. Quando eu olhei dentro da caçamba, eu vi uma bolsa de viagem familiar. "Ei, essa aqui é a minha mala?" eu exclamei.

Me disseram que ela tinha ficado no aeroporto. Pelo visto, algum parente lá em Anchorage tinha separado minhas roupas, equipamento de inverno e botas, e mandado para mim.

Ah, ótimo, pensei. Então eu vou ficar aqui para trabalhar. Que maravilha!

A gente baixou a tampa traseira e começou a levantar a lixeira, que estava pesada pra caramba.

"Jesus, o que tem aqui dentro, tio?" eu exclamei.

"Essa é a nossa água do acampamento", ele disse.

A gente tinha que levar aquilo para dentro da tenda; senão, ia congelar durante a noite e ficar inútil na manhã seguinte. A gente colocou onde o cozinheiro mandou. Depois pegamos o resto das coisas da caçamba e levamos para dentro do acampamento.

Como meu tio tinha acabado de chegar, eu perguntei onde ele ia dormir. Ele escolheu um beliche, então eu escolhi um ao lado do dele, porque eu precisava de ajuda para limpar minha ferida todas as noites. Meu tio foi gentil o bastante para me ajudar nisso. A gente conversou sobre as outras vilas e os problemas, e depois a conversa foi para a situação dele.

"Você está colocando os telhados?" eu perguntei.

"É", ele respondeu, desanimado. Ele queria ser eletricista, então o objetivo dele era trabalhar com o eletricista nas obras. Ele estava bem pra baixo por estar instalando telhados, apesar de ser o responsável por todos os telhados. Ele era uma pessoa talentosa e dominava tudo o que fazia. Ele planejava tudo e seguia de forma metódica qualquer tarefa que recebesse. Ele era realmente um homem muito capaz. Eu nunca falei com ele nem com ninguém da família sobre a caçada do urso. Eu estava angustiado demais com tudo aquilo.

Antes de dormir, meu pobre tio se ofereceu para tirar a gaze ensanguentada. Ele encharcou com água oxigenada e depois foi puxando, enquanto eu gemia o tempo todo, porque parte dela rasgava e arrancava, e eu conseguia ouvir aquilo saindo das minhas costas. Além de sangue, pus e tudo mais, eu ainda tinha muito cascalho preso naquela ferida aberta, e alguns pedacinhos iam saindo aos poucos. Às vezes eu tentava tirar com os dedos.

Como o fogão a óleo não estava funcionando de jeito nenhum, a gente teve que dormir no frio congelante e, claro, foi ficando mais e mais frio ao longo da noite, chegando a temperaturas abaixo de zero dentro da tenda. A cama era um beliche desconfortável e um saco de dormir. A noite inteira eu fiquei me virando, me mexendo e tremendo, porque eu não conseguia me aquecer. Eu fiquei acordado, hora após hora, até chegar a hora de levantar. Finalmente, eu ouvi gente se levantando e tossindo, e, claro, eu ouvi o cozinheiro batendo as coisas enquanto preparava o café da manhã.

Eu não sabia que horas eram. Eu abri os olhos e olhei para o teto branco, que estava coberto de pedacinhos de gelo. Meu saco de dormir também estava coberto de pedacinhos de gelo. Eu conseguia ver meu hálito saindo da minha boca. Quando eu abri o zíper do saco de dormir e coloquei o pé no chão, eu percebi que o piso de madeira estava encharcado, com placas de gelo.

Ah, ótimo, vai ser um daqueles dias, pensei.

Eu me arrumei para o dia o melhor que eu consegui. Eu não escovei os dentes nem lavei o rosto, porque eu não sabia onde ir e ninguém tinha me dito. Por sorte, meu tio estava ali, graças a Deus, então ele pôde limpar minha ferida de novo de manhã e enfaixar minhas costas. Ainda bem que a mala que me mandaram estava cheia de roupa quente, então pelo menos eu tinha roupa térmica, meias de inverno, meu gorro de pele de castor e minhas bunny boots. O exército desenvolveu as bunny boots para frio extremo. Elas eram brancas, grandes, desajeitadas, não muito pesadas, relativamente confortáveis, e mantinham os pés secos e quentes. Eu fiquei grato por tê-las.

Depois do café da manhã, eu ainda não sabia o que fazer, então eu saí para tomar um pouco de ar. Eu conseguia ver o sol nascendo. Um homem alto, com barba e bigode, se aproximou de mim usando um macacão de frio e uma lanterna na cabeça. Ele parecia engraçado, mas parecia ser gente boa e me pediu para ir com ele.

"O que a gente vai fazer?"

"A gente vai começar as fundações, e você vai me ajudar."

"Como a gente vai fazer isso se o chão está congelado?"

"Eu te mostro."

Ele estava carregando uma enxada-picareta, e a gente começou a caminhar.

"Onde é o canteiro?" eu perguntei.

Era bem na nossa frente. Ele me disse que tinha começado a marcar algumas sapatas no dia anterior. A gente foi até o local, que dava para ver da tenda do acampamento, mas era longe o suficiente para você desejar ter uma carona, principalmente no frio. Caminhar até lá era um desafio porque a gente estava andando na mesma tundra que eu tinha enfrentado na caçada. Só que agora estava congelada, o que deixava tudo escorregadio, além de irregular e cheio de solavancos. Com o tornozelo direito debilitado, aquilo definitivamente não me deixou nem um pouco feliz.

Eu conhecia o tipo de fundação que estavam usando naquele canteiro. Eu tinha instalado aquilo quando era mais novo, enquanto trabalhava ao norte do Círculo Polar Ártico, em Kotzebue, durante os meses de verão.

Depois que a gente marcou as estacas e deixou tudo esquadrinhado, ele me mostrou como instalar as bases no inverno. Ele começou a cavar a tundra com a enxada-picareta. Para minha surpresa, não era tanto cavar, e sim raspar a tundra para deixar as bases de quatro por quatro pés niveladas e esquadrinhadas para a equipe do piso.

"Elas vão afundar no chão", eu disse.

Ele me falou que sabia, mas que meu trabalho era colocar aquelas bases onde elas precisavam ficar. "Eu não me preocupo, porque são fundações ajustáveis", ele disse. Aí ele foi até a base e pediu para eu ajudar ele a colocar no lugar.

"Eu não consigo", eu disse. "Eu não tenho força."

"Só me ajuda a levantar ela na vertical. Depois eu rolo e coloco no lugar."

A gente fez isso com todas as bases e depois empurrou de um lado para o outro com alavancas até ficarem alinhadas numa linha reta, para montar o sistema de piso do jeito certo. Com frio e molhado, a gente continuou trabalhando o dia inteiro até o sol se pôr.

Eu estava exausto, congelando, e minhas luvas estavam encharcadas de neve gelada. A gente encerrou e voltou para o acampamento.

"Onde a gente toma banho?" eu perguntei para o meu colega no caminho de volta.

"Ah, a gente tem que ir na academia."

"Como assim, academia?"

"O ginásio da escola é o único lugar onde deixam a gente tomar banho."

"Então por que a gente está dormindo nessa tenda?"

Ele explicou que os moradores estavam tentando extorquir dinheiro do nosso chefe e estavam exigindo uma quantia enorme para nos alojar. Ele se recusou a pagar, e agora a gente estava preso ali, na tenda.

"Ah, ótimo", eu disse.

Eu fui para o meu beliche e me deitei de barriga para baixo, porque a ferida nas minhas costas estava doendo muito. Eu tirei as botas. Minhas meias estavam encharcadas, não por causa da tundra úmida e gelada, mas porque as bunny boots são tão vedadas que o pé não respira. Então as meias ficam encharcadas de suor.

Enquanto eu ficava ali, mais membros da equipe começaram a chegar e comer. Eu estava tão cansado que comi um pouco e um cookie. Meu casaco estava todo ensanguentado por dentro, então eu virei do avesso para secar. Meu tio finalmente voltou e fez o curativo de novo. Dessa vez estava bem grudado e sangrento, e levou um tempo para ele tirar a gaze, um trabalho nojento. Meu ombro estava com um cheiro ruim, e eu precisava tomar banho, mas eu estava cansado demais para isso.

CAPÍTULO 16

Na ponta dos pés

Na próxima vez que eu acordei, vi uma mulher em pé ao meu lado. Dava para perceber que ela não era enfermeira, porque estava vestida com o que eu consideraria roupa comum, de civil. Quando ela me cumprimentou, eu virei os olhos na direção dela e comecei a piscar. Ela disse que era do ICBC e que havia alguns formulários que eu precisava assinar.

"Eu não vou assinar nada agora", eu disse.

"Temos que fazer isso."

"Não, eu não vou fazer isso", eu repeti. "Eu estou com dor demais, não consigo pensar nem fazer nada agora."

"O que vai acontecer é que o seu seguro não vai pagar os danos, mas o hospital vai liberar você. Depois você vai ter que acertar com eles mais tarde."

"Eu ainda não entendo o que está acontecendo", eu disse.

Ela não ofereceu nenhuma explicação adicional. Em vez disso, falou: "Eu vou levar você até um escritório e você pode assinar os documentos lá. Depois a gente tira você daqui assim que o hospital liberar. A gente vai conseguir uma passagem de volta para onde você veio, e a gente conversa sobre o resto depois."

Eu estava a mais de 2.000 milhas de Anchorage. Eu mal conseguia compreender os arranjos que ela tinha descrito.

"Você se envolveu numa colisão frontal com um caminhão semi com dois reboques", ela disse, acrescentando que meu cunhado estava voando para lá para me ajudar.

Meu Deus, eu vou ter que pagar a passagem dele, eu pensei.

Eu não queria que ele gastasse o próprio dinheiro. Ele era um cara tão legal. E eu definitivamente não queria que meus pais gastassem dinheiro comigo.

Algum tempo depois, a administradora do hospital entrou no meu quarto para conversar sobre como eles iam me liberar do hospital e que eu precisava ficar lá por mais alguns dias. Eu ficava dizendo para ela que eu não conseguia mexer a cabeça sem usar as mãos, mas ela nunca respondia a isso. Eu disse que minha visão estava embaçada e, de novo, ela não disse nada, só que eles iam me liberar em breve e que eu teria que devolver o dinheiro ao hospital.

Quando ela foi embora, eu comecei a chorar de novo.

Por quê? Por que isso está acontecendo comigo?

A tristeza bateu forte quando eu pensei no meu pai de verdade. Eu não falava com ele havia anos, embora eu tivesse implorado a Deus por ajuda. Mas tudo o que eu sempre recebia era silêncio. Ele tinha ido embora, e eu ainda estava aqui.

Como isso pode ser? Ele está morto, e eu estou vivo.

MESMO SENDO was completamente escuro lá fora em Newhalen, ainda era relativamente cedo. Eu chutaria que por volta das oito da noite. Brian me mandou ir buscar água. Disse que eu tinha que ir até a academia e encher o latão de lixo de cinquenta e cinco galões. Ele parecia abatido e, para minha surpresa, não gritou comigo. Putz, eu pensei. Eu nem consigo ter um minuto de trégua tentando lidar com o tornozelo, a lombar e o meu ferimento. Jesus Cristo, quando isso vai acabar?

Felizmente, meu tio decidiu me ajudar e me mostrar onde ficava a água. A gente foi até a academia, onde eu encontrei uma mangueira de jardim conectada a uma torneira. Eu abri e enchi o latão enquanto a gente ficava sentado na caçamba da caminhonete. Quando voltamos para a tenda, mais equipes começaram a chegar, vindas dos outros trabalhos. Alguém tinha consertado o regulador do sistema de aquecimento a óleo, então finalmente estávamos conseguindo calor lá dentro. Só que, quando se trata de aquecer o interior de uma tenda, o processo é bem diferente de aquecer uma casa, especialmente quando lá fora está congelando. A única maneira de ficar quente era permanecer a uns quatro ou cinco pés de distância da lona. Como não havia espaço suficiente para tudo, a gente tinha que deixar os catres encostados na cobertura gelada. Então, sim, tinha calor, mas ainda estava frio pra caramba.

As condições climáticas na região de Iliamna eram imprevisíveis e extremas. Nevava, chovia, congelava, derretia, e a gente tinha que lidar o tempo todo com ventos ferozes e perigosos. Era absolutamente miserável.

Membros da equipe agora estavam voando de outras aldeias, incluindo Tim. Eu não me lembro de ter visto o Tim na noite em que sofri o acidente em Pitkas Point, então não sei se ele era um dos colegas que se recusaram a me levar até Bethel. Ele tinha quatro pessoas na equipe de armação e uma delas teve que ir para outro projeto, então agora eu ia ser o aprendiz dele.

Mesmo ele e o Brian gritando um com o outro, eu achei o Tim relativamente quieto. Mas eu tinha ouvido dizer que ele tinha um pavio curto.

É assim que algumas pessoas lidam com as coisas no Alasca. Você tem que ser duro como unha, e ele era duro.

Depois do café da manhã, era hora de começar a trabalhar com a equipe de armação. Até então, vários sistemas de piso — compostos por vigas, barrotes, compensado e forros — já tinham sido concluídos, o que nos permitia começar a erguer as paredes. A equipe de armação era responsável por construir as paredes externas e instalar as treliças do telhado. Eram as mesmas casas que eram construídas ao norte do Círculo Polar Ártico.

Minha maior preocupação era corresponder às expectativas do Tim. Eu não sabia se ele sabia dos meus ferimentos do acidente. Eu com certeza não contei. Se eu não acompanhasse o ritmo, ele podia pegar pesado comigo. Eu achei que o melhor era ficar o mais calado possível, não encher ele de perguntas e fazer exatamente o que me mandassem. Tomara que isso compensasse meus limites físicos no trabalho. A gente teve sorte de ter uma empilhadeira na obra, que podia deixar os equipamentos e materiais perto da primeira casa, então pelo menos a gente não precisaria carregar tudo até o local.

Cada equipe tinha seu próprio equipamento especializado e padrão. Eles recebiam um pequeno gerador para energia. Naquela época, a gente estava usando geradores Yamaha, que eram bons pra caramba. Alguns usavam geradores Honda, que também eram muito bons. A gente tinha que carregar manualmente todas as ferramentas até cada obra, incluindo os galões de gasolina e outros equipamentos.

Nossa equipe usava um compressor a gasolina, de dois tanques, para operar as pistolas de prego. Os compressores funcionavam o dia inteiro e, assim como os geradores, você tinha que abastecer, dar partida, trocar óleo, fazer manutenção e por aí vai. Mesmo tendo uma rodinha na frente para puxar, eu te digo: eles eram mais pesados e muito mais difíceis de arrastar por cima daquela tundra congelada, irregular, cheia de neve e caroços, do que os geradores. E dá pra imaginar quem ficou encarregado dessa tarefa.

Tim era um homem de ação. Eu ainda tinha que correr, não andar. Eu aprendi rápido que o Tim não se importava com as condições de trabalho nem com o clima. Ele não tolerava que alguém mencionasse problemas ou cometesse erros idiotas; ele acabava com a pessoa na hora, sem dó.

Eu aprendi que um homem de verdade tinha que carregar no mínimo seis montantes de dois por seis, secos em estufa, pesando cerca de quinze libras cada. Isso dá mais ou menos noventa libras, dependendo de quão molhada a madeira estava.

Antes dos ferimentos, eu conseguia fazer isso, mas com os ferimentos eu não conseguia pegar seis; era impossível. O máximo que eu conseguia carregar era dois, ou três se eu me forçasse. Eu tinha dificuldade para levar no ombro esquerdo porque, antes, eu levava no meu ombro dominante, o direito. Felizmente, o ombro esquerdo não estava machucado, então eu dei um jeito, mas minha lombar ainda estava se recuperando e eu ainda estava com problemas no tornozelo direito.

Eu fiz de tudo para acompanhar o ritmo da equipe o dia inteiro, mas eu rendi abaixo do esperado. Até hoje, eu não sei por que não fui demitido, porque eu não carregava o mínimo de seis montantes. Talvez o Tim soubesse dos meus ferimentos, mas pelo que eu vi naquele dia, ele não tinha compaixão por ninguém. Talvez ele tenha percebido que eu estava tentando. Vai saber.

As paredes de empena eram as primeiras a serem construídas em cada extremidade da casa. Depois que isso era armado, a gente fixava a grande treliça de empena pré-fabricada no topo das paredes. Isso, por sua vez, acrescentava algo entre treze e quatorze pés à altura das paredes.

Quando tudo estava pregado e preso com grampos, o Tyvek — uma barreira sintética contra intempéries — era desenrolado e grampeado nos montantes e nas longarinas. Depois que o Tyvek ficava firme, o revestimento era instalado, cobrindo a parede inteira, incluindo as treliças de empena. Aí, normalmente, a gente instalava as janelas, se estivessem disponíveis.

Naturalmente, cada parede de empena era muito pesada para levantar, algo em torno de 1.200 libras, e isso sem contar materiais encharcados de água ou vitrificados pelo gelo. Dependendo do horário, o Tim tomava a decisão raríssima de deixar as paredes de empena no chão, e a gente tinha que voltar na manhã seguinte para levantá-las. Éramos só quatro levantando aquelas paredes, e eu posso te dizer que era um trabalho pesado e perigoso.

As condições de trabalho estavam ficando mais duras. A gente estava perdendo cerca de cinco minutos de luz do dia por dia, e agora era outubro. Ainda tínhamos umas dez horas de claridade, mas estávamos entrando em novembro. Mais escuro, mais frio, mais vento, mais chuva... tudo isso ia tornar nosso trabalho muito mais difícil.

Aí as coisas pioraram de um jeito inesperado. Eu não sei o que aconteceu, mas o banheiro externo ficou indisponível, então a gente teve que ir lá fora. Para piorar, o papel higiênico acabou. Ok, tudo bem se a gente estivesse acampando, mas a gente estava trabalhando. A gente tinha que catar no canteiro algo que desse para usar. Eu pegava uma caixa de pregos 16-penny e usava Tyvek ou papel asfáltico para me limpar, e depois jogava no monte de lixo. Eu não sei o que os outros faziam, e eu não perguntei.

Todo mundo estava reclamando, e a gente estava começando a ficar meio excêntrico. Naquela noite, me disseram que a gente precisava deixar a primeira casa que construímos habitável, colocar o telhado e isolar, para que todos nós pudéssemos usá-la como acampamento da equipe. O cozinheiro ainda usaria a tenda para cozinhar, mas a gente iria para dentro da casa o mais rápido possível.

Na manhã seguinte, o Tim me mandou ajudar meu tio com o telhado. Estava ventando muito forte.

"Como é que a gente vai levantar cada chapa de metal para o telhado?", eu perguntei ao meu tio.

As chapas de metal tinham aproximadamente três pés de largura e por volta de dezoito pés de comprimento, dependendo do tamanho da casa. É um material leve, mas elas são compridas e desajeitadas, e também podem ser muito perigosas com vento forte. Se não estiverem bem presas no chão ou no telhado, o vento pode jogá-las como uma pipa em qualquer direção, e elas têm potencial de ferir gravemente uma pessoa ao bater nela ou ao cortar fora dedos, mãos ou até a cabeça.

Meu tio explicou que a gente ia usar três escadas de um lado da parede de empena, colocá-las cerca de um pé acima da linha do telhado e depois amarrá-las. Duas outras pessoas ficariam no telhado. Elas jogariam cordas para baixo pelo lado das escadas, e eu prenderia cada corda nos alicates de pressão em C e então fixaria em cada extremidade da chapa, garantindo que ficassem seguras o suficiente para não se soltarem. Era exatamente o que a gente tinha feito no telhado de metal em Pitkas Point.

Eu fiz como ele pediu e deslizei as chapas até o chão perto das paredes de empena, sozinho. Quando eu garanti que a minha parte estava pronta, ele e o parceiro puxaram as cordas em cada extremidade, enquanto eu ficava na parte de baixo da escada do meio. Eu tinha que subir a escada segurando o metal para garantir que ele estivesse estável enquanto eles puxavam, tomando muito cuidado para não soltar o meio, porque o vento às vezes podia soprar e pegar por baixo da chapa. Eu estava morrendo de medo de que o vento arrancasse aquilo das minhas mãos e fizesse a chapa voar até o topo do telhado e machucar meu tio ou o parceiro dele.

Quando a gente chegou no topo, continuamos subindo e caminhamos atrás da chapa que tinha acabado de ser levantada, enquanto meu tio e o parceiro deslizavam o metal até a outra extremidade do prédio, mantendo-o baixo sobre as terças. Quando colocavam no lugar, eles parafusavam. Eles não só "posicionavam". Meu tio era esperto; ele sempre gostava de parafusar cada chapa antes de instalar a próxima. Assim, a gente não precisava voltar depois para terminar.

Depois eu descia correndo até a escada, descia e repetia o processo até terminar os dois lados. A última coisa que a gente tinha que fazer era instalar a cumeeira, o que não foi tão ruim, porque era bem no topo do telhado, com uma abertura de uns seis a oito polegadas. A pessoa podia andar ao longo da cumeeira, colocando os pés sobre as treliças de madeira.

Estava escurecendo rápido, e finalmente a gente conseguiu encerrar o trabalho, depois de ter instalado com sucesso o duto da chaminé. Todo mundo ficou feliz, porque isso significava que a gente estava quase pronto para se mudar para dentro da casa. A equipe ficou tirando sarro de mim no jantar sobre como a gente teria que deixar aquilo isolado naquela mesma noite.

"Seu pai quer isso pronto", um deles disse.

"Ah, você só pode estar brincando", eu falei.

"Não, você precisa ir lá e isolar aquela casa."

Depois do jantar, eu voltei para a casa. Alguém, provavelmente o operador da empilhadeira, já tinha colocado os sacos de isolamento dentro. Então eu comecei a instalar R-19 nas cavidades das paredes, sozinho. O fato é que o isolamento é feito de fibra de vidro. A fibra de vidro pode entrar na sua roupa, na sua pele, nos olhos e nos pulmões. Felizmente, quando eu estava com mais ou menos três quartos das paredes prontos, provavelmente por volta da meia-noite, meu tio entrou na casa para me ajudar com o resto. Foi muito gentil da parte dele.

Isolar o teto foi um inferno, porque naquela época não existia isolamento soprado, ou se existia, a gente não usava nos tetos. A gente instalava manualmente duas camadas de isolamento, R-38 e R-11, o que aumentava o fator R total no teto para R-49. Isso é isolamento pra caramba, sem dúvida. A gente finalmente terminou por volta das três da manhã. Eu me lembro de voltar para a tenda e deitar por cima do saco de dormir gelado, porque eu não queria entrar nele. Eu não tinha onde tomar banho e estava cheio de isolamento. Eu não queria colocar fibra de vidro dentro do meu saco de dormir, então eu deixei a roupa no corpo e simplesmente dormi por cima do catre. O que mais eu podia fazer?

CAPÍTULO 17

Sem regras

*P*ouco *tempo depois da minha internação no hospital, eu ainda estava tendo dificuldade para virar a cabeça de um lado para o outro. Eu consultei vários especialistas de volta em Anchorage. Ainda com o braço engessado algumas semanas depois, comecei a ter dores intermitentes, agudas, como se fossem agulhadas, na mão esquerda. Eu contei para a minha família e relatei ao médico. Aquilo me lembrava de quando eu levava choque no helicóptero quando era criança, só que isso era muito mais doloroso. Ninguém disse nada sobre a dor que eu estava sentindo.*

Pouco tempo depois, uma pessoa muito próxima de mim me levou de carro até um especialista em ortopedia. Eu pedi para essa pessoa sair da sala, mas, para minha surpresa, ela se recusou. "Eu estou aqui para garantir que você receba a ajuda certa." Fraco demais para discutir, eu não disse nada. Quando o médico removeu meu gesso, ele percebeu imediatamente que minha mão não voltaria à vida. Eu não conseguia movê-la. Me encarando com incredulidade, ele correu para a outra sala, voltou às pressas e colocou um colar cervical em mim.

"Você precisa fazer radiografias imediatamente", ele anunciou.

Pouco tempo depois, ele colocou os raios X no negatoscópio e apontou para a imagem do meu pescoço. Eu vi uma fissura horizontal em uma vértebra do pescoço, bem perto de onde ele estava apontando.

"O que é isso?", eu perguntei.

"Tenho más notícias", ele disse. "Você fraturou o pescoço na região de C4 e C5."

"Eu fiquei dizendo para as enfermeiras e os médicos de Kamloops que eu estava com dificuldade para mexer a cabeça", eu disse. "Eles me disseram que meu pescoço estava bem porque os raios X do centro de trauma não tinham mostrado nenhuma lesão no meu pescoço. E por causa disso, eles nunca colocaram um colar cervical em mim."

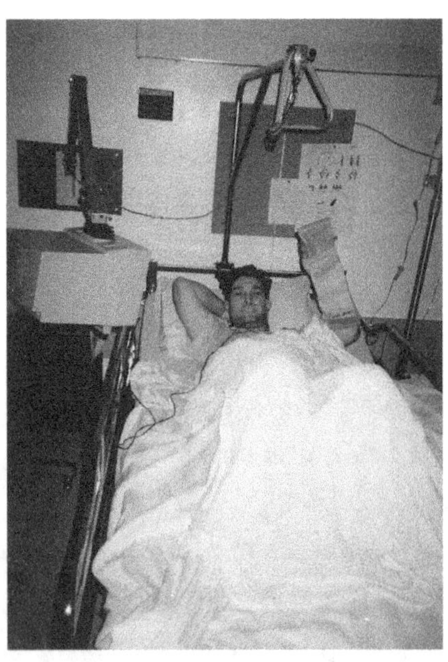

Na cama no Hospital de Kamloops, sem colar cervical.

"Eu sei, eles deixaram passar", disse o médico. "Você teve sorte de não ficar paralisado." Os dois saíram do quarto e eu fiquei ali sozinho, contemplando a minha situação. Eu só conseguia pensar: E agora? Como isso pode ser? Como é que eu ainda estou andando? A pessoa que eu tinha pedido para sair voltou sozinha para o meu quarto, me lançou um olhar duro e disse: "É melhor você contar a verdade e não mentir."

"O quê? Mentir sobre o quê?"

"Sobre os seus ferimentos."

*"Que p*** é essa que você está falando?" Eu mal tinha forças, mas dava para ver a fratura no meu pescoço no raio-X, e o médico tinha dito que eu tinha fraturado C4 e C5. Com o estômago embrulhado e com a pouca energia que me restava, eu gritei: "Sai daqui, sai daqui!" O que diabos havia de errado com aquela pessoa? Quer dizer, o maldito raio-X estava ali, bem na frente da cara dela, mostrando claramente que eu tinha quebrado o pescoço. E ainda assim ela me perguntava se eu estava fingindo. Que tipo de gente miserável consegue carregar tanta maldade no coração? Até hoje, quando penso naquela época, eu fico tão puto e com tanta náusea. Eu nem conseguia me defender, no meu estado de fraqueza. Que f*** de um babaca. Como se eu já não tivesse problemas suficientes para lidar.*

Por fim, aquela pessoa foi embora. O médico voltou e, depois de uma breve conversa sobre o meu pescoço, me olhou com compaixão e disse: "Aguenta firme, não desista. Volte a estudar e recomece a sua vida." Ele destacou que trinta e três ainda era relativamente jovem. Então ele enfiou a mão no bolso e tirou um bilhete branco dobrado, e me mostrou. O médico me contou que a pessoa que tinha me levado até lá tinha entregado aquele bilhete para ele. Estava escrito: "O David está fingindo os ferimentos?"

"Você vai ter um caminho difícil pela frente na recuperação", ele disse. "Quem quer que esteja por trás desse bilhete não vai tornar a sua recuperação mais fácil."

Depois de me encarar com seriedade, ele sussurrou: "Não fale com ninguém e não confie em ninguém. Cuide de você e se recupere, mude a sua vida e vá estudar, como eu fiz." Acontece que ele tinha trabalhado na construção. Ele também tinha sofrido lesões que mudaram a vida dele e precisou recomeçar do zero. Ele foi para a faculdade e, no fim, virou médico.

Ter que lidar com aquela pessoa nojenta, junto com os problemas financeiros e os meus ferimentos que não acabavam, foi difícil pra caramba, no mínimo. Eu fui grato pelo conselho que o médico me deu e não contei a ninguém o que estava acontecendo comigo. Eu não mencionei nada do que o médico tinha me dito para aquela pessoa cruel, no caminho de volta para casa.

A dor intermitente e aguda na minha mão esquerda continuou me atormentando por mais alguns anos. Foi outro especialista que descobriu que um dos pinos colocados no hospital tinha falhado e era a causa da dor. Depois que eu removi o pino cirurgicamente, eu nunca mais senti aquela dor aguda. Eles me deram o pino removido, e eu ainda o guardo como um lembrete da dor que eu passei.

NA MANHÃ SEGUINTE, I eu acordei com a lona da barraca batendo alto por causa do vento. Quando olhei ao redor, vi que havia bastante água em cima do piso de compensado. Que droga, pensei.

Mais uma vez, minhas roupas, que estavam embaixo do meu catre, estavam encharcadas. Depois de atravessar aquela água no chão, encontrei um par de meias seco na minha bolsa e coloquei. Eu tinha que manter os pés acima da linha d'água para conseguir calçar as meias. Por sorte, minhas bunny boots estavam ao lado da cama. Assim que coloquei elas, consegui ir até a cozinha e tomar um gole de água antes de ter que ir lá fora me aliviar, já que continuávamos sem um banheiro funcionando.

Eu sabia que era para a gente pensar: "Não é nada demais. É só acampamento." Mas não era como se a gente estivesse ali para viver no mato por alguns dias, esfregando dois gravetos para fazer uma fogueira. Nem pensar.

A gente não estava ali para brincar de campista de fim de semana; a gente estava ali para trabalhar.

Eu ficava tentando enganar a minha mente, dizendo que as coisas não eram tão ruins quanto pareciam, mesmo eu ainda lutando com o ferimento no ombro e com toda aquela dor, mas só ficava mais sombrio à medida que os dias iam perdendo cada vez mais luz.

Eu sabia que naquela noite a gente iria se mudar para a casa nova que tínhamos acabado de construir e que eu e meu tio tínhamos isolado, então pelo menos ia ser muito mais quente do que ficar na barraca. Ao mesmo tempo, a gente ia dormir dentro de uma casa cheia de isolamento exposto.

Isso vai ser uma porcaria, pensei, respirando toda aquela fibra de vidro para dentro dos nossos pulmões. A gente teria usado máscara se tivesse, mas não tinha, nem quase nenhum equipamento de segurança. Era assim que as coisas funcionavam naquela época.

Parecia que estava acontecendo um mini furacão lá fora, sem falar em toda aquela água e gelo na tundra irregular, onde você podia facilmente torcer e quebrar um tornozelo. Você só pode estar brincando, pensei. E ainda por cima a gente tem que trabalhar nesse inferno hoje. Que diversão.

Mesmo com o cozinheiro reclamando o tempo todo de que não conseguia os alimentos que queria, o café da manhã que ele servia — panquecas, ovos e mais um monte de coisa — era sempre bom, então passar fome era a última coisa com que eu me preocupava. Eu estava com o estômago embrulhado, sabendo que a gente tinha que sair naquele tempo e trabalhar para um chefe que não estava nem aí para o que acontecesse com a gente lá fora.

Depois do café, eu fui para o canteiro. O Tim normalmente era o primeiro a chegar, mas, naquele ponto, isso nem importava, porque eu achava que ele ia mudar de ideia e dar folga pra gente. Quando chegamos na casa, percebemos que o piso inteiro estava coberto por cerca de meio centímetro de gelo, e havia água em cima do gelo. A gente mal conseguia ficar em pé no deck sem escorregar e cair. Tudo o que a gente tinha eram botas comuns de neve, sem crampons, sem travas, sem nada. E era para construir em cima daquele deck naquele dia. Como a gente ia fazer isso?

Como sempre, o Tim berrou: "Bora trabalhar, seus f***!" Acho que ele nasceu com essa frase na boca.

O que mais me deixou angustiado foi que o revestimento estava bem longe da casa. Eu tinha que carregar ou arrastar aquelas peças malditas até as casas. O que deixava tudo ainda mais difícil era o acúmulo de gelo. Aquilo deixava as chapas de quase três metros, com quase trinta quilos, muito mais pesadas. Eu usei meu martelo para tentar quebrar o máximo de gelo que dava, mas acabou sendo uma perda completa de tempo e energia. Eu não podia bater forte demais porque não queria danificar a superfície acabada, o que tornaria as chapas inutilizáveis.

No começo, eu tentei arrastar o revestimento pela tundra até a casa, mas era pesado demais para eu mover. Depois tentei carregar as chapas no ombro, mas o vento estava tão forte que a pressão do ar ficava torcendo minhas costas de um lado para o outro. O único jeito que eu conseguia carregar era no ombro direito, em cima do ferimento aberto. Além de doer, eu ainda conseguia ouvir o curativo estalando e raspando em mim. Aquilo era um inferno. Eu ficava enjoado só de pensar, mas para quem eu ia reclamar? De quem eu ia pedir ajuda? O Tim só gritava cada vez mais alto conforme o vento ficava mais forte. "Trabalha, seus f***, trabalha! Vamos, sobe essa madeira aqui!" ele gritava, enquanto martelava com a pistola de pregos, juntando tudo.

Por fim, empurramos as treliças do frontão para cima do deck e as prendemos nas paredes. As janelas ficaram de fora por causa do vento forte. Colocamos blocos embaixo das treliças, para permitir levantar as paredes por baixo. O Tim lembrou que as treliças tinham pregos atravessando as tábuas. É, ele estava certo, então a gente tinha que tomar cuidado. Agora estávamos prontos para levantar as duas paredes do frontão.

O Tim definiu as posições de cada um para levantar a parede. Ele e o Levi, um carpinteiro, ficariam em cada extremidade, que era a parte mais baixa e mais segura, já que estavam bem na borda da casa e podiam pular para fora do caminho caso a parede caísse para trás. Eu e o Benny, o outro cara da equipe, fomos colocados no meio, que era a parte mais pesada, mais alta e mais perigosa de levantar. A altura da parede deixava quase impossível escapar se ela desabasse em cima da gente, principalmente com aquele gelo cobrindo todo o piso.

O vento forte continuava soprando direto contra nós. O Tim gritou: "Levanta, seus f***, levanta, vamos, levanta essa p***!" enquanto a gente escorregava no gelo, tentando erguer a parede até a altura do joelho. O vento empurrava o frontão de volta para baixo, fazendo a gente deslizar para trás toda vez que dava um passo minúsculo para frente.

"Levanta, seus f***! Levanta essa p*** de parede! Vamos, seus babacas, levanta!" ele não parava de berrar. Finalmente, depois do que pareceu uma eternidade, mas provavelmente foram uns trinta segundos, a gente conseguiu colocar na altura do quadril.

"Tá!" ele gritou. "É agora. Continua!"

A gente levantou de novo, chegando um pouco acima do quadril, mas aí começou a escorregar para baixo outra vez. A gente deu mais um passo e chegou na altura das costelas, mas de novo foi deslizando para trás.

Com o Tim gritando sem parar para a gente continuar levantando, finalmente conseguimos erguer acima da cabeça. Ainda lutando contra o vento e o gelo, conseguimos colocar de pé. Só Deus sabe como a gente conseguiu deixar aquela porcaria na vertical. A essa altura, eu estava tremendo feito louco. O frontão estava muito acima da minha cabeça. Eu tenho 1,78m e aquela parede tinha mais de quatro metros de altura. Era uma parede alta pra caramba e pesada demais.

"Pega um escoramento! Pega um escoramento, seu f***! Escora!" o Tim continuava gritando comigo.

Eu estava com medo de soltar a parede, porque eu achava que os caras iam perder o controle. Eu virei rápido, tentei correr para pegar um escoramento e imediatamente escorreguei e caí de mãos e joelhos. Tentei levantar, mas o piso gelado não deixava, então eu engatinhei o mais rápido que pude para sair do caminho da parede e pegar um escoramento.

Quando peguei um escoramento, consegui ficar de pé. Quando me virei, vi que os caras ainda estavam segurando a parede, mas estavam escorregando para trás devagar. O Tim e o Levi pularam da borda da casa para não serem atingidos pela parede. O Benny, coitado, tentou sair do caminho, mas não foi rápido o suficiente. A parte de cima da treliça do frontão bateu no ombro direito do Benny, deixando marcas profundas dos pregos que estavam atravessando. E o Levi machucou o tornozelo pulando do lado da casa. Eu e o Tim saímos sem um arranhão.

Sem nenhuma compaixão pelos caras que tinham se machucado, o Tim disse, furioso: "Vocês, seus f***, deviam ter segurado firme."

O Tim estava decidido a levantar as duas paredes do frontão. Ele chamou imediatamente a equipe do piso para ajudar. Eu me senti mal pelos meus colegas feridos, porque a única "pausa" que tivemos foi esperar a ajuda chegar. Foram necessárias dez pessoas para levantar as paredes. Com as paredes finalmente em pé e escoradas, a gente terminou o resto da casa.

Mais tarde naquela noite, dormimos dentro da casa que tínhamos isolado na noite anterior. Usaram um aquecedor portátil a querosene para aquecer. Felizmente, querosene é bem mais limpo do que diesel, mas ainda assim a gente tinha que respirar aqueles vapores. Mesmo assim, era melhor do que congelar — muito mais quente e muito melhor do que a barraca, sem dúvida.

No dia seguinte, eu acordei numa manhã fria e ensolarada depois da minha primeira noite de sono quente. Mesmo ainda sem banheiro e sem banho, eu me senti melhor com as condições em que estávamos vivendo. Indo tomar café na barraca — agora chamada de barraca do cozinheiro — eu notei que o sangue tinha atravessado do meu ombro até a parte de fora da minha jaqueta. Depois do café, eu olhei para as paredes em que eu tinha trabalhado no dia anterior e vi manchas de sangue em várias chapas de revestimento que eu tinha carregado. Aquela p*** toda me dava nojo.

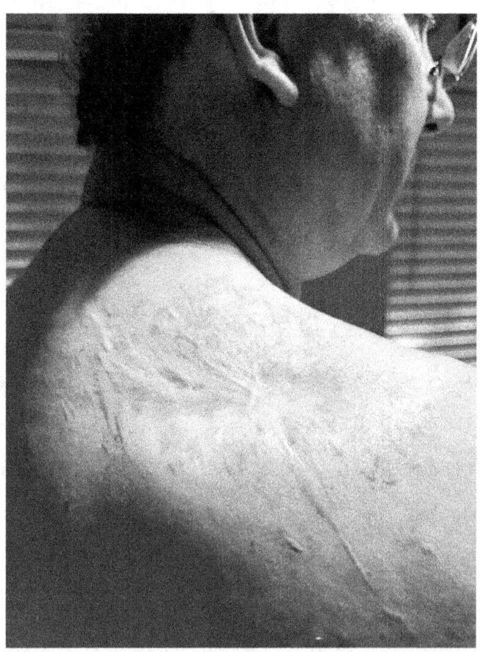

Olhando para fora, vendo o sol nascer, eu me perguntava que tipo de idiota eu era por estar trabalhando naquelas condições. Eu estava tão sozinho, com tanta raiva e amargura, que não tinha com quem conversar. O que eu ia fazer? Meus colegas enfrentavam condições parecidas, mas nenhum deles estava trabalhando há tanto tempo com ferimentos graves como eu. O medo era a cola que me mantinha de pé, e eu não queria fracassar e decepcionar ninguém. Eu acreditava que estava ajudando pessoas que eu respeitava e amava.

Eu não era o único infeliz. As condições duras de trabalho começaram a desgastar nossas personalidades normais e, em pouco tempo, eu percebi que estávamos nos transformando em novos personagens para dar conta da nossa realidade.

As pessoas tiravam sarro umas das outras, dizendo um monte de coisas idiotas, imaturas e inadequadas. Posso te dizer que aquilo estava ficando insano. A gente desenvolveu um tipo doentio de humor para lidar com o comportamento bizarro que o pessoal exibía, inclusive eu. Mesmo quando alguém contava uma história chocante em tom de brincadeira, isso não escondia o fato de que as pessoas eram capazes de fazer coisas terríveis. Até hoje, há muitas coisas que eu não contei a ninguém. O rastro de pensamentos que estou compartilhando agora são só pedaços de um quebra-cabeça enorme que vai continuar incompleto, porque é doloroso demais falar disso.

Anos depois, na faculdade, meu professor de psicologia fez a gente assistir e discutir a versão em filme do "Experimento da Prisão de Stanford". Eu aprendi que, quando um grupo de pessoas trabalha muito junto, principalmente em situações estressantes, elas podem desenvolver padrões de comportamento agressivos e inadequados que contradizem seus valores mais básicos, levando-as a fazer e dizer coisas que normalmente jamais fariam fora daquele ambiente. "O experimento, que estava previsto para durar de 1 a 2 semanas, acabou sendo encerrado no 6º dia, quando saiu do controle e os 'prisioneiros' foram obrigados a suportar abusos cruéis e desumanizadores nas mãos dos próprios colegas."

"O experimento mostrou, nas palavras do Dr. Zimbardo, como 'estudantes universitários comuns podem fazer coisas terríveis.'"[5]

A lição me deu mais uma ferramenta para tentar entender o que estava acontecendo com todos nós. Quer dizer, eles tiveram que interromper o experimento no sexto dia, num ambiente controlado. Dá para imaginar como alguns de nós se comportavam vivendo no mato por semanas ou meses? E uma criança exposta a circunstâncias parecidas? Eu achava que era só eu que tinha dificuldade de me ajustar à vida "normal". De repente, eu não estava sozinho. Mesmo com essa informação, ainda foi difícil para mim me adaptar à vida de volta em casa.

A essa altura, a gente já tinha levantado muitas casas, parecendo até um conjunto habitacional. Depois do jantar, às vezes eu ajudava outros membros da equipe. Numa noite, eu ajudei o Yukon a pegar umas peças de encanamento. Rindo, ele perguntou: "Quer ver como eu localizo as chaminés?" Aí ele abriu o zíper do macacão grosso de inverno e puxou uma pistola escondida. Enquanto caminhava até a fornalha, ele levantou o braço, apontou a arma para o teto e deu um tiro através do telhado. Eu não acreditava. Eu achava que quem faria uma coisa dessas seria o encanador motoqueiro, não o Yukon. Eu achava que ele era pacifista e não gostava de armas. Quem sabe onde aquela bala foi parar? E se tivesse alguém no telhado? A loucura estava escalando.

No dia seguinte, eu vi cães correndo pelo canteiro enquanto eu pregava a travessa superior nas montantes. Eu ouvi o som familiar de tiros. Não o "tac-tac" de uma pistola de pregos, mas disparos de rifle. Uns caras gritavam: "Pega ele, pega ele! Tá fugindo, tá fugindo!" Ah, ótimo, pensei. E agora? De novo. P***a. Crack — outro tiro — depois mais alguns disparos, seguidos de ganidos e de um guincho agudo que parecia vir de um cachorro.

Eu não fazia ideia do que estava acontecendo. Quando olhei para a esquerda, vi um cachorro arrastando as patas traseiras e ganindo, enquanto dois caras com rifles corriam entre as casas, perseguindo e atirando nele.

"Eu pego esse aqui!", um deles gritou enquanto passavam por nós. "Pega o outro cachorro."

Soaram mais tiros e, então, o cachorro que gemia se calou. Nossa equipe e outras ficaram olhando, tentando entender o que estava acontecendo. Depois, a gente voltou direto ao trabalho, ignorando o que tinha acabado de acontecer.

Naquela noite, muitos membros da equipe estavam rindo do que tinha acontecido durante o dia.

"O que diabos está acontecendo?", eu perguntei a um colega. "Por que eles estão atirando em cachorros?"

"A prefeitura colocou recompensa nos cachorros."

"Por quê?"

Ele me disse que muitos cachorros ficam raivosos e viram um perigo para os moradores, principalmente para as crianças. Eu não sabia que as pessoas realmente atiravam em cachorros. Eu achava que isso era coisa de filme. Eu não fazia ideia de que isso ainda acontecia nos tempos modernos. Eu amo cachorros, mas eu precisava empurrar aquilo para o fundo da cabeça, então eu transformei meus pensamentos compassivos sobre aqueles cães sendo abatidos numa frase simples: Desde que não me acertem com as balas deles. Eu quase não senti empatia nenhuma pelos cachorros. Que patético.

O que dá para fazer: chorar ou rir? Do meu ponto de vista, era mais um choro — daqueles em que a dor corta tão fundo que eu não consigo nem entender o que estou sentindo. O que estava acontecendo com aquele trabalho? Todo mundo lidando com o clima, ferimentos, falta de banheiro e de banho, e assistir aquilo parecia só mais um dia normal.

Na manhã seguinte, a gente se arrastou para fora da cama e foi trabalhar. O Tim contratou outro cara, um senhor mais velho, conhecido na comunidade local. Vou chamá-lo de Jeff. Embora ele estivesse procurando emprego para bater martelo, o Tim disse que, por enquanto, não tinha muito o que ele pudesse fazer além de recolher lixo. Disse que em cerca de uma semana ele já poderia enquadrar na carpintaria.

O Jeff aceitou a proposta, e o Tim mandou ele se encontrar com o operador da empilhadeira para começar imediatamente. O Jeff disse que voltava na segunda-feira.

"Tem trabalho pra você agora", o Tim respondeu.

"Sim, eu sei, mas como hoje é quarta, eu não quero um cheque pequeno, então preciso começar na segunda pra meus cheques serem iguais", o Jeff disse.

"O quê? Você vai ganhar mais começando hoje", o Tim falou. O Jeff saiu do canteiro, e a gente não viu ele pelo resto da semana.

Chegou a segunda-feira. À tarde, eu vi um homem ao longe caminhando em direção ao nosso canteiro. Ainda sem reconhecer o rosto dele, conforme se aproximava, eu vi que ele carregava uma caixa com o braço esticado. Que cena estranha, pensei. Voltei ao trabalho. O Jeff chegou no canteiro e gritou com o Tim: "Ei, tem ma nessas caixas! Tem ma nessas caixas!" Ele colocou a caixa no chão e abriu para mostrar ao Tim que tinha cocô dentro. "Eu fui contratado pra ser carpinteiro, não carregador de m***a", ele berrou.

Quem podia culpar o cara? Eu também teria ficado p***o.

O Tim só encarou o Jeff. "Eu não tenho mais nada pra você agora. O que você quer que eu faça? Você vai começar a enquadrar logo, mas por enquanto é isso que eu tenho."

O Jeff jogou a caixa no chão e saiu pisando duro, balançando a cabeça de nojo. No almoço, o pessoal comentava da caixa e do que o Jeff tinha feito. A gente ficou com pena dele. Ninguém estava tentando desrespeitar ele nem a comunidade local. A gente estava p***o porque estava tentando resolver um problema difícil por causa da falta de banheiro. Quer dizer, o que a gente devia fazer? E, além disso, quem é que abre caixas que vão para o lixo?

Depois do rolo com o Jeff, não demorou para avisarem que o conselho tribal tinha decidido nos parar, porque a gente não tinha permissão para dormir nas casas que estávamos construindo, e tinha que haver um banheiro funcionando no canteiro. "Os compradores não vão comprar essas casas se vocês ocuparem elas", disseram. "Vocês têm que voltar para a barraca."

Pouco tempo depois, de repente, a gente passou a ter banheiro no canteiro. Mas ainda não tinha chuveiro. Eu não lembro direito de tomar banho. Eu sabia que eu fedía; isso era certo, mas era o menor dos meus problemas. Agora a gente tinha que voltar para a barraca gelada.

Nas semanas seguintes, a gente enfrentou ventos fortes, neve, chuva e tudo o que a Mãe Natureza tinha para oferecer. Meu aniversário de dezenove anos veio e foi embora sem ninguém mencionar, e já estava quase no Dia de Ação de Graças.

Eu sabia que, em alguns dias, a gente teria um jantar de Ação de Graças da empresa no Iliamna Lodge, e minha família estaria lá.

Enquanto isso, a gente já estava com só sete horas e meia de luz por dia. No inverno, a gente trabalhava muitas horas no escuro congelante da noite. Eu usava uma máscara no rosto e, às vezes, fazia tanto frio que, toda vez que eu expirava, o vapor da minha boca batia nos meus olhos, e quando eu piscava, meus cílios grudavam congelados. O único jeito de abrir as pálpebras lá fora era ficar pressionando as pontas dos dedos expostas contra elas e derreter o gelo.

A gente tinha que improvisar para manter o equipamento e os geradores fracos funcionando. A gente até trabalhava à luz de lanterna se os geradores acabassem o combustível ou quebrassem. Uma vez, uma equipe ficou sem óleo do motor — o óleo que lubrifica geradores e equipamentos — e alguém daquela equipe pegou óleo vegetal na barraca do cozinheiro, despejou no gerador e rodou com ele o dia inteiro. Eu não acreditava que tinha funcionado. Nada daquilo foi feito para operar com óleo vegetal, então não sei se aquele gerador acabou explodindo depois.

Pouco antes do Dia de Ação de Graças, o vento uivava como um furacão, espalhando material e lixo para todo lado. Eu e meu tio, junto com muitos outros, tivemos que prender os materiais e tentar mover o máximo possível de lixo para um lugar seguro. O que não dava para mover, a gente tentava segurar com folhas grandes de compensado. Era um inferno, levando chuva, neve e granizo na cara. Eu continuava pedindo ajuda ao meu pai e me perguntando por que eu ainda estava vivo e ele estava morto.

Depois do almoço, a gente foi até uma das casas para prender uma chapa solta do telhado metálico. Eu e meu tio fomos encarregados de arrumar uma chapa que estava batendo no vento forte. Quando eu me aproximei, uma chapa de dezoito pés veio voando na minha direção. Eu tentei desviar, levantei o braço esquerdo para proteger a cabeça e o metal se enrolou no meu corpo, dobrou ao meio e passou por cima de mim. Eu corri atrás, prendi no chão, e meu tio veio ajudar. A chapa ficou amassada por ter me atingido, mas, de algum jeito, eu não me cortei nem me machuquei. Eu não acreditava que tinha saído ileso.

Depois de prender o resto do metal, eu voltei para a empilhadeira grande que a gente usava para o lixo. A gente montou uma caixa e colocou na frente, nos garfos. O Jeff agora estava operando a empilhadeira, e ele me seguia enquanto eu pegava lixo e colocava na caixa.

Eu nunca gostei de trabalhar perto do Jeff. Só a presença dele já era perturbadora. Outros colegas se sentiam igualmente desconfortáveis perto dele ou tinham medo dele. Eu tinha ouvido muitos boatos sobre o Jeff de pessoas da vila e de fora. Diziam que ele e a namorada estavam bêbados uma noite, no meio do inverno, voltando de Nondalton para Newhalen num quadriciclo. Eles brigaram com a esposa dele, e o Jeff entrou numa fúria bêbada. E, no dia seguinte, alguém encontrou um corpo muito machucado, ensanguentado e nu deitado na trilha congelada. Uma mulher tinha sido atropelada por um quadriciclo tantas vezes que não conseguiram identificar o corpo até levarem para Iliamna. A vítima era a esposa do Jeff, e o suposto assassino era o Jeff. Sendo ele culpado ou não, eu me sentia arrepiado trabalhando perto daquele homem. Não estou dizendo que ele fez, mas eu queria evitar ele o máximo possível.

Mais perturbador ainda: a gente construiu a casa da namorada do Jeff. Eu nunca gostei daquela mulher, mesmo antes de saber do que tinha acontecido. Ela era dura e parecia maldosa, e eu nunca queria me envolver com ela. A única coisa que eu fazia era dar um "oi" e sair de perto o mais rápido possível, porque o tom e a atitude dela me davam arrepios. Além disso, meu chefe empregava ela. Qual era o trabalho dela? Ninguém sabia ao certo.

Por fim, chegou a notícia de que a equipe ia se mudar para o próximo canteiro, em Nondalton. Que alívio! Seria o último conjunto de casas, então havia uma luz no fim do túnel. Quando terminasse, a gente podia voltar para casa. E, além disso, a gente não precisaria mais ficar numa barraca congelante, porque tinham alugado um salão com chuveiros e banheiros.

Pelo menos vou conseguir limpar meu ferimento e tentar algum alívio, tentar me recuperar naquela vila, pensei. Mal sabia eu o que ainda estava me esperando.

CAPÍTULO 18

Nondalton

Com o passar do tempo, depois daquela consulta médica desconcertante, eu e um amigo fomos assistir a *Perdidos no Espaço*. Ainda extremamente cansado por causa dos ferimentos e do estresse, eu imaginei que ver o filme e estar com aquele meu grande amigo ia me ajudar a tirar a cabeça disso tudo por alguns instantes.

Eu não falei muito quando ele me buscou. Eu não tinha energia. Mais ou menos um quarto do filme, eu senti como se estivesse apagando. Pela primeira vez desde os dois acidentes de carro que eu tinha sofrido, eu voltei a sentir que estava morrendo. Eu não conseguia falar.

"Você está bem?", meu amigo perguntou.

Quando eu não respondi, ele continuou perguntando, repetidas vezes, cada vez mais alto.

Eu não conseguia falar nem me mexer. Eu fiquei arrasado por não conseguir responder meu amigo e me senti mal por assustá-lo, mas eu me senti travado.

Ele me levou correndo para o hospital, e eu ainda não conseguia falar. Um membro da minha família chegou ao hospital.

"Não tem nada de errado com ele", eu ouvi os médicos dizerem. "Ele só não está respondendo." Pouco depois disso, minha capacidade de falar voltou, mas aquela experiência me assombrou por anos.

Eu percebi que, naquela noite, eu finalmente tinha entrado em choque. Minha mente e meu corpo tinham desligado por causa de tudo o que eu tinha passado. Não só eu estava lidando com as seguradoras e achando toda aquela dificuldade financeira esmagadora, como também parecia que eu ia perder minhas casas, meus negócios e meu sustento como carpinteiro.

Tudo isso aconteceu porque eu estava fazendo um favor para ajudar meu padrasto. O caminhoneiro que me acertou, que depois eu descobri que era um caminhão comercial de dois reboques, tinha feito um "L" e invadido a minha faixa, a cinquenta e cinco milhas por hora. Eu estava a trinta e cinco, o que dá um impacto de noventa milhas por hora.

NAQUELE voo bem curto até Nondalton, que fica encaixada entre montanhas dos dois lados, reparei que havia muito mais neve no chão do que em Newhalen. E essa não era a única diferença. A vila tinha muitas árvores e uma estrada única que seguia direto até o aeroporto, na ponta da cidade. Quando nos aproximamos do meio do vilarejo, vi do alto que alguém já tinha começado alguns dos blocos de fundação que eu ajudara a instalar antes. Também notei alguns pisos já montados. Só que havia algo que me pareceu estranho. Esses pisos pareciam estar mais altos do chão. Não era uma área plana como Newhalen ou como a maioria dos outros lugares onde construímos ao norte do Círculo Polar Ártico. Ali era diferente.

Pousamos. O irmão do Brian chegou puxando um reboque num trator Kubota laranja-avermelhado. Ele sorriu e parecia um "caipira de fazenda", o que me fez dar uma risadinha. Era um cara tão gente boa; sempre era um prazer vê-lo. Não sei como ele conseguia manter aquele astral, mas ele parecia estar sempre feliz e de bom humor.

Sempre que eu o via, eu lembrava do sonho de uma vida inteira que ele tinha: ser pescador comercial. Talvez fosse isso que o sustentava — porque ele sempre dizia que estava "a um dólar" de chegar mais perto do sonho.

Descarregamos o avião e colocamos tudo na caçamba do reboque, então ligamos o motor a diesel do Kubota. No caminho até a casa da equipe, passamos pela cidade, e eu vi que minha impressão estava certa sobre a altura dos pisos — eles eram muito mais altos do que qualquer coisa que a gente já tinha construído. Tinham sido montados num morro íngreme que subia a partir de uma estrada paralela e plana. Algumas dessas casas ficavam tão altas no ar que dava para ficar em pé embaixo das plataformas e ainda precisar de uma escada para alcançar o primeiro piso.

A maioria das fundações das casas estava incompleta de um jeito que eu nunca tinha visto. Mais tarde eu descobri que precisavam soldar extensões em suportes metálicos diagonais, que tinham sido encomendados de um fabricante, então teríamos de esperar para construir aquelas casas. Enquanto isso, postes verticais sustentavam todo o sistema, e em muitos pisos faltava grande parte do travamento lateral metálico, o que criava uma situação especialmente perigosa. Eu imaginava que, quando começássemos a construir sobre uma base instável, o peso dos materiais e o movimento dos trabalhadores poderiam torcer os postes verticais, começar a entortar o piso e fazer a casa desabar no chão, ferindo ou matando gente.

Eles tinham colocado alguns sarrafos de 2x4 provisórios, ligando as amarrações desse travamento lateral, mas aquilo parecia bem duvidoso.

Notei que havia uma camada grossa de gelo por toda parte, e as sapatas de fundação pareciam ter escorregado ladeira abaixo.

Viramos pela estrada na metade da cidade e chegamos ao acampamento. Era um prédio antigo que lembrava um centro comunitário. A cozinha ficava nos fundos, com mesas, cadeiras e várias camas de campanha ao redor. Aquele lugar era muito mais agradável e mais quente do que o nosso acampamento anterior. E, para meu enorme alívio, havia água corrente e banheiro. Caramba, agora sim — algum conforto de civilização. Pediram para a gente escolher uma cama e guardar as coisas embaixo dela. Quando vi, eu já estava lá fora trabalhando. Eu nem tinha escovado os dentes, então isso teria que ficar para depois.

Eu tive que ajudar o irmão do Brian a transportar materiais com o Kubota. Ele vinha movendo caldeiras de 500 libras sozinho. Não sei como diabos ele fazia aquilo, mas, de algum jeito, ele tinha colocado e tirado aquelas caldeiras do reboque sozinho. Ele era forte feito um boi e era a pessoa mais tranquila de trabalhar junto. Continuamos movendo materiais por dias até as outras equipes chegarem. A gente carregava tudo morro acima e colocava nas partes mais baixas da plataforma, que ficavam a uns três pés do chão, enquanto o lado mais alto elevado ficava a uns oito ou nove pés do chão. A gente trabalhava até tarde, noite após noite.

Agora a gente conseguia tomar banho, mas meu tio, por pura bondade, ainda estava fazendo o curativo do meu ombro. Eu ainda sentia muita dor por causa dos ferimentos, mas estava começando a me sentir melhor — pelo menos fisicamente. Eu continuava tendo flashbacks do acidente e de escorregar pela estrada de cascalho. Eu conseguia ouvir o caminhão estalando e rolando pela estrada e ver os faróis piscando na minha cabeça. Minha mente ainda estava tentando processar o acidente.

O clima estava horrível. Nevava, fazia frio e era um desconforto absurdo. Muita gente estava pedindo demissão, um atrás do outro. Ninguém queria trabalhar naquele projeto isolado no meio do inverno, cercado de gelo, neve e vento. A situação ficou tão crítica que meu padrasto teve que anunciar em vários jornais para recrutar mão de obra, inclusive gente dos "lower 48". Toda vez que alguém chegava de avião, não aguentava.

No trabalho de Newhalen, eu lembro de dois caras que chegaram no fim da tarde para construir as paredes internas, o que significava que eles nem precisavam trabalhar do lado de fora. Na manhã seguinte, um deles levantou, olhou em volta e disse: "A gente tá fora." Os dois foram direto para o aeroporto e pagaram do próprio bolso para ir embora.

A gente estava claramente atrasado no cronograma, e os telhados não andavam. O coitado do meu tio estava se matando de trabalhar e fazendo tudo o que podia para "fechar" as casas. Eu ajudava quando dava, entre uma tarefa e outra.

Numa noite, já tarde, depois que finalmente paramos e voltamos para o acampamento para jantar, vi meu cunhado e o Gil, que eu conhecia desde pequeno, quando eu trabalhava em Kotzebue. Não sei quantos anos ele tinha, mas ele parecia um vovô feliz até na época em que eu o conheci. E tantos anos depois, parecia que não tinha envelhecido nem um dia. Eu sempre tinha gostado dele. Era um cara muito gente boa e sempre foi gentil comigo. E agora ele estava ali, e eu não conseguia acreditar.

Acontece que eles tinham voado da cidade naquele dia para nos dar uma força. Eu nem sabia que o Gil ainda estava trabalhando, porque a última coisa que eu tinha ouvido era que a filha dele, coitada, tinha morrido. Pelo que eu entendi, ela estava dirigindo um snow machine quando bateu numa cerca de arame que acertou a mão e a cabeça dela. Enfim — não vou dizer mais nada. Meu coração acelerou quando percebi que talvez aquele caixão que meu tio e eu colocamos no avião bimotor 402 do meu padrasto fosse o dela. Eu me senti péssimo. De qualquer forma, foi um golpe devastador ela ter morrido. Que ela descanse em paz.

Eu não sei como ele conseguiu suportar uma perda tão enorme. Ele era corajoso, compassivo, o tipo de pessoa que daria a camisa do corpo se alguém precisasse de ajuda. Quando eu soube do que tinha acontecido com a filha dele, mesmo sem eu me lembrar de ter conhecido ela, eu fiquei de coração partido. E, ainda assim, lá estava ele, o mesmo cara sorridente e bem-humorado de sempre. Fiquei muito feliz de ter a chance de vê-lo de novo.

"O que você está fazendo aqui?", eu perguntei ao meu cunhado.

"Seu pai me pediu pra ajudar", ele respondeu. "E o seu ombro, como é que tá?"

Eu disse que ainda sangrava, mas não tanto, e que estava saindo bastante pus, e que eu ainda estava tirando pedrinhas de cascalho — algo que eu continuo tendo que fazer até hoje, quando pequenos pedaços acabam abrindo caminho através da cicatriz. Era um inferno. "Pelo menos agora eu finalmente consigo limpar sozinho", eu disse. "Mas ainda é difícil colocar um curativo sozinho."

Eu acrescentei que, pelo menos, a gente finalmente estava num prédio quente, e ele respondeu que tinha ouvido dizer que a gente estava passando por muitas dificuldades. Depois de uma boa refeição e de uma noite de sono, acordamos cedo no dia seguinte e voltamos ao trabalho.

Meu cunhado entrou de cabeça para ajudar meu tio no telhado. A vantagem era que ele era um trabalhador competente, da construção, e era encarregado de obras de um empreiteiro pequeno. Ele fazia de tudo: concreto, estrutura, drywall e acabamento. Eu sempre gostei de trabalhar com ele.

Ele era sempre tão gentil e agradável. Eu tinha — e ainda tenho — muito respeito por ele.

Enquanto a gente movia materiais pela estrada, eu via eles trabalhando duro nos telhados. A essa altura, algumas casas já estavam cobertas, e a obra começava a engrenar, mesmo com a gente ainda sofrendo com falta de gente. A gente fazia um esforço enorme para dar conta, trabalhando até tarde. Não sei quanto aos outros, mas eu não cobrei muitas das minhas horas extras. Acho que mais gente fez isso também.

Numa sexta-feira à noite, a equipe estava jantando e conversando com o Gil e alguns moradores sobre Kotzebue, de onde ele era. Muita gente estava bebendo. Eu não lembro se eu estava ou não. Devo ter tomado alguma coisa, mas, pela primeira vez, eu consegui relaxar e curtir a companhia de todo mundo. Parecia que o resto também estava se divertindo.

"Ô, você é de f**king Kotzebue?", perguntou um dos moradores.

O Gil deu uma gargalhada, bebendo o uísque dele. "Sou, sou de f**king Kotzebue", ele disse.

Os moradores começaram a zoar o Gil, falando um monte de m**da. As provocações iam e voltavam por um bom tempo, enquanto eles se revezavam tirando sarro um do outro. Eu já tinha ouvido a história das grandes guerras nativas. Só naquele momento eu percebi que ainda existia raiva e ressentimento em algumas comunidades nativas, carregados até os dias de hoje. A provocação não parava. Tanto os moradores quanto o Gil estavam rindo demais enquanto se alfinetavam, e todo mundo parecia ir dormir feliz.

No dia seguinte, eu tive que ajudar meu cunhado e meu tio nos telhados. A gente não tirava exatamente "folga" no fim de semana. Essa casa ficava bem no alto do morro. Uns dois dias antes, o irmão do meu chefe tinha levado alguns materiais até lá. A gente guardou as coisas menores embaixo da casa para protegê-las do tempo, mas as maiores — como a geladeira e a caldeira — ficaram a uns cinco pés na frente da casa.

Eu estava passando material e coisas do tipo para eles, lá em cima, enquanto eles aparafusavam o telhado. Estava nevando, então todo mundo escorregava para todo lado. Algumas chapas de metal não tinham sido fixadas no dia anterior, então meu cunhado foi lá com a parafusadeira, segurando também o cabo elétrico. Eu sabia que tinha uma corda por perto, mas, quando vi, ele estava deslizando telhado abaixo.

"Segura!", eu gritei. "Segura, por favor, segura!"

De algum jeito, bem antes de cair pela beirada do telhado, ele fez o impossível: virou o corpo durante a descida rápida naquele telhado nevado e congelado. Agora de frente, ele descia apoiado nos quatro apoios e, quando estava prestes a passar da borda, sumiu do nosso campo de visão

— tinha pulado. Ele caiu pelo menos uns cinco metros, da borda superior do telhado nevado, para uma encosta congelada, com neve e gelo.

Meu Deus, Jesus Cristo!

A gente ficou apavorado. Meu Deus, tomara que ele esteja bem.

"Você tá bem?", a gente gritou, enquanto descia do telhado.

Ele estava. Tinha machucado as mãos, os pés e as costas, mas podia ter sido muito pior. Se ele não tivesse pulado, teria caído em cima de algum daqueles objetos lá embaixo, com chance de machucar gravemente a medula, quebrar ossos ou se empalar. A agilidade dele colocou a queda num caminho que terminou bem entre a geladeira e a caldeira. Ele escapou por um triz. Pela coragem, bravura e rapidez de raciocínio, ele salvou a própria vida e evitou um ferimento sério.

Meu Deus do céu, graças a Deus ele não se machucou gravemente, eu pensei.

Ele voltou para o telhado e continuou trabalhando mesmo com a neve caindo. Era um guerreiro. Eu só sabia das dores que ele contou, mas, pela altura da queda, tenho certeza de que tinha mais coisa.

Meu cunhado podia ter ficado aleijado para o resto da vida ou morrido. Tremendo por dentro, eu só pensava: Meu Deus, o que é que a gente tá fazendo? Ninguém quer trabalhar aqui. Eu amava aquele homem e meu tio. Se qualquer um dos dois tivesse se ferido ou morrido, eu acho que eu teria enlouquecido.

Alguns dias depois, voltamos para o acampamento para descansar e vimos que os moradores tinham destruído nossas coisas. Entraram no acampamento, roubaram um monte de coisas da equipe e depredaram tudo, quebrando mesas, cadeiras e camas de campanha. Parecia que tinham passado uma marreta no lugar. A área de cozinha estava quebrada e uma bagunça.

Naquela noite, tivemos que sair dali e encontrar uma das casas que já tinha sido isolada. Foi horrível, porque as casas não tinham aquecimento nem eletricidade. Pelo menos a que escolhemos tinha janelas instaladas, mas uma estava quebrada. Então fazia um frio de rachar. As camas tinham sido destruídas, não tínhamos colchonetes, e o piso estava gelado. Eu estendi meu saco de dormir sobre a lã de vidro e usei aquilo como forro.

Quando me dei conta, mais gente estava indo embora. Meu cunhado saiu do trabalho. Meu tio continuou, mas não ficou mais no local. Não lembro onde ele foi, provavelmente para outra vila. Eu fiquei lá com só mais um ou dois caras, me sentindo abandonado, isolado e com medo pela minha segurança.

Eu liguei para meu padrasto. "Eu não quero ficar aqui a menos que a gente tenha uns dobermans, ou algum tipo de arma, ou algo assim pra proteção", eu disse.

"Segura firme", ele falou. "Tem outro cara indo aí pra ajudar a colocar ordem."

"A última vez que eu vi o Brian foi semanas atrás", eu disse, sem conseguir esconder a emoção. "Eu quase não vejo ele porque ele vive voando entre as vilas tocando o projeto. Como assim você tá mandando outra pessoa?"

"Eu contratei um novo gerente de projeto, ele vai voar pra aí hoje ou amanhã. A gente vai ter ajuda logo", ele disse.

Eu engoli o que eu queria falar, porque não queria criar ainda mais problemas. Voltei para a casa fria, sem aquecimento, e dormi no meu saco de dormir, ainda usando a lã de vidro como colchão, já que não tinha cama nenhuma.

No dia seguinte, quem ficou teve que encarar a nova realidade dos próximos dias. Não tinha mais banheiro e não havia cozinha disponível. A única coisa que a gente tinha para comer eram umas latas que tinha pegado no dia anterior, no acampamento antigo. Quando fomos tentar recuperar algumas das nossas coisas lá, achamos a porta trancada e não deixaram a gente entrar, então não conseguimos salvar mais nada.

Pelo que eu tinha ouvido, o novo chefe estava vindo no avião dele, um Helio Courier. Esses aviões famosos tinham sido usados no Vietnã e supostamente eram projetados para não entrar em estol. Eu nunca acreditei nisso nem por um segundo, porque todo avião pode entrar em estol. Mais tarde, naquela tarde, eu ouvi um avião passando por cima. De tanto viver perto de aeroportos e pistas, eu reconheci na hora que era um Helio só pelo som. Quando eu olhei para cima, confirmei.

Ah, então esse já é o novo chefe. Caramba, ele está vindo ajudar a gente. Isso seria ótimo.

A gente encontrou com ele na casa onde estávamos ficando. Ele tinha cabelo cacheado e parecia o Tom Jones, o cantor. Contamos o que tinha acontecido.

"Eu vou resolver isso sem demora e fechar um acordo pra gente voltar a usar o acampamento-base", ele disse. Parecia um cara razoavelmente legal, que realmente queria ajudar. Pouco depois dessa conversa, ele decolou e foi para Iliamna. Acho que ia dar uma olhada nos outros trabalhos.

Naquele mesmo dia, antes mesmo de ele ter a chance de renegociar com os moradores e colocar a gente de volta no acampamento — sem falar em lidar com a destruição das nossas coisas — chegou a notícia. Ao decolar na taxiway do aeroporto de Iliamna, ele caiu. Então lá se foi a lenda de que esses aviões não entram em estol. Disseram que foi um acidente terrível e que ele estava sendo removido de avião-ambulância para Anchorage. Eu torci para que ele ficasse bem. Meu Deus, o coitado nem tinha passado algumas horas aqui e já caiu. O que mais podia dar errado nesse trabalho?

Muitas semanas depois, eu veria esse novo supervisor na casa dele. Ele estava todo machucado, com as duas pernas e os pés engessados. Tinha fios saindo de cada dedo do pé. O rosto dele estava preto e roxo. Ele não parecia nada bem, mas conseguia ficar horas ao telefone.

Mais gente que trabalhava nas outras vilas pediu demissão depois que o novo gerente de projeto caiu, e alguns trabalhadores conhecidos chegaram em Nondalton. A gente estava praticamente sozinho. Estava tão frio naquele ponto que o Kubota mal pegava. A linha do filtro de combustível cristalizava de gelo, e a gente tinha que usar aquecedores para conseguir dar partida.

Além de todas as minhas outras tarefas, eu ajudava o Yukon e o encanador motoqueiro. Dessa vez, os encanadores precisavam injetar água e glicol nos sistemas das caldeiras para ativar o aquecimento. Tudo o que a gente tinha era uma mangueira na pia dentro do acampamento de cozinha para encher baldes de cinco galões. Depois de cheios, a ideia era usar o reboque do Kubota e levar até cada casa. Só que, como se não bastasse, a linha de combustível do Kubota congelou de novo, e a gente não conseguia energia suficiente para um aquecedor derreter o gelo. Então agora tudo tinha que ser carregado na mão.

Como o Yukon queria ir embora o mais rápido possível, decidiram fazer uma maratona de vinte e quatro horas de trabalho. E, claro, por azar, eu tive que carregar na mão os baldes de cinco galões de um lado ao outro da vila, em temperatura abaixo de zero, a noite inteira e o dia seguinte também. Cada balde pesava mais de quinze quilos quando estava cheio de água. A estrada tinha uma camada fina de neve por cima do gelo. Às vezes minhas botas pegavam um trecho de gelo exposto, eu escorregava e espirrava água gelada no rosto ou na pele descoberta, causando uma ardência. Quando eu chegava numa casa, eu subia as escadas com os baldes e bombeava a mistura de água e glicol para dentro de cada caldeira. Glicol é um anticongelante, que impede a água de congelar em temperaturas abaixo de zero. A gente fechou aquele turno de vinte e quatro horas e concluiu o trabalho. O Yukon estava exausto, mas feliz, porque agora podia ir embora.

As pancadas continuavam, mas eu consegui transformar limão em limonada. Eu acabaria seguindo meu próprio caminho. Aos dezenove anos, comprei um apartamento pequeno e bonitinho, de dois quartos, no segundo andar. Tinha uma garagem compartilhada, o que era ótimo, principalmente durante os dias escuros e gelados do inverno em Anchorage.

Passei alguns anos bons ali e, mais tarde, acabei vendendo, seguindo para outras aventuras e aplicando as lições que eu tinha aprendido.

CAPÍTULO 19

Lições Eternas

Durante o julgamento, um sujeito grande e parrudo, com barba e bigode, testemunhou que tinha se aproximado da caminhonete amassada e me visto desacordado. Ele disse que viu minha mão esquerda pendurada para fora da janela dianteira do lado do motorista. Enquanto eu estava ali, preso no meio daquele monte de ferro retorcido, ele tentou me acordar falando comigo, mas eu não respondia, nem quando ele me sacudiu. Desesperado, ele deu umas duas palmadas fortes na minha mão esquerda, mas mesmo assim eu continuei inconsciente.

Enquanto contava isso no banco das testemunhas, ele começou a desabar e chorar. Ele tinha ouvido dizer que minha mão esquerda precisou ser reconstruída com pinos.

Eu vi ele chorar ali, na frente de todo mundo. Meu Deus, eu fiquei tão mal por ele. Ele não sabia que minha mão tinha sido ferida quando ela foi *jogada para fora pela janela, estilhaçando o vidro. A culpa não era dele. Se eu visse alguém em apuros numa situação parecida, eu talvez fizesse a mesma coisa que ele fez. Não havia motivo nenhum para ele se culpar. Eu sei que ele estava ali tentando me ajudar.*

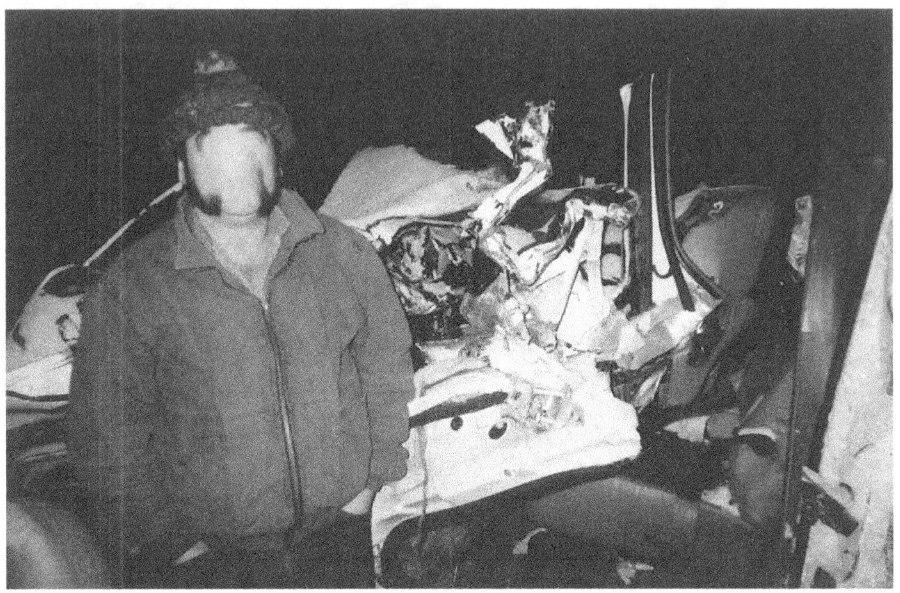

Eu não guardo rancor do motorista do caminhão que bateu em mim. No entanto, eu sinto nojo das seguradoras desprezíveis que me deixaram financeiramente à deriva e não poderiam ter se importado menos com o meu bem-estar — ou com o bem-estar de qualquer outra pessoa — enquanto brigavam por dinheiro.

As dificuldades financeiras e as lesões com as quais eu tive que lidar me abalaram até o fundo. E, mais nojento ainda, foi o fato de que, por vários anos, o hospital negou o nosso pedido do raio-X do meu pescoço feito no centro de trauma. Finalmente, pouco antes — ou durante — o julgamento, o hospital liberou o exame. E ali estava: mostrava que eu tinha lesionado as vértebras C4 e C5. Eles mantiveram isso escondido. Apenas disseram: "Desculpe, cometemos um erro", e foi isso.

Financeiramente, eles trataram a minha lesão no pescoço como se não fosse nada diferente de alguém quebrando um dedo. Para eles, não era problema nenhum. Imagine tentar lidar com tudo isso. Eu poderia ter ficado paralisado se minha mão esquerda não tivesse voltado a funcionar e se o meu médico não tivesse desconfiado imediatamente de que havia algo errado — pura sorte. Meu médico me salvou de acabar numa cadeira de rodas, e ninguém foi responsabilizado.

Eu tive muita dificuldade para me recuperar daquele acidente e, claro, tive que pagar minhas contas médicas por anos, o que me custou minha casa, meu trabalho e as casas de aluguel do meu negócio. Eu recebi pouca ou nenhuma ajuda da minha família.

Por sorte, naquela altura, eu já tinha construído a minha própria família, baseada no amor.

DEPOIS QUE VOLTAMOS from de Newhalen e Nondalton, meu padrasto me disse que não guardava rancor de ninguém que tivesse desistido e que contrataria qualquer um de volta, caso quisesse trabalhar. Mesmo eu tendo permanecido leal e não tendo desistido, eu fui tratado de forma muito diferente de todos os outros trabalhadores. As coisas nunca mais foram as mesmas entre nós. Nós nunca conversamos sobre o meu acidente de carro e as dificuldades que eu tinha enfrentado nas vilas. Virou um assunto morto, embora até hoje eu ainda lute com tudo o que aconteceu naqueles trabalhos — junto com os atos de violência com os quais eu tive que lidar quando era criança.

Enquanto eu me recuperava do meu segundo acidente de carro, lá no México, eu senti uma vontade forte de encontrar o local onde meu pai biológico estava enterrado. Eu sentia que precisava dizer a ele que o amava e pedir desculpas por tê-lo machucado. Assim que eu estava bem o bastante, fui a Los Angeles procurar o túmulo dele. Levou um tempo, mas eu finalmente o encontrei. Era preciso assinar um livro de registro antes de ir até o local. Estranhamente, eu vi um nome assinado acima do meu. Quem era aquela pessoa? Quando me aproximei do túmulo, notei uma pequena e linda placa. Depois de ficar um tempo com ele, eu voltei ao escritório e perguntei ao zelador sobre a assinatura.

"Essa pessoa comprou a placa", ele disse.

Naquele instante, eu percebi quem era. Sempre me disseram que eu tinha outro irmão, mais velho do que eu. Eu não sei o quanto mais velho, mas me disseram o nome dele e enfatizaram que ele era absolutamente lindo. Um tipo de beleza de astro de cinema. Também me disseram que ele era muito protetor com a minha meia-irmã, assim como com outras pessoas, e que cuidava dela como um falcão. Infelizmente, eu não tenho nenhuma lembrança dele. Eu só me lembro do meu irmãozinho lindo de dois anos. Mas eu fiquei tocado ao saber que o nosso irmão mais velho tinha mandado gravar uma placa para o nosso pai.

Ah, meu irmão precioso, muito obrigado pelo amor que você demonstrou pelo Pai, eu pensei. Deus abençoe meu irmão — meus dois irmãos.

Mesmo eu me sentindo um pouco melhor depois de visitar meu pai, eu ainda carregava uma culpa imensa. Eu sei que não fazia nenhum sentido lógico um menino de quatro anos, que amava o pai, ter matado ele. É claro que isso não fazia sentido. Eu sabia disso, mas a minha mente não me libertava daquele peso.

Era hora de ir embora de Los Angeles, mas havia algo que continuava me roendo por dentro. E era a forma como meu pai tinha morrido. Então eu decidi criar coragem suficiente para perguntar à minha mãe biológica — com quem eu tinha retomado contato — o que tinha acontecido com ele.

Quando eu expliquei para ela, por telefone, o que me haviam dito, ela começou a chorar.

"Não foi isso que aconteceu", ela insistiu, antes de explicar que ele estava na moto, num posto de gasolina, e que um carro o atropelou e fugiu. "Atropelamento com fuga", ela disse. "Eles nunca encontraram a pessoa que matou seu pai. O caso ainda está em aberto."

"Não, isso não é verdade. Isso não pode ser", eu disse.

"Eu sempre soube que meu primeiro nome era Lee antes de terem mudado para David, mas o que eu descobri é que o nome do meio do meu pai era Lee", eu contei a ela.

"É como se alguém estivesse tentando apagar a história dele", ela disse. Ela ficou deprimida e com raiva por causa disso durante anos.

Depois da nossa conversa, eu liguei imediatamente para a minha avó, que felizmente ainda estava viva na época, e fiz a mesma pergunta. Sem hesitar, ela me contou exatamente a mesma história.

Minha avó tentou me acalmar, mas a dor do que eu tinha acabado de ouvir era indescritível. Que Deus a tenha.

Eu chorei e chorei por muito tempo. Por que alguém diria que ele tinha se matado e me faria acreditar que eu o tinha matado? Não só mentiram para mim sobre como ele morreu, como eu descobri que ele tinha acabado de completar trinta e dois anos. Ele estava com dor? Ele sofreu, caído no asfalto quente? Meu Deus do céu, eu espero que ele não tenha sofrido.

Então uma fúria tomou conta de mim. Que tipo de pessoa conta uma mentira dessas para uma criança? Um membro da família uma vez alegou que tinha sido tudo um mal-entendido. Conversa fiada. Não existe a menor chance de alguém interpretar errado uma coisa dessas. Mas tudo bem: vamos dar o benefício da dúvida. Ainda assim, quem em sã consciência diria algo assim para uma criança de sete anos? Foi aí que caiu a ficha: eu venho sofrendo esse luto o tempo todo.

Por anos, eu reflito sobre a dor causada pela crueldade implacável daquela pessoa — incluindo aquela que invadiu minha consulta médica, se intrometendo sem nenhum direito. Quem ataca alguém no momento em que a pessoa está mais vulnerável? Eu duvido que soubessem que o hospital tinha escondido meus raios-X, mas, se soubessem, como vivem consigo mesmos, sabendo que meu pescoço estava quebrado? Talvez não valha a pena ficar remoendo isso, mas, para mim, são cruéis, frios, sedentos de sangue, PILANTRAS!!

Meu padrasto e a irmã dele — minha mãe biológica — vieram de origens modestas. Eles tiveram que trabalhar duro e por muito tempo a vida inteira para alcançar seus objetivos. Ele foi o meu professor, que me deu a oportunidade de conquistar um PhD na vida. Apesar da nossa falta de comunicação, as conquistas extraordinárias dele e a melhora na vida de tantas pessoas são lições que nunca serão esquecidas.

Eu percorri um longo caminho desde a época em que eu construía casas no meio do mato. Trabalhar nas vilas quando eu era criança e jovem adulto foi difícil — e isso é dizer pouco. O que eu enfrentei tão cedo me fez questionar a humanidade. Acho que tentar manter a sanidade foi mais difícil do que suportar a dor física brutal. No fim das contas, eu encontraria alegria de outras formas. Com tudo o que aconteceu, eu encontrei uma pequena fresta nos portões enormes do céu, pela qual eu consegui me espremer e ganhar muito mais do que eu poderia imaginar. Quando a minha vida começou a melhorar rapidamente, um mundo de grande alegria, amor e harmonia, de repente, virou um soco no estômago — um luto e uma tristeza que nunca vão se curar.

CAPÍTULO 20

Filho Amado

Eu conheci minha esposa, Marcela, no México, enquanto tentava me recuperar. Eu tinha ido para lá por dois motivos: eu estava financiando a minha recuperação, e moradia e serviços médicos eram muito mais baratos no México do que nos Estados Unidos — e eu imaginei que o clima mais seco e quente poderia melhorar a minha saúde. Eu não fazia ideia de que encontraria a pessoa mais maravilhosa do mundo. Eu devo a minha vida a ela, porque foi ela quem colocou paz no meu coração.

Quando conheci minha esposa, eu fiquei com medo. Não foi a beleza dela que me assustou, porque eu conseguia ver que a alma dela era pura, e ela brilhava de bondade e compaixão. Nem as conquistas dela no ensino superior, nem as três línguas que ela falava me intimidaram. Eu também não fiquei abalado com a independência dela ou com a determinação que ela tinha de pagar o próprio caminho e conquistar o que era dela. O que me assustou foi amor à primeira vista. Dizem que amor à primeira vista é mais uma paixãozinha, que passa rápido, mas, lá no fundo, eu sabia que eu ia ficar ligado a aquela pessoa pelo resto da minha vida. Eu simplesmente sabia que eu ia me casar com ela. E era isso que mais me apavorava.

Então eu me afastei dela. Eu precisava me afastar porque eu não tinha nada a oferecer. Tudo o que eu tinha era um corpo quebrado e uma montanha crescente de contas médicas. Para completar, eu não tinha perspectiva de emprego, nem meios de ganhar a vida, nem casa, nem estudo. Eu tinha menos do que nada. Como eu ia conseguir jogar tênis ou mergulhar com cilindro com ela? Ou acompanhar ela em qualquer outra coisa? Todas essas questões ficavam girando na minha cabeça durante o que acabou sendo uma recuperação longa e dolorosa.

Quando eu conheci a Marcela, eu só conseguia andar um quarteirão, mais ou menos, mas eu caminhava todos os dias, tentando ir cada vez mais longe. A cidade onde ela cresceu era pequena, então a gente acabava se esbarrando com frequência. Com o tempo, começamos a nos ver, e ficamos praticamente inseparáveis.

A família dela era fantástica. Na época, o pai dela — um grande homem — era o médico da cidade e urologista, e tinha salvado a vida de muita gente ao longo dos anos. Em contraste, eu não tinha nada a oferecer. A única coisa que eu podia fazer era prometer a ela que eu voltaria a estudar.

"Eu vou precisar de ajuda para conseguir um tecnólogo, ou algum tipo de diploma em qualquer coisa", eu avisei.

E essa não era a minha única preocupação. Eu tive incontáveis noites sem dormir, preocupado se eu conseguiria cumprir a minha promessa, porque eu não sabia como a minha vida ia se desenrolar com todas as minhas lesões. Eu nem sabia se conseguiria um emprego, mas eu estava disposto a tentar e a não ser um fracasso aos olhos dela.

Como se viu, a Marcela tinha um diploma muito valorizado em contabilidade, o que significava que as oportunidades dela eram ilimitadas. Só que ela nunca gostou muito de contabilidade, então ela foi atrás do sonho dela: ser professora de jardim de infância. Eu não conseguia imaginar nada melhor. Ela precisou voltar a estudar para conseguir um mestrado, e eu tinha medo de que isso colocasse ainda mais pressão em cima de mim.

Graças a Deus eu tinha a Marcela na minha vida. Eu digo isso de novo e de novo. Só pela compaixão dela e pelo amor enorme que ela tinha por todo mundo que encontrava, ela me salvou.

Depois que nos casamos, ela teve muita paciência comigo, enquanto eu vivia permanentemente com o benefício por incapacidade do SSI e carregava o estresse daquele julgamento desprezível registrado lá em cima, no Canadá.

Ela me apoiou enquanto eu fazia meu tecnólogo e minha graduação na Universidade de Las Vegas. Com o tempo, eu consegui um mestrado. Ela me ensinou amor, compaixão, felicidade e alegria. E então, quando parecia que nada podia ficar melhor, ela me deu o maior presente de todos.

No nosso segundo ano de casamento, a Marcela engravidou. Eu fiquei empolgado de um jeito que eu nem conseguia compreender. A expectativa de ver nosso filho nos dava uma emoção tão grande. Quando eu vi pela primeira vez os olhos escuros do meu filho, Robert, olhando para cima, foi como se os portões do céu se abrissem e me deixassem entrar. Minhas pernas tremiam, e eu estava sorrindo de orelha a orelha. Eu não conseguia acreditar no que eu via: meu filho, a pessoa mais linda. Como eu poderia estar mais feliz? Nós fomos abençoados além das palavras por ter alguém como ele na nossa vida.

A Marcela fez uma coisa interessante durante a gravidez. Ela só falava espanhol com o Robert. Claro, tudo o que eu podia fazer era falar em inglês. Conforme ele foi crescendo, ela continuou falando apenas em espanhol com ele, enquanto eu continuava falando inglês. Ele teve o melhor dos dois mundos: falava inglês e espanhol. Isso seria muito benéfico para ele e, no mínimo, ele poderia se comunicar em espanhol com a família dela sempre que viessem nos visitar.

Isso era muito legal, mas o Robert falou pouco — ou quase nada — nos primeiros dois anos. Nós conversamos com alguns especialistas sobre isso, e eles disseram que ele estava tentando entender qual língua falar, e por isso demorou um pouco para começar a falar. Quando ele escolheu uma língua, ele falava o tempo todo e não parava mais. Ele falava principalmente em inglês, o que fazia sentido, já que a gente morava nos Estados Unidos. Ele também falava inglês com a Mamá no começo, então ela tinha que incentivar ele a falar espanhol.

Foi uma fase tão alegre. A gente assistia a desenhos e fazia todas aquelas coisas de criança pequena, inclusive ensinar ele a nadar. Eu fazia questão absoluta de que o Robert aprendesse a nadar, porque eu sabia que no Alasca a taxa de mortes era maior do que na maioria dos outros estados.

Foram dias incríveis. Eu ficava em casa, continuando a me recuperar, e cuidava do Robert, até que comecei a frequentar a faculdade. A Marcela voltou a dar aulas de espanhol e inglês para crianças do jardim de infância. E nós continuamos oferecendo ao Robert — que estava sempre rindo, sorrindo e cheio de alegria — a infância mais feliz possível. Ele era o nosso universo, um pacote de amor; nós éramos os pais mais apaixonados e dedicados.

E tínhamos motivo para nos orgulhar. Quando o pequeno Robert tinha pouco mais de dois anos, nós o levamos a uma sorveteria. Ele se virou, olhou para a placa acima da porta e leu o que estava escrito nela. Ele ainda nem estava falando, mas tinha lido a placa.

Uau, essa criança é brilhante, eu pensei.

O Robert era um turbilhão de energia positiva e alegria, e uma criança extremamente independente. Ele adorava sair correndo e fazer as coisas sozinho, a ponto de eu e a Marcela começarmos a achar que talvez a gente precisasse colocar uma guia nele. O Robert não sabia, mas ele me ajudou a me recuperar, porque acompanhar ele era uma forma de exercício.

Quando o Robert tinha por volta de três anos, eu estava arrumando o carro na garagem para uma viagem de férias em família. Eu olhei para baixo e vi ele sentado ao lado do pneu.

"O que foi, Robert?"

Ele me encarou. "Eu tô cansado."

"Como assim você tá cansado?" eu perguntei.

"Eu tô cansado", ele repetiu.

"Tá bom, então você precisa descansar."

Eu fiquei muito confuso. Aquilo não fazia o menor sentido. Era meio da manhã, e isso não era nada típico dele. Ele era uma bola de energia e vivia em movimento. Eu observei o Robert por um instante e então peguei ele no colo, levei para dentro de casa e contei para a Marcela o que estava acontecendo. Nós ligamos imediatamente para o pediatra dele.

"Ele está bem", o médico disse. "Não se preocupem com nada. Provavelmente ele precisa de uma injeção de vitaminas."

Nós cancelamos a viagem e o levamos ao médico. Ele examinou nosso filho e disse que queria um exame de sangue. Quando o resultado chegou, fomos encaminhados para outro médico. A gente não sabia o que estava acontecendo. Então veio a notícia ruim: nosso filho tinha Leucemia Linfoblástica Aguda (LLA). O médico precisou nos explicar que aquilo era uma leucemia infantil e que o Robert precisaria de tratamento para a doença no sangue. O médico percebeu o quanto nós estávamos devastados. Olhando diretamente nos nossos olhos, ele disse:

"Olha, o trabalho de vocês agora é viver. Essa é a missão de vocês agora."

Nosso bebê foi submetido imediatamente a múltiplas injeções na coluna e a uma variedade de comprimidos que ele precisava tomar todos os dias. Durante os anos seguintes, tivemos que usar calendários e anotar a lista de remédios e os horários exatos em que ele precisava tomar cada um — além do cronograma das punções lombares horríveis. Ele não reclamou uma única vez.

Eu fui a todas as injeções dele. Eu não conseguia imaginar a dor que ele devia estar sentindo. Era horrível ver aquela agulha enorme perfurando a medula espinhal dele enquanto injetavam vincristina na coluna. A ironia é que a minha recuperação me deu tempo para ajudar meu filho e ir a todas as consultas médicas dele. A Marcela queria passar vinte e quatro horas por dia com o Robert, mas ela precisava trabalhar. Eu me sentia mal por ela, porque ela sofria muito por ficar longe dele, mas precisava sustentar a família. Eu não podia fazer nada para tirar aquele peso terrível das costas dela.

O Robert parecia mais preocupado com o nosso bem-estar do que com o dele. Ele sempre nos olhava com aquele sorriso grande, quente e amoroso, mesmo enquanto tomava os remédios e fazia punções lombares. Ele era tão corajoso, nunca dizia uma palavra sobre estar com medo ou com dor. Eu juro: havia momentos em que ele olhava para mim e para a Marcela, e parecia que ele estava tentando consolar a gente — não o contrário. Eu não conseguia acreditar. Ele era a pessoa mais altruísta que eu já conheci: um espírito amoroso, uma montanha de bondade, gentileza e doçura.

Ah, como você é corajoso e forte. Eu queria poder tirar esse cálice de você, meu pequeno homem valente.

Quando o Robert ficou doente, nós recebemos uma quantidade esmagadora de compaixão e amor de instituições externas. Grandes organizações de caridade, como as fundações Make-A-Wish e Candlelighters, ajudaram com algumas necessidades do Robert. E bem no começo, a Fundação Make-A-Wish realizou o desejo do Robert de ir para a Disney World, na Flórida. Por coincidência, ele era muito fã de Star Wars e conseguiu assistir ao desfile anual de Star Wars. E, para nossa grande surpresa, ele conheceu em particular a dubladora que fazia a voz da Ahsoka, a personagem favorita dele. Ela deu a ele vários presentes de Star Wars. Ele se divertiu muito na Flórida. Como pais, nós não poderíamos estar mais felizes, porque a Disney abriu o coração e nos deu acesso especial a todas as atrações e brinquedos. O Robert ficou encantado. Como ele já amava pescar desde muito cedo, nós compramos para ele uma varinha de pesca pequena, para que ele pudesse lançar a linha no lago ali perto de onde estávamos hospedados. E não é que ele realmente pegou um black bass enorme? Depois de tantas provações, foi incrível sentir a alegria dele.

Quando o Robert concluiu a primeira rodada inicial de punções lombares — que eles chamam de "big blast" —, nos disseram que ele teve uma remissão rápida, o que significava que eles já viam as contagens de glóbulos brancos indo na direção certa. Mesmo assim, ele ainda tinha anos de tratamento pela frente. Os médicos não nos diziam muita coisa sobre as chances de recuperação dele, caso ele sobrevivesse ao tratamento. Nós não sabíamos que tipo de resultado esperar, mas sabíamos que, quando injetam as pessoas com aqueles remédios, eles matam as células boas junto com as ruins — e isso vai até o cérebro. Então, nós sabíamos que ele teria algum tipo de problema cognitivo ou muscular.

O pai da Marcela, o médico, confirmou que haveria problemas no futuro e passou por algumas possibilidades com a gente. Graças a Deus pela Marcela. Ela teve a ideia de colocar o Robert no tênis imediatamente para ajudar a melhorar a coordenação motora dele, que já começava a virar um problema. Quando eu incentivei ele a subir uma escadinha de três pés, eu consegui ver que ele tinha dificuldade. Ele também começava a ter problemas de destreza nas mãos ao usar ferramentas. Naquele momento, eu soube que ele não trabalharia na construção civil como servente ou coisa do tipo. Os desafios dele não eram tão graves, mas eu conseguia ver onde ele poderia se machucar. E não havia a menor chance de eu deixar ele correr esse risco.

Mesmo o Robert já sendo o nosso foco principal desde o nascimento, nós redobramos nossos esforços por ele. Eu queria tratar o Robert como se ele fosse uma peça frágil, finamente trabalhada em ouro, com grande respeito, e não negar nada a ele. Eu não estragava ele, mas eu queria garantir que ele fizesse tudo. Em resumo, nós seguimos as instruções do médico. Nós vivemos.

Nós levávamos o Robert para corridas da NASCAR, que ele amava, porque gostava de usar o boné da NASCAR e os abafadores com rádio para ouvir as corridas em tempo real. Eu queria que ele conhecesse o país, então viajamos com ele pelos Estados Unidos, visitando trinta e quatro estados em um único verão. Também alugamos um SUV e dirigimos até o México nessa mesma viagem para visitar os avós e a família dele.

Por mais estranho que pareça, a Marcela, descobrimos, vinha da mesma cidade mexicana do homem que acabou ficando com o meu caribu. Antes de nos casarmos, eu tinha mostrado a ela o caribu no restaurante e contado como eu me sentia a respeito, o que tinha acontecido e como o caribu tinha ido parar ali. Agora eu queria que o Robert visse. Eu não dei detalhes sobre a caça nem sobre por que meu caribu estava no México. Eu raramente falava sobre o meu tempo no Alasca e nas vilas. Ele só sabia que era um lugar onde eu tinha vivido.

Nossas aventuras nos levaram ao Texas, onde vimos uma cobra enorme atravessando a estrada. Nós entramos fundo em cavernas, aprendendo muito sobre como elas se formaram. Na Flórida, nadamos no oceano, pescamos à noite na baía e pegamos muitos peixes, que empalhamos. Depois, fomos para Nova York, Mount Rushmore e até Devil's Tower, em Wyoming, que apareceu no filme Contatos Imediatos do Terceiro Grau. Nós terminamos a viagem na Colúmbia Britânica para ver as amigas da mãe dele. Também levamos o Robert para a Europa com o primo dele. Ele nadou no Lago Léman, viu o Coliseu em Roma e visitou o Vaticano, onde foi abençoado.

De volta aos Estados Unidos, eu sempre levava ele para pescar em diferentes partes do país. O Robert adorava pescar e soltar os peixes de volta no ambiente deles, o que era uma tradição de família que meu padrasto tinha me ensinado. De vez em quando, quando a gente queria jantar ou pegava um exemplar realmente bonito, abríamos uma exceção. Em casa, ainda temos os peixes que empalhamos, com as datas e os lugares onde os pegamos. Mas ele não me deixava caçar. Eu respeitei o desejo dele e honrei a posição dele. Eu nunca tentei mudar a cabeça dele. Caçar já não fazia mais parte de mim, então eu deixei isso no passado. Eu não queria angustiar ele nem desafiar o ponto de vista dele; não era necessário. Eu estava bem em focar na pesca.

As aventuras só se acumulavam. Eu até arranjei tempo para ir com ele ao Novo México e lavar o nosso carro no lava-jato usado em Breaking Bad. Mas a gente nunca tinha visitado o Alasca, e o Robert me cobrava isso havia anos.

Finalmente, eu cedi e levei todos nós — incluindo o primo dele — para lá. Nós passeamos por Anchorage e visitamos algumas áreas de pesca, onde pegamos muitos dolly varden. Numa dessas pescarias no Rio Kenai, o primo dele lançou a linha, e uma águia desceu e pegou a isca dele. A águia ficou voando com a isca do primo, e ele puxando com a vara. Foi muito engraçado e fofo, principalmente quando a águia se soltou e foi embora.

Eu até aluguei um hidroavião, e nós voamos até o Lago Taper, o antigo chalé à beira do lago, ao norte de Anchorage — cerca de trinta e cinco minutos de voo — que meu avô e nossa família tinham construído. Infelizmente, a pessoa para quem vendemos o chalé o incendiou por dinheiro do seguro, mas eles conseguiram ver a pedra antiga até onde eu costumava nadar, além das entradas e saídas do rio onde eu ia de barco para pescar.

Nós voamos de uma ponta do lago até a outra e demos voltas, o que levou um tempo por causa do tamanho enorme. Eles ficaram muito animados. Nunca tinham vivido nada parecido. Voar num hidroavião, decolar e pousar na água, também foi uma experiência nova. De volta a Anchorage, eles viram fogos de artifício à luz do dia pela primeira vez, porque no verão quase não escurece.

Ao longo dos anos, eu e a Marcela continuamos fazendo várias coisas com o Robert. Conforme ele crescia e seguia a própria vida, ele se dedicou ao tênis e a outras atividades. E ele passava tempo com uma amiga especial — outro anjo — que ele tinha conhecido na escola primária.

Eles não sabiam explicar, mas se entenderam desde o primeiro dia e viraram melhores amigos. Quando ficavam juntos, pareciam dois senhores numa escola primária — tão sérios, tão felizes e tão brincalhões o tempo todo. Nós não poderíamos estar mais felizes por ver o Robert encontrar o que, para nós, parecia uma amizade para a vida inteira, uma alma gêmea, por assim dizer.

Claro que, nessa época, o Robert ainda estava lutando contra a doença, tomando remédios e enfrentando punções lombares — tudo isso sem uma única reclamação. Nós o transferimos para um hospital renomado, bem conhecido na Costa Oeste, para terminar o tratamento, e pedimos a essa instituição que não contasse ao Robert sobre a doença dele. Nós sabíamos que estava chegando a hora de dizer a ele o que estava acontecendo com o corpo dele, mas ainda guardávamos isso a sete chaves. A gente não queria tirar a infância do Robert revelando a doença.

"Ele tem o direito de saber sobre o próprio corpo", o médico e a enfermeira insistiram.

"Nós sabemos, mas vamos marcar com um psicólogo e fazer uma reunião em grupo para traçar uma estratégia de como revelar isso para ele", nós dissemos. Nós deixamos isso cristalino para o médico e para a equipe.

Passou um tempo. Um dia, enquanto ele estava fazendo tratamento e eu estava sentado na sala de espera, me chamaram. Eu vi a enfermeira me encarando de um jeito estranho. Eu fiquei com medo.

"O que aconteceu?" eu perguntei.

"Eu contei para o Robert o que ele tem", ela disse num tom esquisito.

"Como assim?" eu exclamei.

"É, bem... ele tinha o direito de saber que tem leucemia."

"Você não devia ter dito nada. Nós íamos fazer isso."

"Ele tinha o direito de saber."

O médico entrou naquele momento e, com um olhar firme e autoritário, repetiu a mesma frase da enfermeira.

"Você não tinha o direito de contar para ele", eu retruquei.

Eu fiquei horrorizado. Eu não conseguia acreditar que aquela instituição tinha contado para o meu filho sobre a doença dele sem a nossa permissão.

Eu peguei o Robert e levei ele para casa. Eu tive que dar a notícia para a Marcela, e nós dois ficamos abalados. Mais tarde naquela noite, conversamos com o Robert sobre o que ele tinha e por que não tínhamos contado antes. Depois disso, ele não foi mais o mesmo. Havia algo diferente nos olhos dele, e o jeito como ele olhava para nós era muito diferente. Às vezes, ele dizia que estava tudo bem, mas nós sabíamos que tinha algo errado.

Mais tarde, conforme ele cresceu, esse conhecimento começou a machucar ele. Mesmo depois de completar o tratamento, ele tinha medo de a leucemia voltar. O pobre Robert ficou traumatizado. Eu ainda sinto muita raiva daquela enfermeira e daquele médico pelo que fizeram. Foi errado. O Robert tinha o direito de saber, sim! Mas ele também tinha o direito de ouvir a notícia de nós, os pais dele. Felizmente, essa quebra de confiança não nos prejudicou como família. Nós continuamos muito unidos.

Nós estávamos planejando uma viagem em família. Eu perguntei ao Robert para onde ele queria ir. Era uma escolha entre Austrália e Nova Zelândia. Nós decidimos ir para a Nova Zelândia. Quando estávamos prestes a comprar as passagens, a Marcela — que tinha se machucado no trabalho — disse que não poderia viajar porque tinha piorado e mal conseguia se mexer.

"Eu quero que vocês vão", ela disse.

"Uau... você vai deixar eu e o Robert irmos para a Nova Zelândia sozinhos?" eu perguntei.

"Sim", ela disse. "Sem problema. Eu quero que vocês se divirtam."

"Tá bom, então vamos", eu disse ao Robert. E eu pude levar meu filho para a Nova Zelândia.

Era verão nos Estados Unidos e inverno na Nova Zelândia, então fizemos as malas para o frio. Visitamos muitas cidades, alugamos carros, fizemos um monte de coisas e fomos pescar num lugar famoso — que a gente nem sabia que era tão famoso assim. O lago era enorme e cheio de trutas gigantes, de troféu. Eu contratei um guia de pesca com mosca, que foi muito gentil. Eu e o Robert tínhamos que encontrar o guia bem cedo. Ele queria que a gente estivesse na rampa de lançamento do barco às 5h30 da manhã.

Enquanto tomávamos café, eu recebi uma mensagem dos Estados Unidos dizendo que um colega de trabalho e um amigo muito querido nosso tinha falecido naquela tarde, no horário dos Estados Unidos. O Robert era muito apegado a ele. Nós o visitávamos com frequência na casa dele ou na baía, e ele tinha ensinado ao Robert o básico da vela. Eu disse ao Robert que nós íamos pescar por ele. Estava escuro e frio quando saímos de casa e dirigimos até a rampa do barco. Quando chegamos, havia gelo por toda parte, então tivemos que tomar cuidado para não escorregar e cair na água. A temperatura era de -2,78 graus Celsius.

Nós estávamos na região havia alguns dias e tínhamos enfrentado uma tempestade de chuva prolongada que tinha alagado estradas. Assim que saímos da margem, eu reparei em todos os troncos que a tempestade tinha trazido, então eu não tinha certeza se pegaríamos algum peixe. Eu lancei a linha e, imediatamente, senti uma fisgada. Eu entreguei a vara para o Robert, e ele recolheu. Era uma truta linda, grande, como as que tínhamos pegado no Alasca. Aquela foi a nossa truta juntos — a truta para o nosso amigo. Eu tenho certeza de que ele estava sorrindo para nós naquele dia.

Numa noite, nós fomos a um lugar que acabou sendo um restaurante e espetáculo renomado. A entrada estava completamente escura, e então ouvimos um canto vindo de longe. Conforme o canto foi ficando mais alto e mais alto, nós vimos pequenas chamas de luz se aproximando. Olhando para baixo, vimos água. Em questão de segundos, chegou uma canoa, remada pelos nativos locais, e nos levou até a área do jantar. Aquilo fazia parte do show e, nossa... nós dois ficamos hipnotizados.

Depois, participamos do espetáculo com o restante do público, batendo palmas e cantando junto com os nativos. Pouco antes de servirem a comida, o anfitrião passou por todas as mesas e pediu para cada pessoa dizer qual língua falava. Muitos convidados vinham de várias partes do mundo e, independentemente do idioma, o anfitrião conversava com eles na língua nativa deles. Aquilo me lembrou de quando eu tinha uns quinze anos e fui fazer safári na África do Sul, onde conheci um homem que falava sete línguas. Quando o anfitrião chegou à nossa mesa, o Robert disse que falava espanhol, então o anfitrião conversou com ele em espanhol por um bom tempo. Ah, como eu queria que a Marcela estivesse lá.

Aquele espetáculo inesquecível deu a mim e ao Robert uma visão da cultura Māori, que ele respeitou muito. Ele também viu o lado geológico da Nova Zelândia e observou, com grande intensidade, as poças de lama borbulhante e os gêiseres que explodiam por todos os lados. O Robert encontrou um lugar onde a gente podia nadar em águas termais naturais. Só ele mesmo para descobrir lugares incríveis para explorar.

A gente nem sabia que tinham filmado O Senhor dos Anéis ou O Hobbit na Nova Zelândia, mas nossas viagens nos levaram a Wellington. Nós fomos a um hotel e restaurante para almoçar e ouvimos dois caras no bar falando sobre o estúdio de O Hobbit. Nós ouvimos a conversa deles escondidos. A gente se sentiu péssimo por isso, mas valeu a pena, porque, no fim das contas, o estúdio ficava logo ali na rua de baixo. Pegamos um transporte até lá para visitar os prédios de efeitos especiais.

Ah, foi muito divertido ver as maquetes dos cenários e as armaduras feitas à mão que os atores usavam. Vimos as flechas e os machados usados nas batalhas, assim como as criaturas pequenas e gigantes que eles criaram — incluindo o Gollum, a criaturinha verde que amava o anel que ele chamava de "Precioso". Durante a visita ao estúdio, aprendemos muito sobre o talento e o esforço que existem por trás dos efeitos especiais. Perguntamos onde eles tinham filmado as cenas externas e onde ficavam os cenários da casa dos hobbits. Quando descobrimos para onde ir, pegamos uma estrada longa até o destino e depois entramos num grupo para a visita guiada — a única forma de visitar a casa dos hobbits.

"Quem aqui já leu O Senhor dos Anéis?" o guia perguntou assim que todos nós já estávamos no ônibus. O Robert levantou a mão. Quando descemos do ônibus, o guia perguntou de novo quem tinha lido O Senhor dos Anéis, e o Robert levantou a mão de novo. Nas duas vezes, ele foi a única pessoa que levantou a mão.

Desde cedo, a Marcela lia para o Robert — e graças a Deus por ela, porque foi ela quem fez o Robert se interessar por leitura. Desde pequeno, ele lia o tempo todo. Mesmo assim, eu fiquei surpreso por ele ter lido O Senhor dos Anéis, porque é um livro enorme que eu nunca ia ler.

O guia do tour ficava interrogando o Robert sobre o livro, e isso fazia ele rir. Aquele garoto tinha lido o livro. Muita gente diz que leu, mas não leu. Assistem ao filme. E, como o Robert sempre dizia, o filme é diferente do livro.

Nós tivemos sorte de ele poder ver todos os cenários de O Hobbit, inclusive o local da casinha onde o Sam, um personagem do filme, morava. A gente pôde beber "cerveja" de mentira no cenário de taverna, e ainda vimos a árvore famosa. Só que, em determinado momento, o Robert saiu andando, e eu tive que procurar por ele. Aquela veia de independência que ele já mostrava quando era pequeno continuava firme. Depois de uma busca longa, eu finalmente encontrei ele. Quando me aproximei, ele estava conversando com um senhor que tinha um kit de pintura. Ele me disse que aquele senhor tinha trabalhado em Star Wars.

Nossa, que demais, eu pensei.

Nós fizemos perguntas, mas ele se recusou a falar qualquer coisa sobre os filmes de Star Wars, dizendo que tinha assinado um contrato de confidencialidade. A única coisa que ele disse foi que era "muito legal".

Nós passamos mais de duas semanas na Nova Zelândia e tivemos o melhor tempo de pai e filho. O Robert pôde ver e fazer todo tipo de coisa por lá. Como eu fui abençoado por poder aproveitar a companhia dele. Meu Deus, a gente se divertiu demais. Ao mesmo tempo, ficamos tristes por a Marcela não ter podido ir com a gente, porque ter ela junto teria deixado a viagem mais alegre e completa. Nós decidimos que levaríamos ela de volta lá um dia.

O Robert amava tanto a mãe dele. Ela era a chefe. Nada me deixava mais feliz do que saber que os dois estavam se divertindo, então eu fiquei radiante quando ela levou o Robert para o México sozinha para visitar a família. Todo mundo amava o Robert, e eles contavam histórias das aventuras deles. Mãe e filho visitaram Guadalajara, Guanajuato, Michoacán e a Cidade do México, onde ele tirou fotos de igrejas, catedrais e praças, conversou com povos indígenas e experimentou comidas únicas. Ele falava sobre a história que tinha aprendido lá. O Robert amava história desde criança e estava sempre lendo livros históricos. Sempre que a gente visitava um lugar histórico ou uma cidade nova, ele fazia um resumo do lugar. Na família, todo mundo dizia que o Robert era como uma enciclopédia ambulante. Ele era brilhante, nossa fonte certa de informação.

Ele e a mãe dele foram a um festival de balões, e depois correram para ficar em cima do telhado dos parentes, acenando para os passageiros quando os balões passavam por cima das cabeças deles. Eles me disseram que os balões passavam tão perto que parecia que dava para esticar a mão e tocar.

Depois, o Robert subiu as Pirâmides do Sol e da Lua em Teotihuacán. A Marcela e o Robert caminharam ao lado do aqueduto em Michoacán. Pegaram o funicular para ver a estátua de El Pípila, andaram por ruas extremamente íngremes e estreitas e participaram de uma procissão noturna liderada pela Estudiantina, um grupo de músicos e dançarinos.

Que incrível isso.

O Robert amou aquela viagem com a mãe e conhecer o resto da família. As aventuras deles superaram a Nova Zelândia de longe, porque ele pôde estar com a mãe, e os dois estavam mergulhados na cultura dela.

Mesmo com a gente sendo tão unido, o Robert ainda conseguia nos surpreender. Uma noite, nós três fomos a um show de stand-up para moradores locais, como um trabalho de crédito extra da aula avançada de inglês dele. A tarefa era ouvir cantores, comediantes e pessoas fazendo discursos, escrever alguma coisa na hora durante as apresentações e depois apresentar no palco. Lá do fundo, eu e minha esposa vimos o Robert escrevendo palavras num guardanapo. Ele escrevia e escrevia, sem parar. A essa altura, todos os outros participantes já estavam no palco. Então vimos ele tocar no ombro do professor e dizer: "Eu tenho uma coisa."

No instante seguinte, o Robert estava no palco lendo o que tinha acabado de escrever. Era um poema lindo, belíssimo, inacreditável e o público respondeu com aplausos estrondosos. Nós ficamos tão orgulhosos. Minha cabeça estava girando. Eu não fazia ideia de que o Robert sabia escrever poesia. Nenhuma. Ele nunca tinha dito nada para a gente. Ele simplesmente fez.

Por muito tempo, o Robert tinha dificuldade para formular uma tese quando escrevia. Esse era o maior obstáculo dele em inglês, mas, quando ele tinha uma tese, ele engrenava e conseguia escrever qualquer coisa. As palavras simplesmente saíam dele. Em algum momento antes de se formar, nós percebemos que ele agora era plenamente capaz de analisar material escrito rapidamente e desenvolver uma tese. Ele estava tão afiado, tinha aprendido tanto nas aulas avançadas de inglês e tinha amadurecido tão rápido.

"Eu tive professores incríveis, e eles me puxaram", ele me disse várias vezes.

Para meu grande alívio, o Robert não era disléxico. Mesmo quando estava no ensino fundamental, eu sempre podia perguntar a ele como se escrevia uma palavra. Ele vinha correndo escada acima ou escada abaixo e gritava a palavra soletrada, depois sorria e ria. Eu sempre achava isso o máximo.

O Robert sempre quis aprender e sempre se arriscou, entrando em clubes da escola, como a equipe de robótica. Ele amava passar tempo com os novos amigos, trabalhando nos robôs e participando de competições mundiais de robótica com os colegas.

Apesar do nosso medo inicial de como o tratamento poderia afetar ele, o Robert tinha capacidades atléticas extraordinárias, ficava em primeiro lugar em muitas corridas de atletismo e, mais tarde, correu provas de 5 km e até uma maratona. No último ano, ele também fez aulas de golfe e foi integrante do time de tênis do colégio. Pela primeira vez, a escola deles estava numa sequência de vitórias na região. Ele jogava duplas e ganhava tudo. Durante as partidas, ele estudava os adversários. Assim que entendia o jeito deles, ele usava as fraquezas deles contra eles. Mesmo assim, ele era tão compassivo que às vezes perdia partidas de propósito para que o adversário ficasse feliz com a vitória.

Pouco antes dos últimos jogos e da formatura, sem aviso, a COVID-19 chegou, e as escolas nos Estados Unidos fecharam, interrompendo os jogos. Eles foram roubados não só do título, mas de tudo a que um jovem tem direito. O baile de formatura, junto com todas as outras coisas que os alunos do último ano fazem antes de se formar, foi cancelado. Eu fiquei com muita pena do Robert, dos amigos dele e de todas as crianças que foram tão negativamente afetadas pelos lockdowns da COVID.

Na época, os estudantes precisaram continuar os estudos remotamente para conseguir o diploma. Não foi um período fácil, e não havia uma orientação clara e unificada do nosso governo, porque eles ainda estavam tentando entender o que diabos estava acontecendo. Ter que se isolar e não saber exatamente como a doença se espalhava tornou tudo muito mais difícil.

Depois de ficar um tempo sem ver os colegas e amigos durante o lockdown, o colégio decidiu fazer uma formatura ao ar livre. A escola usou o campo de futebol para alinhar os alunos conforme as regras de distanciamento social, e os administradores chamavam os alunos, um por um, até a plataforma para entregar os diplomas. Era um dia ensolarado e com um vento excepcionalmente forte. O vento soprava tão forte que o capelo de formatura do Robert voou, e ele teve que correr pelo campo para recuperar. No fim, o Robert recebeu o diploma do ensino médio e recuperou o capelo. Foi agridoce para ele ver os amigos de longe. Não houve aperto de mão nem abraço para parabenizar uns aos outros.

Pouco depois disso, o Robert também teve sua recompensa no tênis, vencendo um torneio de duplas fora do estado. Ele ficou tão animado com o troféu que recebeu — um copo de vidro com vinte dólares dentro. Aquilo provou para ele que ele era um campeão. Eu brinquei com ele, dizendo que agora que tinha ganhado vinte dólares, ele não era mais amador, e sim profissional. Ele só sorriu.

O Robert se matriculou numa community college, que ele cursou online por dois anos durante os lockdowns. Ele não sabia que curso escolher.

Depois de uma longa conversa com a orientadora, ele decidiu seguir um curso de inglês. Ainda no colégio, ele tinha sido colocado numa disciplina universitária de nível avançado de espanhol (AP), e agora ele estava fazendo um diploma em inglês.

O que é melhor? eu pensei. Ele vai ser uma pessoa completa.

Para ele, a escola foi desafiadora e isoladora, porque ele era filho único, preso com dois pais que envelheciam diante dos olhos dele. Ele devia estar vivendo a melhor fase da vida. Saindo, namorando, se divertindo com os amigos. Infelizmente, a geração dele perdeu tudo isso. Nós ficamos muito mal por ele e pelos outros estudantes.

A essa altura, a Marcela não era mais a única professora da família. Eu tinha conseguido minha credencial de professor. E, tendo que lidar com alunos em circunstâncias semelhantes, nós sentíamos tanto por eles quanto pelo nosso filho e os amigos dele.

O Robert fez matérias extras durante as férias de verão e se formou no inverno, antes do aniversário de vinte e um anos. Enquanto isso, ele fez muito trabalho voluntário em um observatório, guiando visitas aos telescópios em inglês e espanhol e explicando as estrelas no céu noturno. Ao lado do observatório havia um centro de natureza, onde ele também fazia voluntariado para ajudar a cuidar dos animais. Ele gostava tanto de ajudar animais que passava tempo extra ajudando sapinhos a atravessar a rua para não serem atropelados. Ele pegava os sapos, atravessava com eles e depois soltava do outro lado.

Os animais pareciam amar ele tanto quanto ele amava os animais. No acampamento de cavalos, chamavam ele de "Hollywood" porque ele sorria e usava óculos escuros o tempo todo. Designaram para ele um cavalo mais velho e teimoso chamado Jack. O Robert era a única pessoa a quem o Jack obedecia. Ao mesmo tempo em que fazia trabalho voluntário, o Robert também se candidatou a seis universidades. Para minha surpresa, ele foi aceito em todas: três da University of California e três faculdades estaduais.

Logo depois da formatura do Robert, ele foi sozinho para o México e ficou com a família, que ele não via fazia alguns anos por causa da COVID. Ele fez vinte e um anos no México, e os parentes e amigos levaram ele ao primeiro bar para comemorar o aniversário. Ele reencontrou amigos de infância, de quando estudou lá ainda pequeno, e todos se lembravam dele. O primo dele, que tinha viajado com a gente para o Alasca, fazia faculdade, então levou o Robert para assistir aulas no campus. Ele conheceu vários professores do primo, que foram gentis o bastante para conversar sobre um possível futuro e sobre disciplinas que ele poderia fazer. O Robert também teve a sorte de passar tempo com a avó, que ele adorava, e com o resto da família.

Tragicamente, o Robert faleceu em um acidente de carro logo depois de decidir em qual universidade iria estudar. Ele estava muito animado para começar naquele semestre seguinte. Ele ainda estava descobrindo o que queria fazer da vida, mas se inclinava para uma carreira na área da saúde, como o avô. Então decidiu cursar espanhol na universidade. Isso nos deixou tão orgulhosos, porque com esse diploma ele poderia ter ajudado ainda mais pessoas — que era o objetivo maior dele.

Meu filho lindo, eu sou tão grato por ter conhecido alguém da sua qualidade, da sua compaixão e da sua bondade com os outros. Foi uma honra estar com você.

Eu não ensinei tanto assim ao Robert; foi ele quem me ensinou. Todo pai e mãe provavelmente sente o mesmo pelo filho. Para mim, o Robert era angelical — um santo, uma pessoa gloriosa — e eu rezo por ele todos os dias. Eu vi a beleza do nascimento dele e, ao olhar nos olhos lindos dele — que dizem ser as janelas da alma — eu via um amor puro, escancarado e incondicional brilhando. Ele passou por tanta coisa ainda criança. Eu vi ele reunir uma coragem enorme aos três anos, enfrentando a crueldade da leucemia com bravura e dignidade. Ele sobreviver à leucemia infantil já foi um milagre por si só, e cada dia com ele foi mais um dia de céu na Terra.

E, embora eu seja grato por ter trilhado muitos caminhos na vida — por mais desafiadores, exigentes ou prazerosos que tenham sido — nenhum foi tão alegre e memorável quanto o que eu percorri com a minha esposa maravilhosa e amorosa e com o meu filho lindo e glorioso. Entre as muitas lições que eles me ensinaram, a mais profunda foi o significado de compaixão, amor, felicidade e alegria.

O Robert foi quem abriu o caminho, e nós fomos atrás dele nessa trilha de vinte e um anos.

Ao longo da minha vida, eu conheci muitas pessoas fortes e corajosas pelo mundo, mas nunca conheci ninguém tão corajoso quanto o Robert, porque ele foi o homem mais valente que eu já conheci. E, mais espantoso ainda para mim: quanto mais corajoso ele era, mais santo ele se tornava. Ele chegou até a ter pena do diabo.

"Eu sinto pena dele", ele disse.

Quer dizer... do diabo? Quem faz isso? Não estou dizendo que ele gostava do diabo; isso só mostra o amor e a compaixão ilimitados e sem fronteiras que ele tinha por todas as criações de Deus. Ele direcionava essa compaixão para pessoas e animais, e o desejo dele de ajudar virou uma obsessão crescente. A coragem dele era contagiosa, e essa coragem passava para os amigos e para aqueles que ele ajudava. Ele escutava os outros, colocando as pessoas sempre em primeiro lugar. Ele queria se doar e ajudar quem não podia se ajudar. Muitas vezes, ele ajudava sem contar para nós nem para mais ninguém.

O Robert permaneceu humilde e discreto, sem nunca falar das lutas médicas da infância, das viagens ou das conquistas para amigos ou estranhos. Eu olho para todos os troféus e medalhas de primeiro lugar dele — inclusive um de um concurso de bebês em Las Vegas, entre muitos outros — e ele nunca mencionou nenhum. Eu digo: missão cumprida. Ele nunca quis ser o centro das atenções; preferia mostrar aos outros que realmente se importava.

Na celebração da vida do Robert, nós compartilhamos o que ele tinha realizado no pouco tempo que esteve aqui. Os amigos dele ficaram chocados. Muitos disseram que gostariam de ter sabido que ele tinha sobrevivido à leucemia, que teriam estado ao lado dele para ajudar a atravessar aquele trauma.

Eu e sua mãe nunca vamos esquecer a sua trilha de amor e compaixão. Você trouxe montanhas de alegria e foi amado por todos que cruzaram seu caminho. Você foi o melhor de nós, e agora é hora de você ter paz e explorar o grande universo. Um dia, nós vamos encontrar você, apertar você com o abraço mais forte e seguir atrás enquanto você nos guia por essa trilha de amor.

Essa é a minha Trilha, a minha Trilha de Pensamentos.

NOTA DO AUTOR

Este livro é dedicado ao meu filho, Robert. Ele queria que eu contasse a minha história e a publicasse, então decidi trabalhar duro para levá-la ao público. Espero ter feito justiça a ele.

Para honrar a memória do Robert, parte da renda deste livro será destinada às fundações Make-A-Wish e Candlelighters. Posso dizer, por experiência própria, que elas fazem a diferença na vida das crianças e das famílias, cumprindo promessas e oferecendo o maior presente de amor por parte de cada pessoa que contribui com seu tempo e/ou doações.

Todas as crianças com problemas médicos ou de qualquer outra natureza deveriam ser abençoadas por pessoas de bom coração e compassivas com os seres humanos. Mesmo que você não compre este livro, eu e minha esposa pedimos que considere fazer uma doação, ainda que pequena, para uma ou para ambas as fundações, ou para qualquer outra instituição beneficente infantil de sua escolha (certifique-se de que seja idônea), ou que faça um pequeno gesto de gentileza com alguém. Algo tão simples quanto um "olá" ou um sorriso pode ajudar a tirar alguém em profundo desespero e trazer esperança, elevando o ânimo para um amanhã melhor. Acho que todo mundo pode separar um momento do seu tempo.

Eu não sei se sou religioso ou espiritual. O que posso dizer é que sou uma pessoa sem respostas para o "por quê". Por que essa é a pergunta mais dolorosa e cruel que um pai ou uma mãe pode fazer? Como alguém que acredita na ciência, eu busco provas. A vastidão do universo está além da capacidade humana de compreensão e, por isso, pode haver algo maior do que nós. O que seria isso, eu não sei, mas espero que seja amor por todos nós. Como eu sempre dizia ao Robert, o universo levou mais de treze bilhões de anos para criar você, e é por isso que você é tão especial — assim como todos os seres vivos são especiais. Então, aproveite o seu tempo neste mundo tão lindo.

Robert acreditava em Deus e sentia-se compelido a ajudar seus semelhantes, não importava o custo. Esse era o Robert. Ele sempre olhava para o céu e acreditava na ciência e no universo. E vivia me dizendo, repetidas vezes: "A gente só muda para uma forma diferente de energia quando partimos." Ele era um pensador profundo e um ser humano brilhante. Seus amigos vivem me dizendo o quanto o Robert era especial e como ele fazia as pessoas se sentirem especiais. Então eu digo a você, Robert: você foi AMOR — e foi amado por todos. Sua compaixão e seu amor pelos seus semelhantes, e o seu desejo de dar tudo o que tinha para ajudar os outros, foram extraordinariamente altruístas e jamais serão esquecidos.

A paz esteja com você, meu Amado Santo.

DEUS TE ABENÇOE, NOSSO DOCE PRÍNCIPE

2002–2023

Yellowstone Lake

Nadando com golfinhos, Six Flags, Califórnia

Robert, Mamãe, Abuelo e Abuela, México

Robert e Mamãe
Coliseu de Roma

Robert e eu, Lago de Genebra, Suíça

Robert com a Mamãe, o Papai e o Primo
Lago de Genebra, Suíça

Nova Zelândia   Aluguel de Carros do Austin Powers

Robert nas Casas dos Hobbits   Robert e Gollum — Wētā Productions
Nova Zelândia   Nova Zelândia

Robert e Bruno — Grand Canyon

Robert com o primo indo para Cabin Lake, AK

Robert e mamãe curtindo a vista da cabana em Trapper Lake, AK

Robert High School Tennis

Robert e mamãe no restaurante JAX SNAX, no México

Viagens de pesca do Robert
Nova Zelândia, Alasca e Oregon

Robert em pé embaixo do meu caribu no Hotel Armida, México
(Capítulo 14: Urso Sem Pele)

Robert, orgulhosamente em frente aos condomínios Elderberry Park do meu padrasto, Anchorage, AK (construídos em 1978–79)

Retrato de Robert a lápis, feito por sua mãe

Pintura de Robert, feita pela avó

NOTAS

[1] Página 20: **"National Geographic…"** Wilbur E. Garrett, ed., "Hunters of the Lost Spirit," *National Geographic* 163, no. 2 (1983). https://nationalgeographicbackissues.com/product/national-geographic-february-1983/

[2] Página 23: **"Segundo o Alaska Fish and Game …"** "Northern Pike," Alaska Department of Fish and Game, accessed November 30, 2024, https://www.adfg.alaska.gov/index.cfm?adfg=northernpike.main

[3] Página 35: **"Os leitores que desejem aprofundar-se mais neste tema…"** David Lomax, "SJCC Construction Tech VDC," Lecture, Stanford Center for Integrated Facility Engineering, May 16, 2019. https://docs.google.com/presentation/d/17oM8BuuAIZFuelsR_lthXijPoP4OvWqWr_tQaSAPkUo/edit#slide=id.g5aa4a38de5_2_128

[4] Página 77: **"Segundo a Administração de Segurança e Saúde Ocupacional …"**
"OSHA Excavation Compliance," National Environmental Trainers, accessed December 14, 2024,
https://www.natlenvtrainers.com/blog/article/osha-excavation-com-pliance#:~:text=Did%20you%20know%20the%20fatality,associated%20with%20trenching%20and%20excavation

[5] Página 196: **"Anos mais tarde, na universidade …"** "About the Stanford Prison Experiment," Stanford University Libraries, accessed November 30, 2024,
https://exhibits.stanford.edu/spe

Helio Courier

185 Float Plane

Short SC.7 Skyvan

C-119

Aviation Traders ATL-98 Carvair

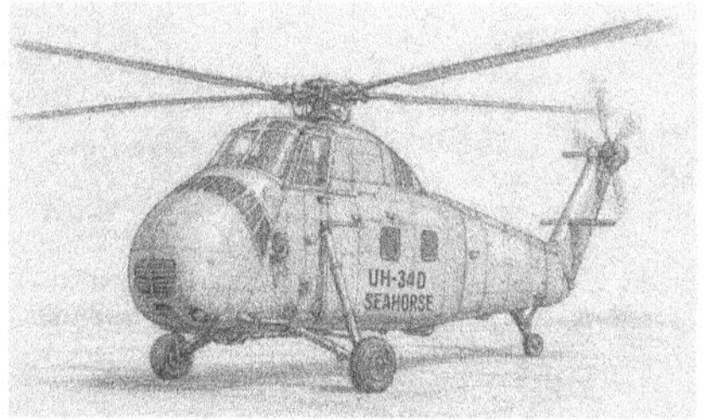

UH-34D Seahorse Helicopter